职业教育·道路运输类专业教材

Gonglu Gongcheng Jichu

公路工程基础

（第2版）

张秀娟 主　编
丁雪松　周　萍 副主编
张　鸿 主　审

人民交通出版社股份有限公司
北　京

内 容 提 要

本书为职业教育道路运输类专业教材,主要介绍了公路线形、路基工程、路面工程、桥涵工程、隧道工程、路线交叉、公路沿线设施的基础知识。全书共分为 8 个模块、26 个教学单元,每个教学单元设置了技能训练,并配有详细解析,形式新颖,教材内容与职业资格标准有效衔接,有利于学生知识和技能水平的双提升。

本书适用于道路运输类相关专业职业院校学生使用,也可作为相关职业资格考试参考用书。

本书有配套的教学课件,教师可加入职教路桥教学研讨群(教师专用 QQ:561416324)获取。

图书在版编目(CIP)数据

公路工程基础/张秀娟主编. —2 版. —北京:
人民交通出版社股份有限公司,2024.1
ISBN 978-7-114-18543-4

Ⅰ.①公… Ⅱ.①张… Ⅲ.①道路工程—中等专业学校—教材 Ⅳ.①U41

中国版本图书馆 CIP 数据核字(2022)第 257059 号

职业教育·道路运输类专业教材

书　　名:	公路工程基础(第 2 版)
著 作 者:	张秀娟
责任编辑:	刘　倩
责任校对:	赵媛媛　龙　雪
责任印制:	张　凯
出版发行:	人民交通出版社股份有限公司
地　　址:	(100011)北京市朝阳区安定门外外馆斜街 3 号
网　　址:	http://www.ccpcl.com.cn
销售电话:	(010)59757973
总 经 销:	人民交通出版社股份有限公司发行部
经　　销:	各地新华书店
印　　刷:	北京虎彩文化传播有限公司
开　　本:	880×1230　1/16
印　　张:	23.25
字　　数:	525 千
版　　次:	2016 年 8 月　第 1 版 2024 年 1 月　第 2 版
印　　次:	2024 年 1 月　第 2 版　第 1 次印刷　总第 6 次印刷
书　　号:	ISBN 978-7-114-18543-4
定　　价:	58.00 元(含主教材和技能训练册)

(有印刷、装订质量问题的图书,由本公司负责调换)

第2版前言

为贯彻落实《国家职业教育改革实施方案》《关于推动现代职业教育高质量发展的意见》《职业教育提质培优行动计划（2020—2023年）》的要求，办好有质量、类型特色突出的职业教育，教育部鼓励开展编写能体现课程内容与职业资格标准、教学过程与生产过程有效对接，符合中、高职院校学生认知和技能学习规律，形式新颖、职教特色明显的改革创新示范教材。

在此背景下，本版教材的修订更注重课程内容与职业资格标准、教学过程与生产过程高效对接；编写内容紧贴"基于职业岗位"需求，便于教师分层教学、因材施教；使学生的学习过程更贴近生产实际，缩短职业教育导向与就业技能需求的差距；更符合中、高职院校学生认知和技能学习规律，形式新颖。

本版教材具有以下特色：

1. 校企双元开发，重视产教融合

本书编审团队由职业院校骨干教师和企业行业一线技术专家组成，在编写过程中充分发挥企业、学校参与教材建设的积极性；教材内容基于"职业岗位"需求，选取工程实际案例，充分融入"四新"技术，力争做到产教融合、与时俱进。

2. 融入思政元素，落实立德树人根本任务

本书在技能训练环节充分融入思政元素，着力提升学生的职业综合素养，努力达成职业教育对高素质劳动者和技能型人才的培养目标。

3. 对接"1+X"公路养护工等职业技能等级标准，实现课证融通

本书紧密结合公路养护工、桥梁工等岗位技能要求，在教材知识模块中融入"1+X"公路养护工、桥梁工等职业技能等级标准和全国交通运输行业职业技能大赛公路养护工赛项要求，在书中地基处理、排水措施、防护工程、路基路面工程、桥隧工程、交通安全设施等部分均有体现，使学生的知识水平和技能水平得到双提升，实现课证融通。

4. 采用部分活页式装订，满足个性化教学和多元化学习需求

本书配套的"技能训练"采用活页式装订，便于各院校根据教学实际需要使用。"技能训练"以具体工作任务为导向，强化实践环节，突出技能培养，有较强的针对性和实用性，满足个性化教学和多元化学习需求，同时也能充分调动学生自主学习的积极性。

编写分工

本教材共有8个模块26个单元，对应26个技能训练。具体编写分工如下：模块1及对应的技能训练由四川交通运输职业学校张秀娟和袁月编写；模块2及对应的技能训练由四

川交通运输职业学校张秀娟、陈瑶编写;模块3及对应的技能训练由山东公路技师学院张桂霞、丁雪松编写;模块4及对应的技能训练由四川交通运输职业学校赵艳华、周萍编写;模块5及对应的技能训练由广西壮族自治区桂东公路发展中心伍阳编写;模块6及对应的技能训练由四川交通运输职业学校黄联联、周剑编写;模块7及对应的技能训练由四川交通运输职业学校张秀娟、罗洋斐斐编写;模块8及对应的技能训练由四川交通运输职业学校刘斌、周萍编写。全书由张秀娟担任主编,丁雪松、周萍担任副主编,四川省公路规划勘察设计研究院有限公司张鸿担任主审。

可与本教材配套使用的网站

1. 爱课程:https://www.icourses.cn/sCourse/course_4313.html,省级"十四五"职业教育精品在线开放课程:公路设计。

2. 爱课程:https://www.icourses.cn/sCourse/course_2125.html,国家在线开放课程:隧道工程。

3. 学银在线:https://www.xueyinonline.com/detail/236009149,在线开放课程:桥涵工程。

公路设计

隧道工程

桥涵工程

由于编者水平有限,书中难免有不妥之处,敬请读者批评指正,意见和建议请发送至769223013@qq.com,以便重印时修改完善。

编　者
2023年12月

目录

模块 1 绪论 ... 1
- 单元 1.1 我国公路交通的发展 ... 1
- 单元 1.2 公路等级及组成 ... 8
- 单元 1.3 公路基本建设程序和设计阶段 ... 16

模块 2 公路线形 ... 21
- 单元 2.1 公路平面线形 ... 22
- 单元 2.2 公路纵断面 ... 42
- 单元 2.3 公路横断面 ... 52

模块 3 路基工程 ... 64
- 单元 3.1 路基知识认知 ... 65
- 单元 3.2 路基组成 ... 74
- 单元 3.3 路基排水 ... 84
- 单元 3.4 路基防护与加固 ... 92

模块 4 路面工程 ... 107
- 单元 4.1 路面知识认知 ... 107
- 单元 4.2 路面基层 ... 118
- 单元 4.3 沥青路面 ... 125
- 单元 4.4 水泥混凝土路面 ... 138

模块 5 桥涵工程 ... 153
- 单元 5.1 桥梁知识认知 ... 154
- 单元 5.2 梁桥 ... 168
- 单元 5.3 拱桥 ... 196
- 单元 5.4 涵洞 ... 215

模块 6 隧道工程 ... 230
- 单元 6.1 隧道基本知识认知 ... 230
- 单元 6.2 公路隧道的构造与隧道围岩分级 ... 234
- 单元 6.3 隧道施工技术 ... 249

模块7　路线交叉 ·· 260
　　单元7.1　平面交叉 ·· 261
　　单元7.2　立体交叉 ·· 266
　　单元7.3　公(道)路与其他线路交叉 ·· 272

模块8　公路沿线设施 ·· 279
　　单元8.1　交通安全设施 ··· 279
　　单元8.2　公路服务及管理设施 ·· 293

参考文献 ·· 300

模块 1

绪论

素质目标

1. 培养学生分析问题、总结归纳、协调合作的能力。
2. 培养学生求真务实、爱岗敬业、追求卓越的工匠精神。
3. 培养学生强烈的社会责任感及专业认同感。

知识目标

1. 掌握现代交通运输方式的分类。
2. 了解公路运输的特点。
3. 掌握公路技术等级选用原则。
4. 了解公路基本建设程序的作用和意义。
5. 熟悉各工程设计阶段包括的内容。
6. 掌握工程设计阶段的分类。

技能目标

1. 能区分普通国道网和国家高速公路网的编号区间。
2. 能阐述我国公路等级的类型。
3. 能根据公路路线编号判断其大体走向。
4. 能说出公路的基本组成。
5. 能阐述公路基本建设程序的内容。

课时建议

9 学时。

单元 1.1 我国公路交通的发展

  学习引导

自新中国成立以来,我国的公路交通建设大致经历了四个阶段。第一个阶段:新中国成立初期,由于对公路运输在国民经济中的基础性和先导性认识不足,公路"长期滞后"于国民经济的发展。第二个阶段:20世纪80年代以后,随着我国经济的全面发展,公路基础设施成为国民经济建设中的最薄弱环节,出现了"全面紧张"的局面。第三个阶段:20世纪90年代以后,中央将交通运输事业尤其是公路的发展作为国民经济发展的全局性、战略性和紧迫性任务,公路建设得以迅速发展。第四个阶段:21世纪以来,我国继续加大基础建设投资力度,公路建设获得了前所未有的大发展,使"全面紧张"的交通状况在近几年内得到了根本改变,取得了一系列成就。截至2021年底,全国公路总里程达到528.07万km,二级以上公路里程达到72.36万km,高速公路里程达到16.91万km,实现了全国县县通公路。

公路交通是我国交通运输业中最为重要的形式之一,随着经济社会的发展和城市化建设的加快,公路交通的规模和速度不断增加。本单元的学习重点是现代交通运输方式和公路运输的特点,学习难点是我国的公路发展与规划。

知识模块

一、现代交通运输方式

交通是人、车、物及信息在两地之间的往来、传递和输送的总称。

交通运输是指使用各种工具、设备,通过各种方式,使货物或旅客在区域之间实现位置移动。

现代交通运输方式主要包括公路运输(汽车)、铁路运输(火车)、水路运输(轮船)、航空运输(飞机)、管道运输等。

图1.1-1 公路运输

(1)公路运输是指连接城市、乡村和工矿基地等,主要是供汽车行驶,具备一定技术条件和设施的道路运输,如图1.1-1所示。

(2)铁路运输是指用两条平行的铁轨引导火车的一种陆上运输方式,如图1.1-2所示。其特点是载重量大、运程远。

(3)水路运输是利用船舶等水运工具,在江、河、湖、海及人工运河等水道运输旅客、货物的一种运输方式,如图1.1-3所示。其特点是:运输量大、通过能力强(此处的通过能力主要是指港口通过能力,即在一定的时期和条件下,利用现有的工人、装卸机械与工艺所能装卸货物的最大数量)、运费低廉,但风险大。

图1.1-2 铁路运输

图1.1-3 水路运输

(4)航空运输是使用飞机、直升机及其他航空器运送人员、货物、邮件的一种运输方式,如图 1.1-4 所示。航空运输具有快速、机动的特点。

(5)管道运输是以管道输送流体货物的一种运输方式,是统一运输网中干线运输的特殊组成部分,如图 1.1-5 所示。管道运输的货物通常是液体和气体。

图 1.1-4　航空运输

图 1.1-5　管道运输

二、公路运输的特点

公路运输在综合交通运输体系中占有着非常重要的地位,它能够实现点到点的直达运输。公路运输的基础设施主要是公路。

(一)优点

公路运输具有以下优点:

(1)机动灵活,能做到货物、人流直达,不需要中转,简捷、方便。由于公路运输网一般比铁路网、水路网的密度要大很多,分布面广,公路运输可以实现"无处不到、无时不有"。公路运输在时间方面的机动性较大,各环节之间的衔接时间较短,车辆可随时调度、装运。

(2)原始投资少,资金周转快,社会效益高。公路运输与其他运输相比,其所需固定设施简单,车辆购置费用一般也比较低。因此,公路运输投资建设容易,投资回收期短。有关资料表明,在正常经营情况下,公路运输的投资每年可周转 1~3 次,而铁路运输则需要 3~4 年才能周转一次。

(3)在中、短途运输中,运送速度较快。由于公路运输中途不需要倒运、转乘,可以直接将客货运达目的地,因此,在中、短途运输中,与其他运输方式相比,公路运输具有客、货在途时间较短、运送速度较快等特点。这是其他运输方式无法与公路运输比拟的特点之一。

(4)服务面广,可直接服务到山区、农村、机关、工矿企业等,实现"门到门"直达运输。

由于货车体积较小,中途一般不需要换装,不仅可沿分布较广的路网运行,还可深入工厂、企业、农村田间、城市居民住宅等地,即把货物从始发地门口直接运送到目的地门口,实现"门到门"直达运输。

(5)掌握车辆驾驶技术较容易。与火车司机或飞机驾驶员相比,汽车驾驶技术比较容易掌握,对驾驶员的各方面素质要求相对较低。

(二)缺点

公路运输具有以下缺点:

(1)运行持续性较差,不宜长途运输。有关统计资料表明,在各种现代交通运输方式中,公路运输的平均运距是最短的,运行持续性较差。

(2)运量较小,不宜装载重件、大件货物,运输成本相对较高。长期以来,我国公路运输业的组织形式和经营方式是以区域企业为主,经营范围以区域为基础,受人为因素的影响,区域的长途运输回程空载现象十分严重,企业运输效率低下。

(3)安全性低,油耗和环境污染较大。世界卫生组织(WTO)发布的《2018年全球道路安全现状报告》强调,每年死于汽车交通事故的人数高达135万,这个数字超过了艾滋病、战争和结核病人每年的死亡人数。城市环境污染包括大气污染、污水污染、噪声污染和垃圾污染。其中,汽车所排放的尾气污染最为突出,其引起的噪声也较为严重且影响范围广,这两类污染源严重地威胁着人类的健康。

三、我国的公路发展与规划

(一)公路发展现状

改革开放特别是党的十八大以来,我国公路发展取得了举世瞩目的成就。《国家公路网规划(2013—2030年)》明确,国家高速公路网由"7射、11纵、18横"(以下简称"71118")等路线组成,总规模约13.6万km;普通国道网由"12射、47纵、60横"等路线组成,总规模约26.5万km。截至2021年底,国家高速公路建成12.4万km,基本覆盖地级行政中心;普通国道通车里程达到25.8万km,基本覆盖县级及以上行政区和常年开通的边境口岸,实现了普通国道全面连接县级及以上行政区、交通枢纽、边境口岸和国防设施。

国家发展改革委、交通运输部2022年7月12日印发的《国家公路网规划(2022—2035年)》提出,到2035年,全国公路总规模约46.1万km,其中国家高速公路约16.2万km,普通国道约29.9万km,基本建成覆盖广泛、功能完备、集约高效、绿色智能、安全可靠的现代化高质量国家公路网。

国家公路的快速发展总体适应经济社会发展需要,极大地便利了人们出行,有力支撑了国家重大战略实施,为决胜全面建成小康社会提供了坚实保障。站在新的历史起点上,面对支撑全面建设现代化经济体系和社会主义现代化强国的新需求,现有的国家公路网规划建设存在一些突出问题,主要包括:一是区域网络布局仍需完善。区域间通道分布不尽合理,城市群及都市圈网络化水平不高,路网韧性和安全应急保障能力还需提高。二是局部通行能力不足。一些省际公路有待贯通,部分公路通道能力有待提升,特别是城市群内城际之间和主要城市过境路段交通量饱和,技术等级结构需要优化。三是发展质量效率有待进一步提高。国家公路网与其他运输方式的一体衔接需加强,资源节约集约利用水平有提升空间,绿色低碳发展任务艰巨,智慧发展任重道远。

(二)发展要求

1.指导思想

以习近平新时代中国特色社会主义思想为指导,统筹推进"五位一体"总体布局,协调推进"四个全面"战略布局,坚持以人民为中心,立足新发展阶段、贯彻新发展理念、构建新发展格局,以推动高质量发展为主题,以满足人民日益增长的美好生活需要为根本目的,统筹发展和安全,优化完善路网布局,构建覆盖广泛、功能完备、集约高效、绿色智能、安全可靠的现代化高质量国家公路网,为加快建设交通强国夯实基础,为全面建设社会主义现代化国家当好先行。

2. 基本原则

(1)基础支撑,先行引领。立足服务全面建设社会主义现代化国家需要,坚持扩大内需战略基点,兼顾效率与公平,适度超前发展,充分发挥国家公路基础性、先导性作用,有力支撑国家重大战略实施和国土空间开发与保护,更好保障经济社会发展,建设人民满意交通。

(2)统筹规划,有序推进。根据经济社会发展和国家重大战略实施需要,加强与相关规划衔接,适应城镇化空间格局和区域经济布局,强化对流通体系的支撑,服务促进国家高水平对外开放。合理把握建设时序,科学论证、量力而行,因地制宜确定建设标准,积极稳妥推进项目建设。

(3)强化衔接,一体融合。加强公路与其他运输方式规划协调,强化设施衔接纽带功能,注重与城市交通有效衔接,提高资源集约整合利用水平,推动运输结构优化,提升综合交通运输整体效率。推进公路基础设施共建共享,促进与沿线旅游、制造、物流、电子商务等关联产业融合发展,实现综合效益最大化。

(4)创新驱动,提质增效。注重科技创新赋能,促进前沿科技应用,不断提高国家公路数字化、网联化水平,持续增强"建管养运"统筹和全寿命周期管理能力。充分挖掘存量资源潜力,聚焦短板弱项扩大优质增量供给,提升服务质量效益,实现供给和需求更高水平的动态平衡。

(5)绿色低碳,安全可靠。坚持生态优先,节约集约利用资源,减少对生态环境的破坏和影响,降低能源消耗及碳排放,促进公路与自然和谐发展。坚持生命至上、安全第一、质量优先理念,增强路网系统韧性和功能可靠性,提高安全与应急保障能力,满足人民安全出行需要。

(三)规划目标

规划目标是到2035年,基本建成覆盖广泛、功能完备、集约高效、绿色智能、安全可靠的现代化高质量国家公路网,形成多中心网络化路网格局,实现国际省际互联互通、城市群间多路连通、城市群城际便捷畅通、地级城市高速畅达、县级节点全面覆盖、沿边沿海公路连续贯通。

(1)覆盖广泛。国家高速公路全面连接地级行政中心、城区人口10万以上市县和重要陆路边境口岸,普通国道全面连接县级及以上行政区、国家重要旅游景区、陆路边境口岸。

(2)功能完备。国家公路实现首都辐射省会,省际和城市群间多通道联系,全面对接亚洲公路网和国际经济合作走廊。国家高速公路通行能力明显提升,普通国道技术等级结构显著改善,有力支撑国家综合立体交通网建设。

(3)集约高效。便捷连接所有综合交通枢纽城市、重要交通枢纽,与其他运输方式衔接更加顺畅,城市过境交通更为高效。跨海、跨江、跨河等关键通道布设更加集约。

(4)绿色智能。国家公路网有效避让生态保护区域、环境敏感区域,对国土空间利用效率明显提高,基本实现建设全过程、全周期绿色化。国家公路网与运输服务网、信息网、能源网等融合更加紧密,数字化转型迈出坚实步伐,基本实现运行管理智能化和出行场景数字化。

(5)安全可靠。国家公路网韧性显著增强,自然灾害多发、地理自然阻隔、边境等重点区域网络可靠性明显改善,设施安全性明显提升,具备应对各类重大安全风险能力。

到21世纪中叶,高水平建成的国家公路网要与现代化高质量国家综合立体交通网相匹配、与先进信息网络相融合,与生态文明相协调,与总体国家安全观相统一,与人民美好生活需要相适应,有力支撑全面建设现代化经济体系和社会主义现代化强国。

(四)规划方案

国家公路网规划总规模46.1万km,由国家高速公路网和普通国道网组成,其中国家高速公路网约16.2万km(含远景展望线0.8万km),普通国道网约29.9万km。

1. 国家高速公路网

按照"保持总体稳定、实现有效连接、强化通道能力、提升路网效率"的思路,补充完善国家高速公路网。保持国家高速公路网布局和框架总体稳定,优化部分路线走向,避让生态保护区域和环境敏感区域;补充连接城区人口10万以上市县、重要陆路边境口岸;以国家综合立体交通网"6轴7廊8通道"主骨架为重点,强化城市群及重点城市间的通道能力;补强城市群内部城际通道、临边快速通道,增设都市圈环线,增加提高路网效率和韧性的部分路线。

国家高速公路网由7条首都放射线、11条北南纵线、18条东西横线,以及6条地区环线、12条都市圈环线、30条城市绕城环线、31条并行线、163条联络线等组成。

(1)首都放射线(7条):北京—哈尔滨(京哈高速)、北京—上海(京沪高速)、北京—台北(京台高速)、北京—港澳(京港澳高速)、北京—昆明(京昆高速)、北京—拉萨(京藏高速)、北京—乌鲁木齐(京新高速)。

(2)北南纵线(11条):鹤岗—大连(鹤大高速)、沈阳—海口(沈海高速)、长春—深圳(长深高速)、济南—广州(济广高速)、大庆—广州(大广高速)、二连浩特—广州(二广高速)、呼和浩特—北海(呼北高速)、包头—茂名(包茂高速)、银川—百色(银百高速)、兰州—海口(兰海高速)、银川—昆明(银昆高速)。

(3)东西横线(18条):绥芬河—满洲里(绥满高速)、珲春—乌兰浩特(珲乌高速)、丹东—锡林浩特(丹锡高速)、荣成—乌海(荣乌高速)、青岛—银川(青银高速)、青岛—兰州(青兰高速)、连云港—霍尔果斯(连霍高速)、南京—洛阳(宁洛高速)、上海—西安(沪陕高速)、上海—成都(沪蓉高速)、上海—重庆(沪渝高速)、杭州—瑞丽(杭瑞高速)、上海—昆明(沪昆高速)、福州—银川(福银高速)、泉州—南宁(泉南高速)、厦门—成都(厦蓉高速)、汕头—昆明(汕昆高速)、广州—昆明(广昆高速)。

(4)地区环线(6条):辽中地区环线、杭州湾地区环线、成渝地区环线、珠江三角洲地区环线、首都地区环线、海南地区环线。

(5)都市圈环线(12条):哈尔滨、长春、杭州、南京、郑州、武汉、长株潭、西安、重庆、成都、济南、合肥。

(6)城市绕城环线(30条)、并行线(31条)、联络线(163条),在此不再详述。

2.普通国道网

按照"主体稳定、局部优化,补充完善、增强韧性"的思路,优化完善普通国道网。以既有普通国道网为主体,优化路线走向,强化顺直连接,改善城市过境线路,避让生态保护区域和环境敏感区域;补充连接县级节点、陆路边境口岸、重要景区和交通枢纽等,补强地市间通道、沿边沿海公路及并行线;增加提高路网效率和韧性的部分路线。

普通国道网由12条首都放射线、47条北南纵线、60条东西横线和182条联络线组成。

(1)首都放射线(12条):北京—沈阳、北京—抚远、北京—滨海新区、北京—平潭、北京—澳门、北京—广州、北京—香港、北京—昆明、北京—拉萨、北京—青铜峡、北京—漠河、北京环线。

(2)北南纵线(47条):鹤岗—大连、黑河—大连、绥化—沈阳、烟台—上海、山海关—深圳、威海—汕头、乌兰浩特—海安、二连浩特—淅川、苏尼特左旗—北海、满都拉—防城港、银川—榕江、兰州—龙邦、策克—磨憨、西宁—澜沧、马鬃山—宁洱、红山嘴—吉隆、阿勒泰—塔什库尔干、霍尔果斯—若羌、喀纳斯—东兴、东营—深圳、同江—哈尔滨、嘉荫—临江、海口—三亚(东)、海口—三亚(中)、海口—三亚(西)、张掖—孟连、丹东—东兴、饶河—盖州、通化—武汉、嫩江—双辽、牙克石—四平、克什克腾—黄山、兴隆—阳江、新沂—海丰、芜湖—汕尾、济宁—宁德、南昌—惠来、正蓝旗—阳泉、保定—台山、呼和浩特—北海、甘其毛都—钦州、开县—凭祥、乌海—江津、巴中—绿春、遂宁—麻栗坡、景泰—昭通、兰州—马关。

(3)东西横线(60条):绥芬河—满洲里、珲春—阿尔山、集安—阿巴嘎旗、丹东—霍林郭勒、庄河—西乌珠穆沁旗、绥中—珠恩嘎达布其、黄骅—山丹、文登—石家庄、青岛—兰州、连云港—共和、连云港—栾川、上海—霍尔果斯、乌鲁木齐—红其拉甫、西宁—吐尔尕特、长乐—同仁、成都—噶尔、上海—聂拉木、高雄—成都、上海—瑞丽、广州—成都、瑞安—友谊关、瑞金—清水河、福州—昆明、广州—南宁、秀山—河口、连云港—固原、启东—老河口、舟山—鲁山、洞头—合肥、丹东—阿勒泰、萝北—额布都格、三合—莫力达瓦旗、龙井—东乌珠穆沁旗、承德—塔城、天津—神木、黄骅—榆林、海兴—天峻、滨州港—榆林、东营港—子长、黄岛—海晏、日照—凤县、大丰—卢氏、东台—灵武、启东—那曲、上海—安康、南京—德令哈、武汉—大理、芒康—萨嘎、利川—炉霍、台州—小金、张家界—巧家、宁德—贡山、南昌—兴义、福州—巴马、湄洲—西昌、东山—泸水、石狮—水口、佛山—富宁、文昌—临高、陵水—昌江。

(4)联络线(182条)。

测评模块

请结合本单元的学习,完成以下习题。

一、填空题

1.交通是_____、_____、_____和_____在两地之间的往来、传递和运输的总称。

2. _____是指使用各种工具、设备,通过各种方式,使货物或旅客在区域之间实现位置移动。

3. 普通国道网由_____首都放射线、_____北南纵线、_____东西横线和_____联络线组成。

4. 国家高速公路网由_____首都放射线、_____北南纵线、_____东西横线,以及地区环线、并行线、联络线等组成。

5. 国家公路网规划总规模_____km,由_____和_____组成。

6. _____是使用飞机、直升机及其他航空器运送人员、货物、邮件的一种运输方式,具有_____、_____的特点。

二、判断题

1. 现代交通运输方式包括公路运输(汽车)、铁路运输(火车)、水路运输(轮船)、航空运输(飞机)、管道运输等。（　　）

2. 预计到2030年,全社会公路客运量、旅客周转量、货运量和货物周转量将大幅增长,主要公路通道平均交通量将超过10万辆/日,京沪、京港澳等繁忙通道交通量将达到20万辆/日以上。（　　）

3. 按照"主体稳定、局部优化、补充完善、增强韧性"的思路,补充完善国家高速公路网。（　　）

4. 规划目标是到2035年,基本建成覆盖广泛、功能完备、集约高效、绿色智能、安全可靠的现代化高质量国家公路网,形成多中心网络化路网格局,实现国际省际互联互通、城市群间多路连通、城市群城际便捷畅通、地级城市高速畅达、县级节点全面覆盖、沿边沿海公路连续贯通。（　　）

5. 公路运输是指连接城市、乡村和工矿基地等,主要是供汽车行驶,具备一定技术条件和设施的道路运输。（　　）

单元1.1　测评答案

 **技能训练**

技能训练1.1"交通运输方式的选择"见本书配套技能训练册。

单元1.2　公路等级及组成

📖 **学习引导**

出门在外时,对于不熟悉的道路,我们需要结合道路标志来寻找方向。我国公路网四通八达,如果看不懂公路编号,就容易走弯路,甚至会走错路。本单元的学习重点是我国公路等级的划分,学习难点是公路的基本组成。图1.2-1为高速公路标志牌。

图1.2-1　高速公路标志牌

知识模块

一、公路等级

公路等级是表示公路通车能力和技术水平的指标。一般来讲,公路等级越高,允许汽车安全行驶的速度越高,可以适应的交通量和车辆荷载也越大;反之,公路等级越低,公路的通行能力和行车速度也越低。

我国的公路等级有行政等级和技术等级之分。

(一)公路行政等级

按行政等级划分,公路可分为国道、省道、县道、乡道、村道以及专用公路6个等级。其中,国道包括国家高速公路和普通国道,省道包括省级高速公路和普通省道。一般把国道和省道称为干线,县道和乡道等称为支线。

1. 公路路线编号规则

公路路线编号的首位代表公路的行政等级,采用一位字母标识符标识。公路行政等级字母标识符见表1.2-1。

公路行政等级字母标识符　　　　　　　　　　　　　　表1.2-1

公路行政等级	字母标识符	公路行政等级	字母标识符
国道	G	乡道	Y
省道	S	村道	C
县道	X	专用公路	Z

普通公路路线编号应由一位公路行政等级字母标识符"G/S/X/Y/C/Z"和三位数字编号"×××"组配表示,见表1.2-2。

普通公路路线编号结构　　　　　　表1.2-2

普通公路类型	路线编号	普通公路类型	路线编号
普通国道	G×××	乡道	Y×××
普通省道	S×××	村道	C×××
县道	X×××	专用公路	Z×××

国道按首都放射线、北南纵线、东西横线分别顺序编号。以首都为中心的放射线由一位标识码"1"和两位路线顺序号构成；由北向南的纵线由一位标识码"2"和两位路线顺序号构成；由东向西的横线由一位标识码"3"和两位路线顺序号构成。省道编号规则参照国道。县道、乡道、专用公路及其他公路以各省、自治区、直辖市公路管理区域为基础分别顺序编号，由三位数字构成；顺序号不足三位数字时，在前位补充"0"。

2. 公路路线编号分类

公路路线按类型不同采用不同字母编号，G、S、X、Y、C、Z分别代表国道、省道、县道、乡道、村道、专用公路。

公路主线的编号区间见表1.2-3。

公路主线的编号区间[①]　　　　　　表1.2-3

路线类型	编号区间	说明
普通国道首都放射线	G101~G199	系列顺序号
普通国道北南纵线	G201~G299	系列顺序号
普通国道东西横线	G301~G399	系列顺序号
普通省道省会放射线	S101~S199	系列顺序号
普通省道北南纵线	S201~S299	系列顺序号
普通省道东西横线	S301~S399	系列顺序号
县道	X001~X999	顺序号或系列顺序号
乡道	Y001~Y999	顺序号或系列顺序号
村道	C001~C999	顺序号或系列顺序号
专用公路	Z001~Z999	顺序号或系列顺序号
国家高速公路首都放射线	G1~G9	顺序号
国家高速公路北南纵线	G11~G89	奇数号
国家高速公路东西横线	G10~G90	偶数号
国家高速公路地区环线	G91~G99	顺序号
省级高速公路省会放射线	S1~S9	顺序号
省级高速公路北南纵线	S10~S99	顺序号或系列顺序号，宜采用奇数号
省级高速公路东西横线	S10~S99	顺序号或系列顺序号，宜采用偶数号

注：①见《公路路线标识规则和国道编号》(GB/T 917—2017)5.5公路主线的编号区间。

就公路路线编号区间而言,国道用三位数表示,根据其沟通地区或大体走向分为三类:①以北京为中心的环线式或以北京为起点国道;②大体为南北走向的国道;③大体为东西走向的国道。某路线编号分别为 G101~G199、G201~G299、G301~G399 三类。每条公路干线常采用三位阿拉伯数字作为编号来表示。其中,编号三位数中的第一位数字表示国道类别:"1××"代表第一类以首都为中心的放射性国道;"2××"代表第二类南北走向的国道;"3××"代表第三类东西走向的国道。编号三位数中的第二、三位数字表示国道的排列顺序,"1××"的"××"就是第一类国道自北向南按顺时针方向排列的序数。比如:以北京为起点的 1 字 3 位编号,如 G107 国道;南北走向的,北为起点,2 字 3 位编号,如 G210 国道;东西走向的,东为起点,3 字 3 位编号,如 G314 国道。国道只有这三种编号。

省道分为 S101~S199、S201~S299、S301~S399 三类,其编号与国道类似,以省会城市为起点的省道 1 字 3 位编号。省道 S1×× 指省会(省府)放射线,S2×× 指北南纵线,S3×× 指东西横线。

县道、乡道、专用公路、村道、城市道路分别用 X、Y、Z、C、D 编号。例如,X××× 为县公路编号,Y××× 为乡公路编号,Z××× 为专用公路编号,C××× 为村公路编号,D××× 为城市道路编号。

(二)公路技术等级

1. 按公路技术等级分类

《公路工程技术标准》(JTG B01—2014)将公路分为高速公路、一级公路、二级公路、三级公路、四级公路 5 个技术等级。其中,高速公路以外的其他公路称为普通公路。

(1)高速公路为专供汽车分向、分车道行驶,全部控制出入的多车道公路,如图 1.2-2 所示。高速公路的年平均日设计交通量宜在 15 000 辆小客车以上。

(2)一级公路为供汽车分方向、分车道行驶,可根据需要控制出入的多车道公路,如图 1.2-3 所示。一级公路的年平均日设计交通量宜在 15 000 辆小客车以上。

(3)二级公路为供汽车行驶的双车道公路,如图 1.2-4 所示。二级公路的年平均日设计交通量宜为 5 000~15 000 辆小客车。

图 1.2-2 高速公路

图 1.2-3 一级公路

图 1.2-4 二级公路

(4)三级公路为供汽车、非汽车交通混合行驶的双车道公路,如图 1.2-5 所示。三级公路的年平均日设计交通量宜为 2 000~6 000 辆小客车。

（5）四级公路为供汽车、非汽车交通混合行驶的双车道或单车道公路,如图 1.2-6 所示。双车道四级公路年平均日设计交通量宜在 2 000 辆小客车以下;单车道四级公路年平均日设计交通量宜在 400 辆小客车以下。

图 1.2-5　三级公路

图 1.2-6　四级公路

2. 公路技术等级选用原则

公路技术等级选用应遵循下列原则:

（1）应根据路网规划、公路功能,结合交通量论证确定。

（2）主要干线公路应选用高速公路。

（3）次要干线公路应选用二级及二级以上公路。

（4）主要集散公路宜选用一、二级公路。

（5）次要集散公路宜选用二、三级公路。

（6）支线公路宜选用三、四级公路。

3. 各级公路的主要技术指标

各级公路的主要技术指标汇总见表 1.2-4。

二、公路的基本组成

公路是一种建筑在地表的带状空间结构物。它主要承受汽车车轮荷载的重复作用和经受各种自然因素的长期影响。因此,公路不仅要有平顺的线形、和缓的纵坡,还要有坚实稳定的路基、平整和防滑性能好的路面、牢固可靠的桥涵以及必要的防护工程和附属设施,以满足公路交通的需求。

公路是由线形和结构两大部分构成。

1. 公路线形

（1）线形是指公路中线在空间的几何形状和尺寸。公路中线是一条三维空间曲线,由直线和曲线构成。

（2）在公路线形设计中,从平面线形、纵面线形和空间线形(又称为平、纵组合线形)三个方面来研究。作为立体空间线形的图形,由平面图、纵断面图及横断面图表示。

2. 公路结构

公路是承受车辆荷载的结构物,主要由路基、路面、桥涵、隧道、排水系统、防护工程等设施组成。

各级公路的主要技术指标汇总

表1.2-4

公路技术等级	高速公路			一级公路			二级公路		三级公路		四级公路
设计速度(km/h)	120	100	80	100	80	60	80	60	40	30	20
车道宽度(m)	3.75	3.75	3.75	3.75	3.75	3.50	3.75	3.50	3.50	3.25	3.00(单车道时为3.50)
车道数	8、6、4	8、6、4	6、4	6、4	6、4	4	2	2	2	2	2或1
路基宽度 一般值(m)	45.00/34.50/28.00	44.00/33.50/26.00	32.00/24.50	33.50/26.00	24.50/21.50	24.50/20.00	12.00	10.00	8.50	7.50	6.50(双车道)/4.50(单车道)
路基宽度 最小值(m)	42.00/—/26.00	41.00/—/24.50	—/21.50	—/24.50	—/21.50	—/20.00	10.00	8.50	—	—	—
平曲线最小半径 一般值(m)	1000	700	400	700	400	200	400	200	100	65	30
平曲线最小半径 极限值(m)	650	400	250	400	250	125	250	125	60	30	15
不设超高 最小半径(m) 路拱 ≤2.0%	5500	4000	2500	4000	2500	1500	2500	1500	600	350	150
不设超高 最小半径(m) 路拱 >2.0%	7500	5250	3350	5250	3350	1900	3350	1900	800	450	200
凸形竖曲线半径 一般值(m)	17000	10000	4500	10000	4500	2000	4500	2000	700	400	200
凸形竖曲线半径 极限值(m)	11000	6500	3000	6500	3000	1400	3000	1400	450	250	100
凹形竖曲线半径 一般值(m)	6000	4500	3000	4500	3000	1500	3000	1500	700	400	200
凹形竖曲线半径 极限值(m)	4000	3000	2000	3000	2000	1000	2000	1000	450	250	100
竖曲线最小长度(m)	100	85	70	85	70	50	70	50	35	25	20
停车视距(m)	210	160	110	160	110	75	110	75	40	30	20
最大纵坡(%)	3	4	5	4	5	6	5	6	7	8	9
缓和曲线最小长度(m)	100	85	70	85	70	50	70	50	35	25	20
路基设计洪水频率	1/100	1/100	1/100	1/100	1/100	1/100	1/50	1/50	1/25	1/25	按具体情况确定
汽车荷载等级	公路—Ⅰ级	公路—Ⅰ级	公路—Ⅰ级	公路—Ⅰ级	公路—Ⅰ级	公路—Ⅰ级	公路—Ⅰ级或公路—Ⅱ级	公路—Ⅰ级或公路—Ⅱ级	公路—Ⅱ级	公路—Ⅱ级	公路—Ⅱ级

（1）路基。路基是由土、石材料按一定的技术要求填筑压实而成的结构物，承受由路面传递下来的行车荷载，是支承路面的基础部分，如图1.2-7所示。

（2）路面。路面是由各种筑路材料分层修筑在路基顶面供车辆行驶的层状结构物，其性能应能满足车辆安全、迅速、舒适的行驶要求，如图1.2-8所示。

图1.2-7　路基

图1.2-8　路面

（3）桥涵。桥梁是为公路跨越河流、山谷或人工障碍物而建造的构造物，如图1.2-9所示；涵洞是为宣泄地面水流而设置的横穿路堤的小型排水构造物，如图1.2-10所示。

图1.2-9　桥梁

图1.2-10　涵洞

图1.2-11　隧道

（4）隧道。隧道是公路穿越山岭、地下和水底而修筑的构造物，如图1.2-11所示。

（5）排水系统。排水系统是为了排除地面水及地下水而设置的排水构造物，如图1.2-12所示。排水系统一般包括边沟、截水沟、排水沟、急流槽、盲沟、渗井和渡槽等路基排水构造物和路面排水构造物。

（6）防护工程。防护工程是加固路基边坡、确保路基稳定的结构物。防护工程主要包括：在路基边坡修建的填石边坡、砌石边坡、挡土墙、护脚和护面墙等构造物；在雪害路段设置的防雪栅、防雪棚；在沙害路段的道路两侧设置的防护林、格状沙障；在沿河路基设置的导流结构物，如顺水坝、丁坝、拦水坝等。常见的防护工程如图1.2-13所示。

a) 边沟

b) 截水沟

图　1.2-12

c) 单级跌水

d) 渡槽

图 1.2-12　排水系统

a) 窗式护面墙

b) 主动防护网

图 1.2-13　常见的防护工程

测评模块

请结合本单元的学习,完成以下习题。

一、填空题

1. 公路等级是表示_____和_____的指标。
2. 我国的公路等级有_____和_____之分。
3. _____由一位_____和三位_____构成。
4. 公路路线按类型不同采用不同字母编号,G、S、X、Y、C、Z分别代表_____、_____、_____、_____、_____、_____。
5. 《公路工程技术标准》(JTG B01—2014)将公路分为_____、_____、_____、_____、_____ 5个技术等级。
6. 在公路线形设计中,从_____、_____和_____(又称为平、纵组合线形)三个方面来研究。
7. 公路是承受车辆荷载的结构物。它主要由_____、_____、_____、_____、_____和_____组成。

二、判断题

1. 国道包括国家高速公路和普通国道,省道包括省级高速公路和普通省道。（　　）
2. 国道按首都放射线、北南纵线、东西横线分别顺序编号。（　　）
3. 高速公路以外的其他公路称为普通公路。（　　）
4. 涵洞是公路穿越山岭、地下和水底而修筑的构造物。（　　）

5. 路基是用各种材料或混合料分层修筑在路基顶面供车辆行驶的层状结构物。（　　）

单元1.2　测评答案

技能训练

技能训练1.2"公路技术等级的确定"见本书配套训练册。

单元1.3　公路基本建设程序和设计阶段

学习引导

公路基本建设是指按照规划和设计,对公路进行新建、改建、扩建等,以满足交通需求和促进经济发展。本单元的学习重点是公路基本建设程序,学习难点是工程设计阶段的划分。

知识模块

一、公路基本建设程序

（一）基本建设程序的作用和意义

基本建设程序是指基本建设项目从投资前期到投资期,从规划立项到竣工验收的整个建设过程中各项工作的先后次序。它由基本建设的客观规律决定。

公路基本建设涉及面广,它受到地质、气候、水文等自然条件和资源供应、技术水平等物质技术条件的严格制约,需要内外各个环节的密切配合,并且要求按照符合既定需要和有科学根据的总体设计进行建设。工程的建设程序是多年建设项目管理经验的积累,是客观规律的总结,在基本建设活动时,必须严格按照规定的程序进行,不可人为地忽略其中的某个阶段或改变其顺序。

公路基本建设有着细致的分工和广泛的外部协作关系。一项公路工程从计划修建到竣工交付使用,需要经过许多阶段和环节。这些阶段和环节都是有机地联系在一起的,有着内在的规律性和客观的先后顺序。一般的公路工程都要经过调查和勘测（了解掌握地质、地貌、水文等情况）、设计、编制概算、施工、竣工验收等阶段。

（二）公路基本建设程序的内容

公路建设应当按照国家规定的基本建设程序和有关规定进行。各级政府及交通主管部门必须按职责权限审批公路建设项目,不得越权审批或擅自简化基本建设程序。除国家另有规定外,公路建设应当按照下列程序进行。

1. 政府投资公路建设项目的实施程序

(1) 根据规划，编制项目建议书。

(2) 根据批准的项目建议书，进行工程可行性研究，编制可行性研究报告。

(3) 根据批准的可行性研究报告，编制初步设计文件。

(4) 根据批准的初步设计文件，编制施工图设计文件。

(5) 根据批准的施工图设计文件，组织项目招标。

(6) 根据国家有关规定，进行征地拆迁等施工前准备工作，并向交通主管部门申报项目施工许可。

(7) 根据批准的项目施工许可，组织项目实施。

(8) 项目完工后，编制竣工图表、工程决算和竣工财务决算，办理项目交、竣工验收和财产移交手续。

(9) 竣工验收合格后，组织项目后评价。

2. 企业投资公路建设项目的实施程序

(1) 根据规划，编制工程可行性研究报告。

(2) 组织投资人招标工作，依法确定投资人。

(3) 投资人编制项目申请报告，按规定报项目审批部门核准。

(4) 根据核准的项目申请报告，编制初步设计文件，其中涉及公共利益、公众安全、工程建设强制性标准的内容应当按项目隶属关系报交通主管部门审查。

(5) 根据初步设计文件，编制施工图设计文件。

(6) 根据批准的施工图设计文件，组织项目招标。

(7) 根据国家有关规定，进行征地拆迁等施工前准备工作，并向交通主管部门申报项目施工许可。

(8) 根据批准的项目施工许可，组织项目实施。

(9) 项目完工后，编制竣工图表、工程决算和竣工财务决算，办理项目交、竣工验收。

(10) 竣工验收合格后，组织项目后评价。

二、工程设计阶段的划分

工程设计是对工程对象进行构思、计算、验算以及编制设计文件的过程。设计文件是安排建设项目、控制投资、编制招标文件、组织施工和竣工验收的重要依据。设计文件的编制必须认真贯彻国家有关方针政策，严格执行基本建设程序的规定。

根据基本建设项目的性质和设计内容不同，工程设计一般可分为一阶段设计、两阶段设计和三阶段设计三种类型。

公路工程基本建设一般采用两阶段设计，即初步设计和施工图设计。对于技术简单、方案明确的小型建设项目，可采用一阶段设计，即一阶段施工图设计；对于技术复杂而又缺乏经验的建设项目或建设中个别路段、特殊大桥、互通式立体交叉、隧道等，必要时采用三阶段设计，即初步设计、技术设计和施工图设计。如何选择工程设计类型并有效组合，具体见表1.3-1。

工程设计类型选择组合　　　　　　　　　　表 1.3-1

设计类型	适用场合	设计依据	应提交的成果
一阶段设计	技术方案明了、投资不大的道路工程项目（尤其是地方投资的项目）	批准的可行性研究（测设合同）和定测资料	施工图设计文件和施工图预算文件
两阶段设计	一般工程项目	初步设计：批准的可行性研究（测设合同）和初测资料； 施工图设计：已批准的初步设计和定测资料	初步设计：初步设计文件和工程概算文件； 施工图设计：施工图设计文件和施工图预算文件
三阶段设计	重大的工程项目或其中有技术难题的工程项目	初步设计：批准的可行性研究（测设合同）和初测资料； 技术设计：已批准的初步设计和补充初测资料； 施工图设计：已批准的技术设计和定测资料	初步设计：初步设计文件和工程概算文件； 技术设计：技术设计文件和修正概算文件； 施工图设计：施工图设计文件和施工图预算文件

（一）初步设计

初步设计应根据批准的可行性研究的要求和初测资料，拟订修建原则，选定设计方案，计算主要工程数量，提出施工方案的意见，编制工程概算文件，提供文字说明和图表资料。初步设计文件经审查批准后，是国家控制建设项目投资及编制施工图设计文件或技术设计文件（采用三阶段设计时）的依据，并且为订购或准备主要材料、机具设备，安排重大科研项目，筹划征用土地及控制项目投资提供依据。以下列出了初步设计的主要内容，供设计时参考。

（1）工程所在地的产业背景、地形、地貌及古迹等景观状况。
（2）道路走向的地质、水文、气候、地震情况及通航要求。
（3）道路走向上的土质及其他筑路材料的产量、储量、价格及运输条件。
（4）选择道路路线方案，初步确定路线位置，进行平面设计。
（5）初步进行纵断面设计。
（6）拟出标准横断面和特殊地段的横断面形式，进行初步的土石方调配。
（7）初步确定排水系统与防护工程位置、结构形式及基本尺寸。
（8）拟定路面类型、结构形式及尺寸。
（9）初步选定大中桥位、隧道位置及设计方案。
（10）确定小桥和涵洞等的位置、结构形式及主要尺寸。
（11）拟出本路线与铁路或公路交叉的位置、形式及结构类型。

(12)初步确定通道和人行天桥的位置、形式及结构类型。

(13)初步确定沿线设施的位置、形式及结构类型。

(14)拟出环境保护的内容、措施及实施方案。

(15)初步确定占用土地、拆迁建筑物及电力、通信设施的数量。

(16)提出需要进行专题研究的项目。

(17)计算各项工程的数量。

(18)编制工程概算文件。

(二)技术设计

技术设计应根据已批准的初步设计和补充初测,对重大、复杂的技术问题进行科学试验、专题研究,加强勘探调查及分析比较,针对初步设计中所列的各项内容,解决其中未能解决的问题,进一步落实各项技术方案,计算工程数量,提出修正的施工方案,编制修正概算文件。批准后的技术设计文件将作为施工图设计的依据。技术设计文件的内容与初步设计类似,但此时的技术方案和技术细节都已基本确定。

(三)施工图设计

一阶段施工图设计应根据批准的可行性研究和定测资料,拟定修建原则,确定设计方案和工程数量,提出文字说明和图表资料以及施工组织计划,编制施工图预算文件,符合审批的要求,适应施工的需要。

两阶段(或三阶段)施工图设计应根据批准的初步设计(或技术设计)和定测(或补充初测)资料,进一步对所审定的修建原则、设计方案、技术决定加以具体化和深化,最终确定工程数量,提出文字说明和适应施工需要的图表资料以及施工组织计划,编制施工图预算文件。

无论采用哪种阶段设计方法,新建公路或改建公路在勘测设计前都要进行实地调查(勘察)工作。它是勘测设计前不可缺少的一个步骤,也可与可行性研究结合在一起进行,但不独立作为一个设计阶段。

测评模块

请结合本单元的学习,完成以下习题。

一、填空题

1._____是指基本建设项目从投资前期到投资期,从规划立项到竣工验收的整个建设过程中各项工作的先后次序。

2.一般的公路工程要经过_____和_____、_____、_____、_____、_____等阶段。

3._____是对工程对象进行构思、_____、_____以及_____设计文件的过程。

4.根据基本建设项目的性质和设计内容不同,工程设计一般可分为_____、_____

和_____三种类型。

5. 公路工程基本建设一般采用两阶段设计,即_____和_____。

6. 无论采用哪种阶段设计方法,新建公路或改建公路在勘测设计前都要进行_____工作。

二、判断题

1. 各级政府及交通主管部门必须按职责权限审批公路建设项目,可以越权审批或擅自简化基本建设程序。（ ）

2. 对于技术简单、方案明确的小型建设项目,可采用一阶段设计,即一阶段施工图设计。（ ）

3. 初步设计应根据批准的可行性研究的要求和初测资料,拟订修建原则,选定设计方案,计算主要工程数量,提出施工方案的意见,编制工程概算文件,提供文字说明和图表资料。（ ）

4. 两阶段施工图设计应根据批准的可行性研究和定测资料,拟定修建原则,确定设计方案和工程数量,提出文字说明和图表资料以及施工组织计划,编制施工图预算,符合审批的要求,适应施工的需要。（ ）

5. 初步设计文件经审查批准后,是国家控制建设项目投资及编制施工图设计文件或技术设计文件(采用三阶段设计时)的依据。（ ）

单元1.3　测评答案

技能训练

技能训练1.3"公路施工图设计"见本书配套训练册。

模块 2 公路线形

素质目标

1. 培养学生独立学习、与人合作、沟通交流的能力。
2. 培养学生科学计算的能力和踏实的工作作风。
3. 培养学生强烈的社会责任感。

知识目标

1. 了解公路平面线形的组成。
2. 了解平面线形设计的有关规定和要求。
3. 掌握平曲线设计的一般原则。
4. 了解纵断面设计的有关规定和要求。
5. 了解公路横断面的组成。
6. 根据项目背景掌握公路用地和公路建筑限界。
7. 正确理解设计意图,准确掌握路基有关尺寸。

技能目标

1. 能根据项目背景阐述直线、圆曲线和缓和曲线设计的基本方法。
2. 能根据项目背景正确计算圆曲线和缓和曲线的几何要素。
3. 能阐述平面设计成果的内容。
4. 能根据项目背景阐述纵断面线形设计的基本方法。
5. 能根据项目背景正确计算竖曲线要素。
6. 能阐述纵断面设计成果的内容。
7. 能阐述横断面设计成果的内容。

课时建议

18 学时。

单元 2.1　公路平面线形

学习引导

公路平面设计是研究道路的基本走向及线形的过程。本单元的学习重点是平面线形中直线、圆曲线和缓和曲线设计的基本方法,学习难点是计算圆曲线和缓和曲线的几何要素。

知识模块

公路是一条带状的三维空间结构物。公路的中心线(简称公路中线)在水平面上的投影称为公路路线的平面。沿着公路中线竖直剖切公路,再将剖切曲面展开成平面,即公路路线的纵断面。在公路中线上的任意一点处做法向剖面所得的图形,称为公路在该点的横断面。公路路线的平面、纵断面和横断面是公路的几何组成部分,如图 2.1-1 所示。公路平面、纵断面、横断面相互关联,设计时要综合考虑。

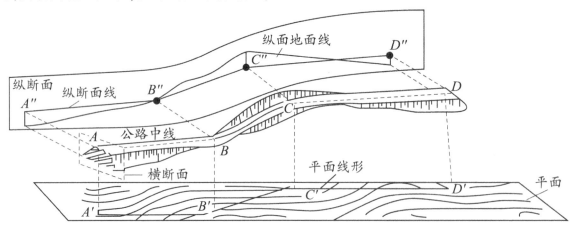

图 2.1-1　公路平面、纵断面及横断面

公路在水平面上的投影,称为公路的平面。公路中线在水平面上的投影,称为公路的平面线形。当一条公路的起讫点确定后,选择路线的方向时应尽可能使两点之间距离最短,以缩短里程。两点之间距离最短的应该是直线,但实际设置时,往往受到地形、地质、水文条件以及现状地物的影响而需转折绕道通过;或因在起讫点间必须通过大桥桥位、城镇等而必须转折,所以公路从起点至终点在平面上不可能是一条直线,而是由许多直线段和曲线段组合而成。公路路线平面组成,如图 2.1-2 所示。

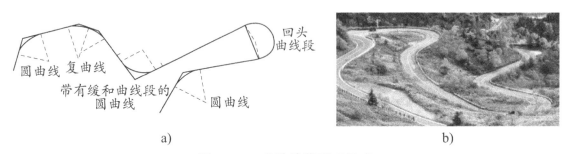

图 2.1-2　公路路线平面组成

一、直线

作为平面线形要素之一的直线,在公路平面设计中使用最为广泛。因为两点之间距离最短的是直线,一般在选线和定线时,只要地势平坦,无大的地物、地形障碍,选线、定线人员都会首先考虑使用直线。

一般来讲,采用直线线形里程最短,测设与施工方便,运营费用低。但是直线过长容易造成驾驶员思想麻痹、感觉单调、精神疲倦、反应迟缓及盲目高速行驶,容易造成事故。另外,直线线形缺乏变化,不易与地形、地物相适应。所以,应根据路线所处地段的地形、地物,驾驶员的视觉、心理状态以及保证行车安全等合理布置,限制直线的最大长度、最小长度。

(一) 直线的最大长度

由于长直线的安全性差,一些国家对直线的最大长度做了规定:德国规定不超过 $20v$(v 为设计速度,用 km/h 表示,$20v$ 相当于 72s 的行程);美国为 4.83km;我国目前尚无统一的规定。在运用直线线形并确定其最大长度时,必须持谨慎态度。总的原则:公路线形应与地形相适应,与景观相协调,直线的最大长度应有所限制;当采用长直线线形时,为弥补景观单调的缺陷,应结合具体情况采取相应的技术措施。

(二) 直线的最小长度

1. 同向曲线间直线的最小长度

同向曲线是指两个转向相同的相邻曲线间连以直线所形成的平面线形。其中间的直线长度是指前一曲线的终点至后一曲线的起点之间的长度。当此直线长度很短时,在视觉上容易形成直线与两端的曲线构成反弯的错觉,使整个组合线形缺乏连续性,形成所谓的"断背曲线"。《公路路线设计规范》(JTG D20—2017)(以下简称《规范》)规定,当设计速度≥60km/h 时,同向曲线直线最小长度(以 m 计)以不小于设计速度(以 km/h 计)的 6 倍为宜,即 $L_1 \geq 6v$,如图 2.1-3a)所示;当设计速度≤40km/h 时,可参照上述规定执行。

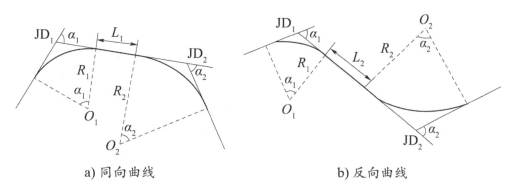

图 2.1-3 同向曲线和反向曲线

a) 同向曲线 b) 反向曲线

2. 反向曲线间直线的最小长度

反向曲线是指两个转向相反的相邻曲线间连以直线所形成的平面线形。由于两弯道转弯方向相反,考虑其超高和加宽缓和的需要以及驾驶员的操作方便,对其间的直线最小长度应加以限制。《规范》规定,当设计速度≥60km/h 时,反向曲线间直线最小长度(以 m 计)以不小于设计速度(以 km/h 计)的 2 倍为宜,即 $L_2 \geq 2v$,如图 2.1-3b)所示;当设计速度≤

40km/h 时,可参照上述规定执行。

3. 相邻回头曲线间直线的最小长度

回头曲线是指山区公路为克服高差在同一坡面上回头展线时所采用的曲线,如图 2.1-4 所示。《规范》规定,在回头曲线之间,前一回头曲线的终点至后一回头曲线的起点的距离宜满足表 2.1-1 的规定。

图 2.1-4 回头曲线

相邻回头曲线间直线最小长度 表 2.1-1

公路等级	直线长度(m)	
	一般值	低限值
二级公路	200	120
三级公路	150	100
四级公路	100	80

二、平曲线

各级公路不论转角大小,在转折处均应设置平曲线。平曲线主要由圆曲线和缓和曲线构成。由于曲线具有与地形相适应、线形美观和易于测设等优点,其使用十分普遍。

（一）圆曲线

圆曲线是曲率为常数的线形,是平曲线中的主要组成部分。

1. 圆曲线的几何要素

圆曲线的几何要素包括切线长、曲线长、外距和切曲差,如图 2.1-5 所示。

切线长

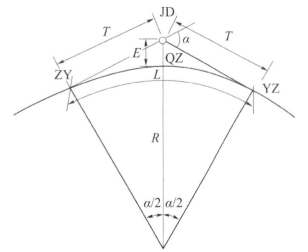

图 2.1-5 圆曲线几何要素

$$T = R \cdot \tan\frac{\alpha}{2} \qquad (2.1\text{-}1)$$

曲线长
$$L = \frac{\pi}{180}\alpha R \qquad (2.1\text{-}2)$$

外距
$$E = R\left(\sec\frac{\alpha}{2} - 1\right) \qquad (2.1\text{-}3)$$

切曲差
$$J = 2T - L \qquad (2.1\text{-}4)$$

式中：T——切线长，m；

L——曲线长，m；

E——外距，m；

J——切曲差（校正值），m；

R——圆曲线半径，m；

α——转角，(°)。

2. 圆曲线半径

行驶在曲线上的汽车由于受到离心力的作用，其稳定性受到影响。离心力的大小与曲线半径密切相关，曲线半径越小越不利。在选择曲线半径时，应尽可能采用较大的曲线半径值，只有在地形或其他条件受到限制时才可使用较小的曲线半径。

为了行车安全与舒适，《规范》规定了3种圆曲线最小半径，即极限最小半径、一般最小半径和不设超高的最小半径。

（1）极限最小半径

极限最小半径是指按设计速度行驶的车辆，能保证其安全行驶的最小半径。表2.1-2为《公路工程技术标准》（JTG B01—2014）中规定的极限最小半径，是路线设计中的极限值，是在特殊困难条件下不得已才使用的，一般不轻易采用。

圆曲线最小半径 表2.1-2

设计速度(km/h)		120	100	80	60	40	30	20
圆曲线最小半径（m）	一般值	1 000	700	400	200	100	65	30
	极限值 $I_{max}=4\%$	810	500	300	150	65	65	20
	极限值 $I_{max}=6\%$	710	440	270	135	60	40	15
	极限值 $I_{max}=8\%$	650	400	250	125	60	30	15
	极限值 $I_{max}=10\%$	570	360	220	115	—	—	—

注："一般值"为正常情况下的采用值；"极限值"为条件受限制时可采用的值；"I_{max}"为采用的最大超高值；"—"为不考虑采用对应最大超高值的情况。

（2）一般最小半径

一般最小半径介于极限最小半径和不设超高最小半径之间。一般最小半径主要考虑两个方面：一方面要考虑汽车以设计速度在这种小半径的曲线上行驶时的安全性、稳定性和旅客的舒适性；另一方面也要考虑在地形比较复杂的情况下不过多地增加工程数量。通常在路线设计时，圆曲线半径应尽量采用大于或等于一般最小半径。

(3) 不设超高的最小半径

在设计速度一定时,当圆曲线半径较大时,离心力就比较小,此时弯道即使采用与直线相同的双向路拱断面时,离心力对外侧车道上行驶的汽车的影响也很小,因此《规范》规定了不设超高的圆曲线最小半径,见表2.1-3。

不设超高的圆曲线最小半径 表2.1-3

设计速度(km/h)		120	100	80	60	40	30	20
不设超高的圆曲线最小半径(m)	路拱≤2%	5 500	4 000	2 500	1 500	600	350	150
	路拱>2%	7 500	5 250	3 350	1 900	800	450	200

不设超高的圆曲线最小半径是判断圆曲线是否设置超高的一个界限。当圆曲线半径大于或等于该设计车速所对应的不设超高的最小半径时,圆曲线横断面采用与直线相同的双向路拱横断面,不必设计超高;反之,则采用向内倾斜单向超高横断面形式。

3．圆曲线半径的选用

圆曲线能较好地适应地形的变化。在路线遇到障碍或地形需要改变方向时需设置圆曲线。圆曲线适应范围较广且灵活。若圆曲线半径选用得当,则可获得圆滑、舒顺的平面线形。选择圆曲线半径时,应注意以下几点:

(1)在地形、地物等条件许可时,优先选用大于或等于不设超高的圆曲线最小半径。

(2)一般情况下宜采用极限最小曲线半径的4～8倍为圆曲线半径。

(3)当地形条件受限制时,应采用大于或接近一般最小半径的圆曲线半径。

(4)在自然条件特殊困难或受其他条件严格限制而不得已时,方可采用极限最小半径。

(5)《规范》规定,圆曲线最大半径不宜超过10 000m。

(二)缓和曲线

缓和曲线是设在直线与圆曲线之间或大圆曲线与小圆曲线之间,由较大圆曲线向较小圆曲线过渡的线形,是公路平面线形的一种重要形式。它的主要特征是曲率均匀变化。图2.1-6为有回旋线的平曲线。

1．设置缓和曲线的条件

当圆曲线半径小于不设超高的最小半径,公路等级在三级及三级以上时,应在直线和圆曲线之间设置缓和曲线,以满足曲率半径逐渐过渡的要求。

2．设置缓和曲线的作用

(1)曲率连续变化,有利于驾驶员操纵转向盘。汽车从直线驶入圆曲线,或从大半径圆曲线驶入小半径圆曲线时,其中间插入缓和曲线,可使汽车前轮转向角从0→α转向,从而有利于驾驶员操纵方向,保证安全行驶。

(2)离心加速度的逐渐变化,有利于提高乘客舒适性。在直线段中,离心力为零;在圆曲线上,离心力最大。当插入缓和曲线时,因为缓和曲线的曲率是逐渐变化的,可以消除离心力的突变,从而保证乘客舒适与稳定。

(3)完成超高和加宽的逐渐过渡,行车更加平稳。当圆曲线需要设置超高和加宽时,对超高缓和段和加宽缓和段,一般应在缓和曲线长度内完成超高或加宽的过渡。

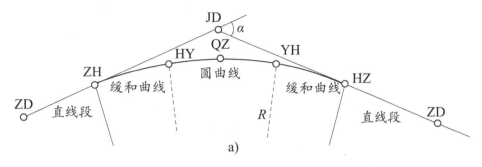

图 2.1-6 有回旋线的平曲线

(4)与圆曲线配合得当,可以增加线形美观。圆曲线与直线径相连接,而连接处曲率突变,在视觉上有不平顺的感觉。但在圆曲线与直线之间设置了缓和曲线后,使线形连接圆滑,增加了线形美观的同时,还有良好的视觉效果和心理感受。

3. 缓和曲线的几何要素

回旋线是公路路线设计中最常用的缓和曲线。《公路工程技术标准》(JTG B01—2014)规定,缓和曲线采用回旋线。另外,经过多年实践证明,用回旋线作缓和曲线是比较好的线形。回旋线几何要素示意图如图 2.1-7 所示。

缓和曲线的几何要素包括切线长、曲线长、主曲线长、外距和切曲差。

切线长

$$T_\mathrm{h} = (R+p)\tan\frac{\alpha}{2} + q \tag{2.1-5}$$

曲线长

$$L_\mathrm{h} = R(\alpha - 2\beta_0)\frac{\pi}{180°} + 2L_\mathrm{s} \tag{2.1-6}$$

主曲线长

$$L_\mathrm{y} = R(\alpha - 2\beta_0)\frac{\pi}{180°} \tag{2.1-7}$$

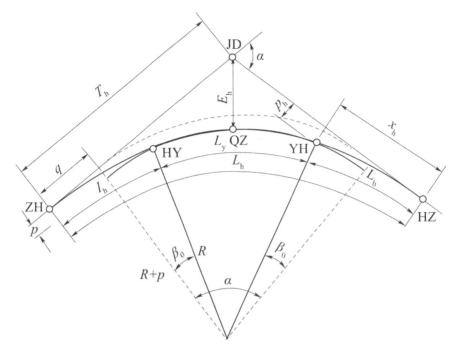

图 2.1-7 回旋线几何要素示意图

外距

$$E_h = (R+p)\sec\frac{\alpha}{2} - R \qquad (2.1\text{-}8)$$

切曲差

$$D_h = 2T_h - L_h \qquad (2.1\text{-}9)$$

其中：

原有圆曲线内移值

$$p = \frac{L_s^2}{24R} \qquad (2.1\text{-}10)$$

切线增长值

$$q = \frac{L_s}{2} - \frac{L_s^3}{240R^2} \qquad (2.1\text{-}11)$$

回旋线角

$$\beta_0 = \frac{180°}{\pi} \times \frac{L_s}{2R} \qquad (2.1\text{-}12)$$

4. 缓和曲线最小长度

由于汽车在缓和曲线上完成不同曲率的过渡行驶，所以要求缓和曲线有足够的长度，以使驾驶员能够从容地操纵方向盘，并且能顺利完成超高和加宽过渡，乘客感觉舒适，线形美观流畅，所以缓和曲线的最小长度应符合表 2.1-4 的规定。

回旋线最小长度 表 2.1-4

设计速度（km/h）	120	100	80	60	40	30	20
回旋线最小长度（m）	100	85	70	50	35	25	20

注：四级公路为超高、加宽过渡段长度。

(三)平曲线超高

平曲线超高包括圆曲线超高和超高缓和段。

1. 圆曲线超高

为了减小车辆在曲线路段上行驶时所产生的离心力,在该路段横断面上设置的外侧高于内侧的单向横坡,称为超高。当圆曲线半径小于不设超高的最小半径时,公路平曲线由圆曲线与缓和曲线构成,从直线到圆曲线上的全超高是在缓和曲线段上过渡变化完成的。

(1)圆曲线上超高设置

当圆曲线半径小于不设超高的最小半径时,半径越小,离心力越大,车辆行驶条件就越差。为改善车辆行驶条件,减小横向力,可以将此弯道横断面做成向内倾斜的单向横坡形式,利用重力向内侧分力减小离心力。圆曲线超高如图2.1-8所示。

图2.1-8 圆曲线超高

(2)圆曲线上超高横坡度

①圆曲线上的超高横坡度的最大值。

为了保证慢车特别是停在弯道上的车辆,不产生向内侧滑移现象,特别是冬季路面有积雪结冰情况下,更有可能出现滑移危险,所以超高横坡度不能太大。《规范》限制了各级公路圆曲线最大超高值,见表2.1-5。

各级公路圆曲线最大超高值　　　　表2.1-5

公路等级	高速公路、一级公路	二、三、四级公路
一般地区(%)	8 或 10	8
积雪冰冻地区(%)	6	
城镇区域(%)	4	

注:高速公路、一级公路在正常情况下采用8%;当交通组成中小客车比例高时可采用10%。

②圆曲线上的超高横坡度的最小值。

各级公路同曲线部分的最小超高横坡度应是该级公路直线部分的路拱横坡度。

2. 超高缓和段

(1)超高缓和段设置

平面圆曲线部分,当半径小于不设超高的最小半径时必须设置超高,车辆从不设超高的双向横坡直线段进入设有单向横坡全超高的圆曲线上,这是一个突变,不能顺利行车;从立面角度来看,这个突变也影响美观。所以,在直线和圆曲线之间必须设置超高缓和段,完成从直线双向横坡逐渐过渡到圆曲线上的单向超高横坡,使车辆顺势地从直线驶入圆曲线,如图 2.1-9 所示。

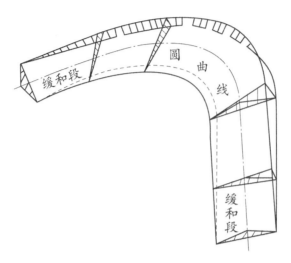

图 2.1-9　超高及超高缓和段

(2)超高过渡方式

①无中间带公路。

a. 当超高横坡度等于路拱坡度时,将外侧车道绕路中线旋转,直至超高横坡值。

b. 当超高横坡度大于路拱坡度时,分别采用以下 3 种过渡方式(图 2.1-10):

a)绕内侧车道边缘旋转。新建工程宜采用此种方式。

b)绕路中线旋转。改建工程可采用此种方式。

c)绕外侧车道边缘旋转。路基外缘高程受限制或路容美观有特殊要求时,可采用此种方式。

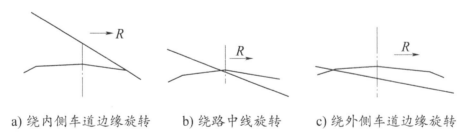

a)绕内侧车道边缘旋转　　b)绕路中线旋转　　c)绕外侧车道边缘旋转

图 2.1-10　无中间带公路的超高过渡

②有中间带公路。

有中间带公路分别采用以下 3 种过渡方式(图 2.1-11):

a. 绕中间带中心线旋转。中间带宽度小于或等于 4.5 m 的公路可采用。

b. 绕中央分隔带边缘旋转。各种宽度中间带的公路均可采用。

c. 分别绕行车道中线旋转。车道数大于 4 条的公路可采用。

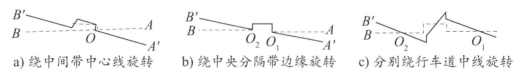

a)绕中间带中心线旋转　　b)绕中央分隔带边缘旋转　　c)分别绕行车道中线旋转

图 2.1-11　有中间带公路的超高过渡

③分离式路基公路。

分离式路基公路的超高过渡方式,宜按无中间带公路分别予以过渡。

(3)超高过渡范围

超高过渡应在回旋线全长范围内进行。当回旋线较长时,其超高过渡可采用以下方式:

①超高过渡段可设在回旋线的某一区段范围内,其超高过渡段的纵向渐变率不得小于1/330,全超高断面宜设在缓圆点或圆缓点处。

②6车道及其以上的公路宜增设路拱线。

③四级公路的超高过渡应在超高过渡段的全长范围内进行。

(四)平曲线加宽

1. 圆曲线加宽

(1)圆曲线加宽设置

①由图2.1-12可知,当汽车在圆曲线上行驶时,后轴内侧车轮的行驶轨迹半径最小,前轴外侧车轮的行驶轨迹半径最大,在车道内侧需要更宽一些的行车道以供后轴内侧车轮的行驶轨迹要求,因此,需要加宽圆曲线上的行车道。

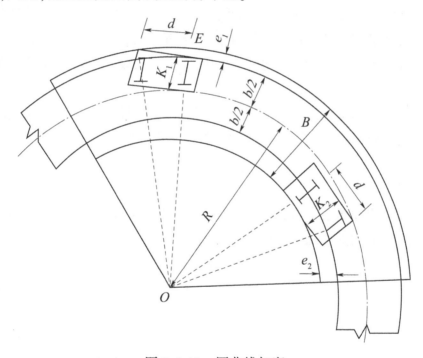

图2.1-12 圆曲线加宽

$b/2$-一个车道宽;B-加宽后路面宽;d-汽车的轴距加前悬的距离;r-圆曲线半径;e_1-几何加宽值;e_2-摆动加宽值

②当汽车在圆曲线上行驶时,前轴中心的轨迹并不完全符合理论轨迹,而是有较大的摆幅,因此,需要加宽圆曲线上的行车道,以利安全。

(2)圆曲线全加宽值

圆曲线起点至圆曲线终点的路面加宽值应保持一个定值,这个定值称为圆曲线全加宽值。

确定圆曲线全加宽值的因素主要包括:会车时两辆汽车之间的距离;汽车与路面边缘之间的间距;圆曲线的半径、车型、行车速度。

(3)圆曲线加宽的规定和要求

①设置加宽的条件。

《规范》规定,当二、三、四级公路的圆曲线半径小于或等于250m时,应设置加宽。

②加宽值的确定。

双车道公路路面加宽值规定见表2.1-6。

双车道公路路面加宽值(m)　　　　表2.1-6

加宽类别	设计车辆	250~200	<200~150	<150~100	<100~70	<70~50	<50~30	<30~25	<25~20	<20~15
1	小客车	0.4	0.5	0.6	0.7	0.9	1.3	1.5	1.8	2.2
2	载重汽车	0.6	0.7	0.9	1.2	1.5	2.0	—	—	—
3	铰接列车	0.8	1.0	1.5	2.0	2.7	—	—	—	—

注:单车道公路路面加宽值应为表2.1-6规定值的一半。

(4)加宽类别选择

圆曲线加宽类别应根据该公路的交通组成确定。当二级公路以及设计速度为40km/h的三级公路有集装箱半挂车通行时,应采用第3类加宽值;不经常通行集装箱半挂车时,可采用第2类加宽值。四级公路和设计速度为30km/h的三级公路可采用第1类加宽值。

2. 加宽缓和段

当圆曲线段设置全加宽值时而直线段不加宽,为了使路面由直线段正常宽度断面过渡到圆曲线段全加宽断面,需要在直线和圆曲线之间设置加宽缓和段。在加宽缓和段上,路面宽度应是逐渐变化的。

(1)加宽缓和段形式

二、三、四级公路的加宽缓和段的设置,应采用在相应的缓和曲线或超高、加宽缓段全长范围内按长度成比例增加的方法,如图2.1-13所示。

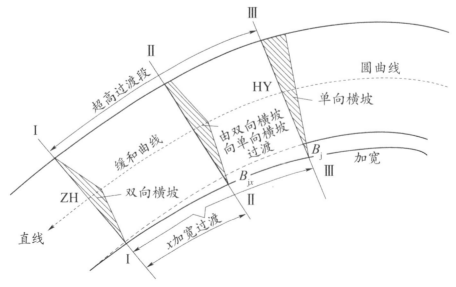

图2.1-13　平曲线加宽缓和段

$$B_{jx} = \frac{x}{L_c} \cdot B_j \tag{2.1-13}$$

式中：B_{jx}——加宽缓和段上任意点加宽值，m；

　　　x——任意点距加宽缓和段起点的距离，m；

　　　B_j——圆曲线上的全加宽值，m；

　　　L_c——加宽缓和段全长，可取缓和曲线长为加宽缓和段长度。

(2)加宽缓和段长度

①对于设置缓和曲线的平曲线，加宽缓和段应采用与缓和曲线相同的长度。

②对于不设置缓和曲线的平曲线，但设置有超高缓和段的平曲线，可采用与超高缓和段相同的长度。

③对于不设置缓和曲线的平曲线，也不设置超高缓和段的平曲线时，其加宽缓和段长度应按渐变率为1:15且长度不小于10m的要求设置。

④四级公路的超高过渡段、加宽过渡段应设在紧接圆曲线起点或终点的直线上。当地形条件或其他特殊情况有限制时，允许将超高过渡段、加宽过渡段的一部分插入曲线，但插入曲线内的长度不得超过超高过渡段、加宽过渡段长度的一半。

⑤不同半径的同向圆曲线径相连接构成的复曲线，其超高过渡段、加宽过渡段应对称地设置在衔接处的两侧。

(五)公路平曲线长度

当平曲线不设缓和曲线，只有圆曲线时，超高缓和段或加宽缓和段不计入平曲线内。因此，公路平曲线长度包括圆曲线长度及缓和曲线长度。

1.公路平曲线最小长度

公路平曲线长度的取值，应从以下两个方面考虑：

(1)从设置缓和曲线的长度考虑，平曲线长度至少要设置两条缓和曲线，以满足公路线形的要求。

(2)平曲线长度过短，从满足驾驶员心理需求考虑，当驾驶员在高速行驶时会认为该弯道的曲线长度及曲线半径比实际要小，从而降低了行车速度，或当驾驶员不想降速行驶时，势必采用增大行车转弯半径而侵入其他车道，易发生事故。所以，平曲线长度的取值应由以上因素确定。

2.各级公路平曲线最小长度

《规范》规定的各级公路平曲线最小长度见表2.1-7。

各级公路平曲线最小长度 表2.1-7

设计速度(km/h)		120	100	80	60	40	30	20
平曲线最小长度(m)	一般值	600	500	400	300	200	150	100
	最小值	200	170	140	100	70	50	40

注："一般值"为正常情况下的采用值；"最小值"为条件受限制时可采用的值。

3.小偏角平曲线最小长度的取值

当路线转角偏角较小时，驾驶员行驶特别是高速行驶时，一般会把平曲线长度看成比实际的要小,对公路产生急转弯的错觉,而这种错觉在偏角越小时就越明显。因此,设计中应尽量避免使用偏角小于7°的曲线。《规范》规定,当公路转角小于或等于7°时,应设置较长的平曲线,其长度应大于表2.1-7规定的"一般值"。但如受地形及其他特殊情况限制时,可减小至表2.1-7中的"低限值"。公路转角小于或等于7°时的平曲线长度见表2.1-8。

公路转角小于或等于7°时的平曲线长度 表2.1-8

设计速度(km/h)	120	100	80	60	40	30	20
平曲线长度(m)	1 400/Δ	1 200/Δ	1 000/Δ	700/Δ	500/Δ	350/Δ	280/Δ
最小值	200	170	140	100	70	50	40

注:表中Δ为路线转角值(°),当Δ<2°时,按Δ=2°计算。

三、行车视距

为了确保行车安全,驾驶员在行驶过程中应能看到前方一定距离的公路路面,以便在发现路面上的障碍物或迎面来车时,能在一定的车速下及时制动或绕过它们而在路上行驶所必需的安全距离称为行车视距。为了计算方便,《规范》规定行车轨迹为离路面内侧边缘(曲线段为路面内侧未加宽前)1.5m处,驾驶员眼高为1.2m,障碍物高0.1m。

(一)视距种类

当驾驶员发现路面障碍物或迎面来车时,根据其采取措施不同,行车视距可分为停车视距、会车视距和超车视距。

1. 停车视距

离路面1.2m高的驾驶员视线看到障碍物(10cm高的物体顶点),从开始采取制动到完全停车所需的最短行车距离称为停车视距。停车视距由反应距离、制动距离和安全距离3部分组成,如图2.1-14所示。

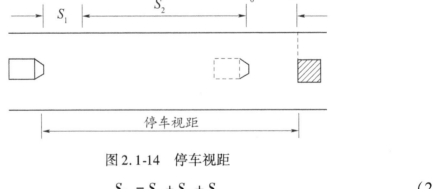

图2.1-14 停车视距

$$S_{停} = S_1 + S_2 + S_0 \tag{2.1-14}$$

式中:$S_{停}$——汽车的停车视距,m;
S_1——汽车驾驶员的反应距离,m,一般为3m;
S_2——汽车制动距离,m;
S_0——安全距离,m,一般取5~10m。

2. 会车视距

在同一车道上两对向汽车相遇,从相互发现时起,至同时采取制动措施使两车安全停止所需的最短距离称为会车视距。

3. 超车视距

在双车道公路上,后车超越前车时,从开始驶离原车道之处起,直至在与对向来车相遇之前,完成超车安全回到原车道所需的最短距离称为超车视距,如图2.1-15所示。

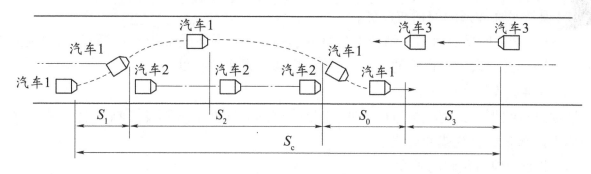

图 2.1-15　超车视距

(二) 各级公路对视距的要求

由于高速公路和一级公路采用分向分车道行驶,车辆同向行驶不存在会车问题,主要考虑停车视距,所以《规范》规定,高速公路、一级公路应满足停车视距的要求,见表2.1-9。

高速公路、一级公路停车视距　　表 2.1-9

设计速度(km/h)	120	100	80	60
停车视距(m)	210	160	110	75

二、三、四级公路上、下行车道没有分开,混合交通严重,所以《规范》规定,二、三、四级公路必须保证会车视距。会车视距长度不应小于停车视距的2倍,见表2.1-10。

二、三、四级公路停车视距、会车视距与超车视距　　表 2.1-10

设计速度(km/h)	80	60	40	30	20
停车视距(m)	110	75	40	30	20
会车视距(m)	220	150	80	60	40
超车视距(m)	550	350	200	150	100

双向行驶的双车道公路,应根据需要并结合地形,宜在3min的行驶时间里,提供一次满足超车视距要求的超车路段。一般情况下,不小于路线总长度的10%~30%。超车路段的设置应结合地形并力求均匀。

四、平面线形设计要点

(一) 平面线形设计一般原则

平面线形设计一般原则包括:

(1)平面线形应直捷、连续、顺适,并与地形、地物相适应,与周围环境相协调。

在地形平坦开阔的平原微丘区,路线直捷、舒顺,在平面线形三要素中,直线所占比例较大。而在地势有很大起伏的山岭重丘区,路线则多弯曲,曲线所占比例较大。路线要与地形相适应,这既是美学问题,也是经济问题和保护生态环境问题。直线、圆曲线、回旋线的选用与合理组合取决于地形、地物等具体条件,片面强调路线要以直线为主,或以曲线为主,或人为地规定三者的比例,这样的观点都是错误的。

(2)保持平面线形的均衡与连贯。

高、低标准之间要有过渡。结合地形变化,使路线的平面线形指标逐渐过渡,避免出现突变。不同标准路段相互衔接的地点,应选在交通量发生变化处。

(3)应避免连续急弯的线形。

连续急弯线形既给驾驶员造成不便,也给乘客的舒适性带来不良影响。设计时,可在曲线间插入足够长的直线或回旋线。

(4)平曲线应有足够的长度。

若平曲线太短,车辆在曲线上行驶时间过短则会使驾驶员操纵方向盘变得更加困难,来不及调整。《规范》规定了操作困难时平曲线最小长度,见表2.1-7和表2.1-8。

(二)平面线形的组合

平面线形的基本组成部分可分为直线、圆曲线和缓和曲线。

直线、圆曲线、缓和曲线(回旋线)可依地形、地物等的具体情况进行合理的组合。一般在平面线形中有如下几种组合形式:

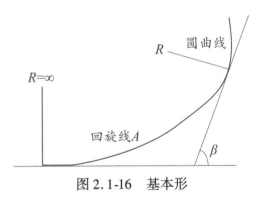

图 2.1-16 基本形

(1)基本形。基本形是按直线—回旋线—圆曲线—回旋线—直线顺序组合的线形,如图2.1-16所示。

(2)S形。S形是将两个反向圆曲线用回旋线连接起来的线形,如图2.1-17所示。

(3)卵形。卵形是用一个回旋线连接两个同向圆曲线的线形,如图2.1-18所示。

(4)凸形。凸形是两同向回旋线间不插入圆曲线而直接径向衔接的线形组合,如图2.1-19所示。

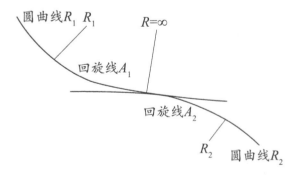

图 2.1-17 S形

(5)复合形。复合形是将两个以上同向回旋线在相等的曲率点上相互连接起来的线形组合,如图2.1-20所示。

(6)C形。C形是将同向曲线的两个回旋线在曲率相等处相互连接的线形组合,如图2.1-21所示。

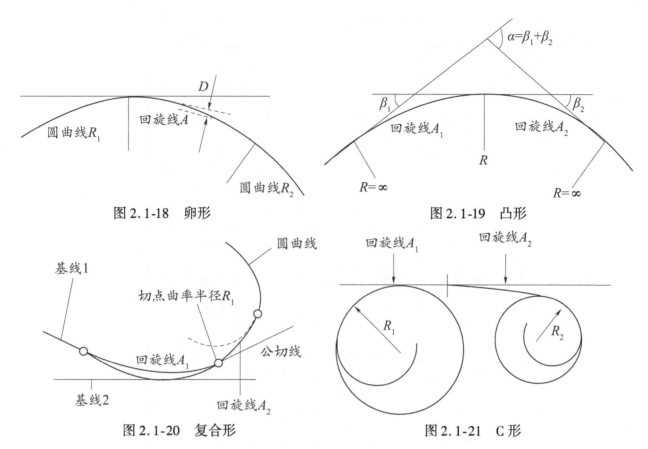

图 2.1-18　卵形　　　　　　　　图 2.1-19　凸形

图 2.1-20　复合形　　　　　　　图 2.1-21　C 形

(三) 平面设计成果

路线平面设计主要成果有"直线、曲线、转角一览表""逐桩坐标表"和"路线平面图"。

1. 直线、曲线、转角一览表

直线、曲线、转角一览表是设计文件的内容之一,也是平面设计的主要成果之一。它是通过测角、丈量中线、设置曲线后获得的成果。某工程实例见表 2.1-11。

2. 逐桩坐标表

高等级公路的线形指标要求较高,表现在平面上是圆曲线半径较大,回旋线较长。在施工放样时必须采用坐标法,方能保证其测量精度。

逐桩坐标即各个中桩的坐标,其计算和测量的方法是按"从整体到局部"进行的。其工程实例见表 2.1-12。

3. 路线平面图

路线平面图包括以下内容:

(1) 路线平面图比例尺为 1∶2 000 或 1∶5 000,平原区的平面图比例尺为 1∶5 000。

(2) 依据直线、曲线、转角一览表,按比例绘出的公路中线图。

(3) 在公路中线图上绘注公路起终点、里程桩、百米桩、曲线要素桩、桥涵桩及位置。

(4) 根据水准测量中平记录,用铅笔标注出各桩处的高程。

(5) 横断面范围内的地形等高线。

(6) 中线左右各 100 ~ 200 m 范围内的地形等高线、地物、地貌、建筑物的位置和名称。

(7) 本页图例、平曲线要素、编注页码和指北方向。

公路路线平面图示例见图 2.1-22。

直线、曲线及转角一览表

表 2.1-11

交点号	交点坐标 X(m)	交点坐标 Y(m)	交点桩号	转角值 (° ′ ″)	曲线要素 (m) 半径	缓和曲线长度	切线长度	曲线长度	外距	校正值	曲线位置 第一缓和曲线起点	第一缓和曲线终点	曲线中点	第二缓和曲线终点	第二缓和曲线起点	直线长度及方向 直线长度 (m)	交点距离 (m)	计算方位角或计算方向 (° ′ ″)	测量断链 桩号	增减长度	备注
1	2	3	4	5	6	7	8	9	10	11	12	13	14	15	16	17	18	19	20	21	22
起点	41 808.20	90 033.60	K0+000.00	—	—	—	—	—	—	—	—	—	—	—	—	—	—	—	—	—	—
2	41 317.59	90 464.10	K0+652.72	右 35 35 25	800.00	0.00	256.78	496.93	40.20	16.62	—	K0+395.39	K0+644.41	K0+892.87	—	395.59	652.72	138 44 00	—	—	—
3	40 796.31	90 515.92	K1+159.95	左 57 32 52	250.00	50.00	162.51	301.10	35.69	23.92	K0+997.44	K1+047.43	K1+147.99	K1+248.54	K1+298.54	104.57	523.86	174 19 25	—	—	—
4	40 441.52	91 219.07	K1+923.56	左 34 32 06	150.00	40.00	66.75	130.41	7.55	3.09	K1+856.81	K1+896.81	K1+922.02	K1+947.22	K1+987.22	558.27	787.53	116 46 33	—	—	—
5	40 520.20	91 796.47	K2+503.27	右 78 53 21	200.00	45.00	187.38	320.38	59.53	54.39	K2+315.89	K2+360.89	K2+476.08	K2+591.27	K2+636.27	328.67	582.80	82 14 27	—	—	—
6	40 221.11	91 898.70	K2+764.97	右 51 40 28	224.13	40.00	128.67	242.14	25.22	15.19	K2+636.30	K2+676.30	K2+757.37	K2+838.44	K2+838.44	0.03	316.05	161 07 48	—	—	—
7	40 047.40	92 390.47	K3+271.32	左 34 55 51	150.00	40.00	67.32	131.45	7.72	3.20	K3+204.00	K3+244.00	K3+269.72	K3+259.44	K3+335.44	365.56	561.55	109 27 20	—	—	—
8	40 190.11	92 905.94	K3+802.98	右 22 25 25	600.00	0.00	118.93	234.82	11.67	3.04	—	K3+864.05	K3+801.46	K3+918.87	—	528.61	714.86	74 31 29	—	—	—
终点	40 120.03	93 480.92	K4+379.18	—	—	—	—	—	—	—	—	—	—	—	—	460.31	579.24	96 56 54	—	—	—

逐桩坐标 表2.1-12

桩号	坐标(m) X	坐标(m) Y	方向角 (° ′ ″)	桩号	坐标(m) X	坐标(m) Y	方向角 (° ′ ″)
K1+500.00	40 632.336	90 840.861	116 46 33	K2+140.00	40 471.158	91 436.529	82 14 27
K1+540.00	40 614.316	90 876.572	116 46 33	K2+160.00	40 473.858	91 456.346	82 14 27
K1+570.00	40 600.801	90 903.355	116 46 33	K2+180.00	40 476.558	91 476.163	82 14 27
K1+600.00	40 587.286	90 930.139	116 46 33	K2+200.00	40 479.258	91 495.980	82 14 27
K1+630.33	40 573.623	90 957.216	116 46 33	K2+220.00	40 481.959	91 515.797	82 14 27
K1+669.00	40 556.202	90 991.740	116 46 33	K2+240.00	40 484.659	91 535.613	82 14 27
K1+680.00	40 551.246	91 001.561	116 46 33	K2+260.00	40 487.359	91 555.430	82 14 27
K1+700.00	40 542.236	91 019.416	116 46 33	K2+280.00	40 490.059	91 575.247	82 14 27
K1+720.00	40 533.226	91 037.272	116 46 33	K2+300.00	40 492.759	91 595.064	82 14 27
K1+750.00	40 519.711	91 064.055	116 46 33	ZH+315.89	40 494.905	91 610.809	82 14 27
K1+780.00	40 506.196	91 090.838	116 46 33	K2+340.00	40 497.902	91 634.730	84 05 27
K1+800.00	40 497.186	91 108.694	116 46 33	HY+360.89	40 499.302	91 655.568	88 41 09
K1+820.00	40 488.176	91 126.549	116 46 33	K2+380.00	40 498.828	91 674.665	94 09 37
K1+840.00	40 479.166	91 144.405	116 46 33	K2+400.00	40 496.383	91 694.506	99 53 24
ZH+856.33	40 471.593	91 159 412	116 46 33	K2+420.00	40 491.969	91 714.005	105 37 10
K1+870.00	40 465.708	91 171.216	115 56 42	K2+440.00	40 485.631	91 732.965	111 20 57
HY+896.81	40 455.191	91 195.860	109 08 10	K2+460.00	40 477.431	91 751.198	117 04 43
K1+900.00	40 454.177	91 198.885	107 55 03	QZ+476.08	40 469.544	91 765.206	121 41 07
QZ+922.01	40 448.963	91 220.253	99 30 30	K2+500.00	40 455.794	91 784.761	128 32 16
K1+940.00	40 447.061	91 238.126	92 38 19	K2+520.00	40 442.573	91 799.757	134 16 03
YH+947.00	40 446.902	91 245.344	89 52 51	K2+540.00	40 427.920	91 813.357	139 59 49
K1+960.00	40 447.413	91 258.112	85 46 44	K2+560.00	40 411.983	91 825.427	145 43 36
K1+980.00	40 449.567	91 277.993	82 29 23	K2+580.00	40 394.921	91 835.845	151 27 22
HZ+987.22	40 450.531	91 285.148	82 14 27	YH+591.27	40 384.875	91 840.947	154 41 05
K2+000.00	40 452.257	91 297.811	82 14 27	K2+600.00	40 376.910	91 844.518	156 56 35
K2+010.00	40 453.607	91 307.719	82 14 27	K2+620.00	40 358.262	91 851.740	160 17 15
K2+030.00	40 456.307	91 327.536	82 14 27	GQ+636.27	40 342.893	91 857.077	161 07 48
K2+050.00	40 459.007	91 347.353	82 14 27	K2+650.00	40 329.916	91 861.563	160 31 48
K2+070.00	40 461.707	91 367.170	82 14 27	K2+670.00	40 311.219	91 868.655	157 30 02
K2+100.00	40 465.757	91 396.895	82 14 27	K2+700.00	40 284.324	91 881.898	149 57 30
K2+120.00	40 468.458	91 416.712	82 14 27				

公路路线平面图示例如图2.1-22所示。

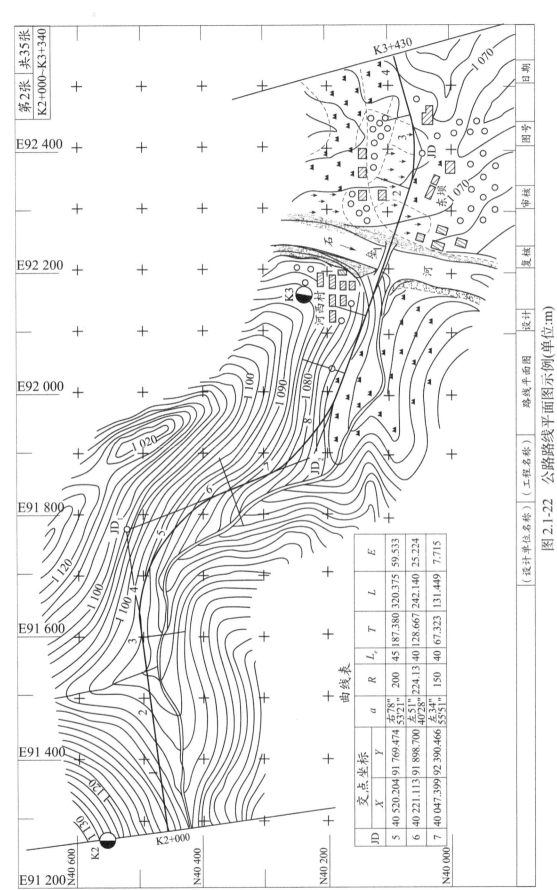

图 2.1-22　路线平面图示例(单位:m)

注：路线平面图比例尺为1:2 000。本图例已缩小。

测评模块

请结合本单元的学习,完成以下习题。

一、填空题

1. 公路在水平面上的投影,称为公路的_____。公路中线在水平面上的投影,称为公路的_____。

2. 当设计速度≥60km/h时,同向曲线直线最小长度(以m计)以不小于设计速度(以km/h计)的_____为宜;当设计速度≥60km/h时,反向曲线间直线最小长度(以m计)以不小于设计速度(以km/h计)的_____为宜。

3. 圆曲线的几何要素包括_____、_____、_____和_____。

4. _____是设在直线与圆曲线之间或大圆曲线与小圆曲线之间,由较大圆曲线向较小圆曲线过渡的线形。

5. 缓和曲线的几何要素包括_____、_____、_____、_____和_____。

6. 为了减小汽车在曲线路段上行驶时所产生的离心力,在该路段横断面上设置的外侧高于内侧的单向横坡称为_____。

7. 《规范》规定:当公路转角等于或小于_____时应设置较长的平曲线。

8. 离路面1.2m高的驾驶员视线看到障碍物(10cm高的物体顶点)从开始采取制动到完全停车所需的最短行车距离称_____。

9. 在同一车道上两对向汽车相遇,从相互发现时起至同时采取制动措施使两车安全停止所需的最短距离称为_____。

10. 在双车道公路上后车超越前车时,从开始驶离原车道之处起至在与对向来车相遇之前,完成超车安全回到原车道所需的最短距离称为_____。

11. 路线平面设计主要成果有_____、_____和_____。

12. 《规范》规定,当圆曲线半径小于或等于_____m时,应在平曲线_____设置加宽。

二、判断题

1. 当圆曲线半径小于不设超高的圆曲线最小半径,公路等级在二级及二级以上时,应在直线和圆曲线之间设置缓和曲线以满足曲率半径逐渐过渡的要求。（　　）

2. 当圆曲线半径小于或等于该设计车速所对应的不设超高的最小半径时,圆曲线横断面采用与直线相同的双向路拱横断面,不必设计超高;反之,则采用向内倾斜单向超高横断面形式。（　　）

3. 为了行车安全与舒适《规范》规定了三种圆曲线最小半径,即极限最小半径、一般最小半径和不设超高的最小半径。（　　）

单元2.1　测评答案

技能训练

技能训练 2.1"公路平面线形分析"见本书配套训练册。

单元 2.2 公路纵断面

 学习引导

路线纵断面设计是研究道路纵坡及坡长的过程。本单元的学习重点是阐述纵断面设计成果的内容,学习难点是纵断面线形设计的基本方法。

知识模块

公路纵断面是沿着公路中线竖剖切公路,再将剖切面展开成平面(将平曲线沿里程方向拉成直线),则称为公路路线纵断面。

图 2.2-1 为公路路线纵断面形成的示例。

图 2.2-1 公路路线纵断面形成的示例

由于自然因素的影响以及技术性、经济性要求,路线纵断面总是呈现为一条有起伏的空间线。公路的纵断面图是公路纵断面设计的主要成果,也是公路设计的技术文件之一。将公路的纵断面图与平面图结合起来,就能准确地确定公路的空间位置。公路纵断面图如图 2.2-2 所示。

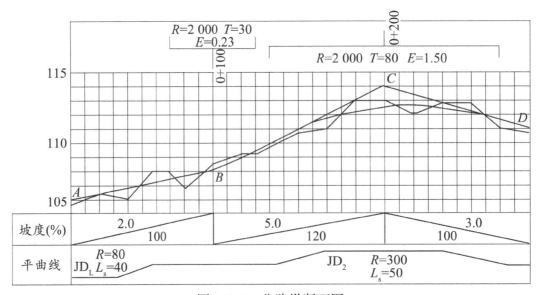

图 2.2-2 公路纵断面图

一、纵坡及坡长设计

1. 纵坡的一般规定与要求

(1) 各级公路应避免采用最大纵坡值和纵坡限制长度。只有在山区越岭线中为争取高度、缩短路线长度或避开工程艰巨地段等不得已时方可采用。

(2) 为保证驾驶员能以一定速度安全、舒适地行驶车辆,平原地区的纵坡应均匀、平缓。

(3) 丘陵地区的纵坡应避免过于迁就地形而造成起伏过大。

(4) 山区的沿河线,应采用平缓的纵坡,坡长不宜超过规定的限值,其纵坡不宜大于6%。

(5) 山区越岭线的纵坡应力求均匀,不应采用极限或接近极限的纵坡,更不宜连续采用极限长度的陡坡夹短距离缓和坡段的纵坡线形;越岭线不应设置反坡。

(6) 一般情况下,纵坡确定应考虑填挖平衡,以降低造价和节省用地。

(7) 在平原微丘区,地下水埋深较浅,纵坡除应满足最小纵坡要求外,还应满足最小填土高度要求,以保证路基稳定。

(8) 对桥上及桥头路线的纵坡规定如下:

① 小桥的纵坡应随路线纵坡设计。

② 大、中桥上的纵坡不宜大于4%,桥头引道纵坡不宜大于5%;引道紧接桥头部分的线形应与桥上线形相配合。

③ 位于城镇混合交通繁忙处的桥梁,桥上及桥头引道纵坡均不得大于3%。

(9) 对隧道部分路线的纵坡规定如下:

① 隧道内的纵坡应大于0.3%,并且小于3%,但长度小于100m的隧道,其纵坡不受此限制。

② 对于高速公路和一级公路的中、短隧道,当条件受限制时,经技术经济论证后,其最大纵坡可适当加大,但不宜大于4%。

③ 隧道内的纵坡宜设置成单向坡;地下水发育的隧道及特长、长隧道宜设置成人字坡。

2. 坡度限制

(1) 最大纵坡

最大纵坡是指在纵断面设计中,各级公路允许采用的最大坡度值。最大纵坡是公路路线纵断面设计中的一项重要控制指标。最大纵坡直接影响着路线的长短、公路使用质量的好坏、行车安全以及运输成本和工程的经济性。最大纵坡主要依据汽车的动力性能、公路等级、自然条件、车辆安全行驶以及工程、运营经济等因素进行确定。

《规范》规定各级公路的最大纵坡值见表2.2-1。

最大纵坡　　表2.2-1

设计速度(km/h)	120	100	80	60	40	30	20
最大纵坡(%)	3	4	5	6	7	8	9

① 当设计速度为120km/h、100km/h、80km/h的高速公路,受地形条件或其他特殊情况

限制时,经技术经济论证,其最大纵坡值可增加1%。

②设计速度为40km/h、30km/h、20km/h的公路,在改建工程利用原有公路的路段,经技术经济论证,其最大纵坡可增加1%。

③位于市镇附近非汽车交通比例较大的路段,纵坡可根据具体情况适当放缓。

④当四级公路位于海拔2 000m以上或积雪冰冻地区的路段时,其最大纵坡不应大于8%。

⑤在海拔3 000m以上的高原地区,因空气稀薄、缺氧等原因会造成汽车发动机功率降低、汽车爬坡能力降低、汽车冷却系统破坏(汽车水箱的水容易沸腾)。《规范》规定设计速度小于或等于80km/h、位于海拔3 000m以上高原地区的公路,其最大纵坡按表2.2-2的规定予以折减。最大纵坡折减后若小于4%,则仍应采用4%。

高原地区公路最大纵坡折减值　　　　　　表2.2-2

海拔高度(m)	3 000~4 000	4 000~5 000	5 000以上
纵坡折减(%)	1	2	3

(2)最小纵坡

为了保证挖方路段、设置边沟的低填方路段和横向排水不畅路段的排水,以防止积水渗入路基而影响路基的稳定性,一般在这些路段避免采用水平纵坡,否则将导致边沟采用排水纵坡而使边沟挖得过深。《规范》规定:公路的纵坡不宜小于0.3%;横向排水不畅的路段或长路堑路段采用平坡(0%)或小于0.3%的纵坡时,其边沟应进行纵向排水设计。

(3)平均纵坡

平均纵坡是指某一路段的起讫点高差与水平距离之比,以百分数(%)计,如图2.2-3所示。平均纵坡是衡量线形设计质量的重要指标之一。

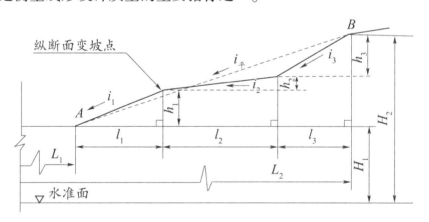

图2.2-3　平均坡度

《规范》规定,二、三、四级公路越岭线连续上坡或下坡路段,当其相对高差为200~500m时,平均纵坡不应大于5.5%;当其相对高差大于500m时,平均纵坡不应大于5%;且任意连续3km路段的平均纵坡应大于5.5%。

(4)合成坡度

公路在平曲线路段,若纵向有纵坡并且横向有超高时,则最大坡度既不在纵坡上,也不在超高上,而是在纵坡和超高的合成方向上,这时的最大坡度称为合成坡度,如图2.2-4所示。《规范》规定,在设有超高的平曲线上,超高与纵坡的合成坡度值不得超过表2.2-3的规定。

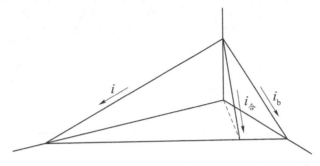

图2.2-4 合成坡度

i-公路平曲线处的纵坡,%;i_b-公路平曲线处的超高横坡度,%;$i_合$-合成坡度,%

各级公路最大合成坡度值　　　　　　　　　　　　　　　　　　表2.2-3

公路技术等级	高速公路、一级公路				二、三、四级公路				
设计速度(km/h)	120	100	80	60	80	60	40	30	20
合成坡度值(%)	10.0	10.0	10.5	10.5	9.0	9.5	10.0	10.0	10.0

3. 坡长限制和缓和坡段

坡长限制主要是对较陡纵坡的最大长度和一般纵坡的最小长度加以限制。

(1)最小坡长限制

为保证车辆行驶的安全与平顺,其纵坡坡长不宜过短。最小长度以不小于设计速度行驶9~12s的行驶里程为宜。各级公路的最小坡长规定见表2.2-4。

各级公路的最小坡长　　　　　　　　　　　　　　　　　　表2.2-4

设计速度(km/h)	120	100	80	60	40	30	20
最小坡长(m)	300	250	200	150	120	100	60

(2)陡坡组合坡长

当连续陡坡是由几个不同受限坡度值的坡段组合而成时,应按不同坡度的坡长限制折算确定,其连续陡坡最小坡长应大于规范规定的最小坡长。

(3)最大坡长限制

当连续纵坡大于5%的坡段过长时,会产生车辆需克服升坡阻力而降低车速、水箱开锅、车辆爬坡无力和熄火等现象;下坡时制动次数过多,易造成车祸。《规范》规定各级公路不同纵坡的最大坡长应满足表2.2-5的规定。

各级公路不同纵坡的最大坡长　　　　　　　　　　　　　　　　　　表2.2-5

设计速度(km/h)		120	100	80	60	40	30	20
纵坡坡度(%)	3	900	1 000	1 100	1 200	—	—	—
	4	700	800	900	1 000	1 100	1 100	1 200
	5	—	600	700	800	900	900	1 000

续上表

设计速度(km/h)		120	100	80	60	40	30	20
纵坡坡度（%）	6	—	—	500	600	700	700	800
	7	—	—	—	—	500	500	600
	8	—	—	—	—	300	300	400
	9	—	—	—	—	—	200	300
	10	—	—	—	—	—	—	200

(4) 缓和坡段(休息坡)

在公路纵断面设计中,当陡坡长度达到限制坡长时,应安排一段缓坡,既可以恢复在陡坡上降低的速度,也可以满足下坡安全的需要。这一段缓坡称为缓和坡段。缓和坡段如图2.2-5所示。

一般情况下,当设计速度小于或等于80km/h时,缓和坡段的纵坡应不大于3%;当设计速度大于80km/h时,缓和坡段的纵坡应不大于2.5%。

二、竖曲线

为保证行车安全、舒适及视距的需求,在变坡点处所设置的纵向曲线称为竖曲线。竖曲线有凸形和凹形两种形式,如图2.2-6所示。

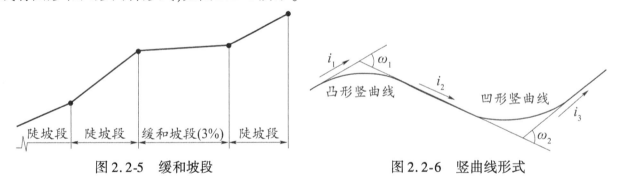

图2.2-5 缓和坡段　　　　　　图2.2-6 竖曲线形式

《规范》规定:各级公路在纵坡变更处均应设置竖曲线,竖曲线的形式可采用抛物线或圆曲线。我国常采用二次抛物线作为竖曲线。

1. 竖曲线设置的主要作用

竖曲线设置的主要作用包括如下:

(1) 确保公路纵向行车视距。

(2) 缓和纵向变坡处行车动量变化而产生的冲击。

(3) 将竖曲线与平曲线恰当地结合,有利于路面排水和改善行车的视线诱导与舒适感。

2. 竖曲线的半径

对于凸形竖曲线选定,要以改善纵坡的行车舒适性和保证行车视距为依据。凸形竖曲线半径的选择应能提供行车所需要的视距,以保证行车安全、迅速。

凹形竖曲线主要为缓和行车时汽车的颠簸和振动而设置。汽车沿着凹形竖曲线路段行驶制动,在重力方向受到离心力作用而发生颠簸和引起弹簧负荷增加,凹形竖曲线最小半径主要控制依据是使离心力不致过大。

《规范》中将竖曲线半径分为极限最小半径和一般最小半径。其中,极限最小半径是汽车在纵坡变更处行驶时,为缓和冲击和保证视距所需的最小半径的计算值,该值在受地形等特殊情况约束时方可采用。

《规范》规定的各级公路竖曲线最小半径见表 2.2-6,通常应采用大于或等于表列一般最小值。

各级公路竖曲线最小半径和竖曲线长度 表 2.2-6

设计速度(km/h)		120	100	80	60	40	30	20
凸形竖曲线最小半径(m)	一般值	17 000	10 000	4 500	2 000	700	400	200
	极限值	11 000	6 500	3 000	1 400	450	250	100
凹形竖曲线最小半径(m)	一般值	6 000	4 500	3 000	1 500	700	400	200
	极限值	4 000	3 000	2 000	1 000	450	250	100
竖曲线长度(m)	一般值	250	210	170	120	90	60	50
	最小值	100	85	70	50	35	25	20

注:"一般值"为正常情况下的采用值;"极限值"和"最小值"为条件受限制时,是经技术经济论证后的采用值。

3. 竖曲线最小长度

当公路路线纵断面的变坡角坡差很小时,由计算得来的竖曲线往往很短,这样的竖曲线视觉效果不佳,会给驾驶员很急促的曲折感。为了避免这种情况的出现,《规范》规定了竖曲线最小长度,它是以设计速度 3s 的行驶距离而确定的。《规范》规定的竖曲线最小长度见表 2.2-6。为了行车安全、舒适,实际设计中,应采用表列数值的 1.5~2.0 倍或更大值。

4. 竖曲线设计的要求

(1)当公路的设计速度大于或等于 60km/h 时,竖曲线设计宜采用长的竖曲线和长直线坡段的组合,从而获得更好的视觉效果,避免视觉盲区,如图 2.2-7 所示。有条件时宜采用大于或等于表 2.2-7 所列视觉所需要的竖曲线半径值。

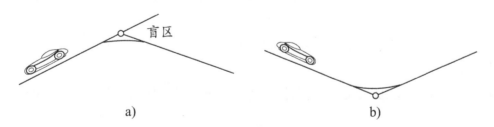

图 2.2-7 竖曲线行车图

视觉所需要的最小竖曲线半径 表 2.2-7

设计速度(km/h)	竖曲线半径(m)	
	凸形竖曲线	凹形竖曲线
120	20 000	12 000
100	16 000	10 000
80	12 000	8 000
60	9 000	6 000

(2)竖曲线应选用较大的半径。当条件受限制时,宜采用大于或接近于竖曲线最小半径的"一般值";当地形条件特殊困难而不得已时,方可采用竖曲线最小半径的"极限值"。

(3)同向竖曲线间,特别是同向凹形竖曲线之间,如直线坡段接近或达到最小坡长时,宜合并设置为单曲线或复曲线。

三、纵断面图

纵断面图是公路纵断面设计的主要成果,也是公路设计的重要技术文件之一。将公路纵断面图与平面图结合起来,就能准确地定出公路的空间位置。公路路线纵断图如图2.2-8所示,其纵断面设计包括以下两部分内容。

1. 图示部分

(1)地面线。地面线是根据公路中线上各桩的里程桩号和地面高程而点绘的一条不规则的折线。它反映了公路中线上原地面的高低起伏情况。

(2)设计线。设计线是综合考虑技术、经济和美学等因素后,人为地定出一条有规则形状的线。它反映了设计好的公路中线的高低起伏情况。纵断面设计线由直线和竖曲线组成。

①直线。直线即直线坡段,坡度 i 用两桩号之间的高差和水平距离的比值表示,有上坡和下坡之分。

②竖曲线。在直线坡段的坡度变化处为平顺过渡而设置竖曲线。竖曲线有凹形和凸形两种形式,其大小用半径 R 和长度 L 表示。

③竖曲线及结构物图示。图中标注竖曲线及桥涵的位置和相关参数等。

2. 表格部分

(1)地质概况。根据外业地质勘测调查资料,分段填写公路经过处对应的地质情况。

(2)里程桩号。与平面设计图中的里程桩号一致,起点为 K0+000,一般以 20m 为间距依次排列加桩,并标明平曲线、竖曲线要素桩及桥涵结构物位置桩等。

(3)地面高程。根据外业中平测量记录,填写公路中线处原地面对应里程桩号的高程值。

(4)设计高程。根据直线坡段和竖曲线的设计成果,计算出公路中线对应桩号的设计高程值。

(5)填挖高度。设计高程减去地面高程的差值,若结果为"+",则为填方;若结果为"-",则为挖方。

(6)坡度及坡长。坡度为两变坡点之间高差与水平距离的百分比;坡长为两变坡点之间的水平距离。

(7)直线及平曲线。里程桩号对应的平面线形,"—"表示直线,开口矩形表示圆曲线,开口梯形表示缓和曲线。

(8)超高。超高表示设有超高的平曲线路段各桩号对应的超高值。

四、路基设计表

路基设计表(表2.2-8)是公路设计文件的组成内容之一,是平、纵、横等主要测设资料的综合。

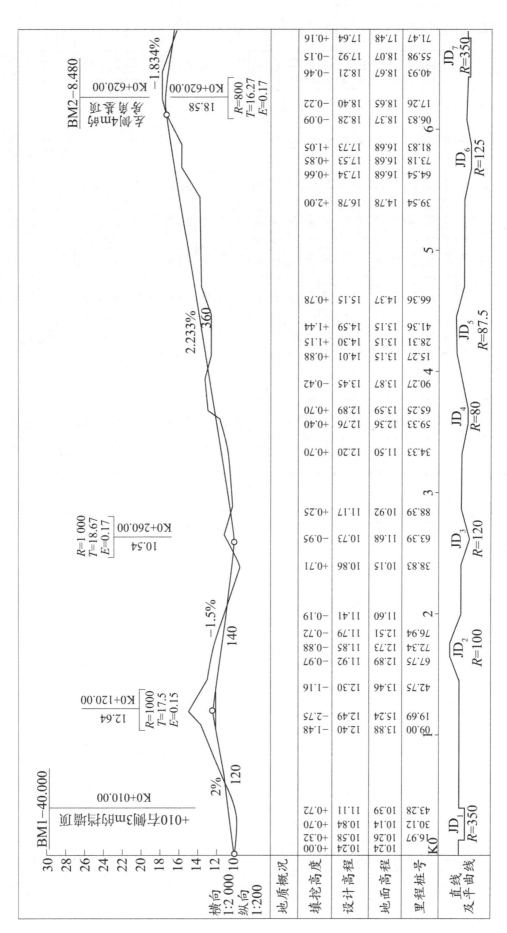

图 2.2-8 路线纵断面图

表 2.2-8

路基设计表

桩号	平曲线	变坡点桩号及纵坡坡度、坡长	竖曲线	地面高程 (m)	设计高程 (m)	填挖高度 (m) 填	填挖高度 (m) 挖	路基宽 (m) 左	路基宽 (m) 右	路边及中桩与设计高程的高差 (m) 左	中桩	右	施工时中桩 (m) 填	施工时中桩 (m) 挖	备注
1	2	3	4	5	6	7	8	9	10	11	12	13	14	15	16
K2+100				16.076	159.92		0.84	7.50	7.50	0.00	0.15	0.00		0.69	—
+120				161.56	159.75		1.81	7.50	7.50	0.00	0.15	0.00		1.66	—
+140				164.03	159.59		4.44	7.50	7.50	0.00	0.15	0.00		4.29	—
+160				164.23	159.43		4.80	7.50	7.50	0.00	0.15	0.00		4.65	—
+180				162.15	159.28		2.87	7.50	7.50	0.00	0.15	0.00		2.72	—
+200				163.17	159.14		4.03	7.50	7.50	0.00	0.15	0.00		3.88	—
+220				163.20	159.00		4.20	7.50	7.50	0.00	0.15	0.00		4.05	—
+240				163.87	158.87		5.00	7.50	7.50	0.00	0.15	0.00		4.85	—
+260		K2+100 $i=-0.65\%$ L=400		165.69	158.74		6.95	7.50	7.50	0.00	0.15	0.00		6.80	—
+280			+243.5	166.31	158.61		7.70	7.50	7.50	0.00	0.15	0.00		7.55	—
+300			+404.6	166.36	158.48		7.88	7.50	7.50	0.00	0.15	0.00		7.73	—
ZH K2+315				166.30	158.37		7.93	7.50	7.50	0.00	0.15	0.00		7.78	—
+340				166.06	158.22		7.84	7.50	7.71	0.59	0.29	-0.04		7.55	—
HY K2+360	JD$_5$, 右 78°53'21" R=200 l_{s_1}=45 l_{s_2}=45 T_1=187.38 T_2=187.38 L=320.375 E=59.533		凹形 $R-18\,000$ $T-95.4$	166.06	158.08		7.98	7.50	7.90	1.11	0.51	-0.12		7.47	—
+380				166.20	157.96		8.24	7.50	7.90	1.11	0.51	-0.12		7.73	—
+400				166.01	157.83		8.18	7.50	7.90	1.11	0.51	-0.12		7.67	—
+420				165.95	157.70		8.25	7.50	7.90	1.11	0.51	-0.12		7.74	—
+440				165.61	157.60		8.01	7.50	7.90	1.11	0.51	-0.12		7.50	—
+460				165.63	157.52		8.11	7.50	7.90	1.11	0.51	-0.12		7.60	—
QZ K2+476.08				166.02	157.47		8.55	7.50	7.90	1.11	0.51	-0.12		8.04	—
+500		K2+500 $i=0.41\%$ L=400		166.05	157.43		8.62	7.50	7.90	1.11	0.51	-0.12		8.11	—
+520				166.02	157.41		8.61	7.50	7.90	1.11	0.51	-0.12		8.10	—
+540				165.43	157.42		8.01	7.50	7.90	1.11	0.51	-0.12		7.50	—
+560			+595.4	165.89	157.46		8.43	7.50	7.90	1.11	0.51	-0.12		7.92	—
+580				163.21	157.51		5.70	7.50	7.90	1.11	0.51	-0.12		5.19	—
YH K2+591.27				164.13	157.55		6.58	7.50	7.82	0.89	0.42	-0.09		6.07	—
+600				163.60	157.59		6.01	7.50	7.64	0.40	0.20	-0.02		5.59	—
+620				162.86	157.67		5.19	7.50	7.50	0.00	0.15	0.00		4.99	—
CQ K2+636.27				161.35	157.73		3.62	7.50	7.50	0.00	0.15	0.00		3.47	—

表 2.2-8 中填列所有整桩、加桩及填挖高度、路基宽度(包括加宽)、超高值等有关资料,既是路基横断面设计的基本数据,也是施工的依据之一。路基设计表包括以下内容:

(1)里程桩号。
(2)平曲线(左转、右转)。
(3)纵坡度及坡长。
(4)竖曲线(凹形、凸形)。
(5)切线高程。
(6)竖曲线改正值。
(7)竖曲线设计高程(切线高程±改正值)。
(8)地面高程(测量而得)。
(9)填挖高度(设计高程−地面高程,结果"+"为填方,"−"为挖方)。
(10)路基宽度。
(11)路基边缘及中桩与设计高程之高差。
(12)施工时中桩的填挖高度。

测评模块

请结合本单元的学习,完成以下习题。

一、填空题

1.《规范》中将竖曲线半径分为_____和_____。

2._____是指在纵断面设计中,各级公路允许采用的最大坡度值。它是路线纵断面设计中的一项重要控制指标。

3.在平原微丘区,地下水埋深较浅,纵坡除应满足_____要求外,还应满足_____,以保证路基稳定。

4.隧道内的纵坡应大于_____,并且小于_____,但长度小于100m的隧道,其纵坡不受此限制。

5.《规范》规定:公路的纵坡不宜小于_____;横向排水不畅的路段或长路堑路段采用平坡(0%)或小于_____的纵坡时,其边沟应作纵向排水设计。

6.公路在平曲线路段,若纵向有纵坡并横向有超高时,则最大坡度既不在纵坡上,也不在超高上,而是在纵坡和超高的合成方向上,这时的最大坡度称为_____。

7.为保证行车安全、舒适及视距的需求,在变坡点处所设置的纵向曲线称为_____。

8._____是公路纵断面设计的主要成果,也是公路设计的重要技术文件之一。

9.纵断面设计包括_____和_____两部分内容。

10.设计高程减去地面高程的差值称为_____。

二、判断题

1.里程桩号对应的平面线形"—"表示直线,开口矩形表示圆曲线,开口梯形表示缓

和曲线。(   )

2. 坡度为两变坡点之间高差与水平距离的百分比,坡长为两变坡点之间的水平距离。
(   )

3. 设计线是根据公路中线上各桩的里程桩号和地面高程而点绘的一条不规则的折线。它反映了公路中线上原地面的高低起伏情况。(   )

4.《规范》规定:各级公路在纵坡变更处均应设置竖曲线,竖曲线的形式可采用抛物线或圆曲线。我国常采用三次抛物线作为竖曲线。(   )

单元2.2 测评答案

技能训练

技能训练2.2"公路纵断面设计"见本书配套训练册。

单元2.3 公路横断面

学习引导

路线横断面设计是研究路基断面形状与组成的过程。本单元的学习重点是能够正确理解设计意图,准确掌握路基有关尺寸;学习难点是正确识读路线中桩的横断面图。

知识模块

公路中线上任意一点的法线方向剖面图称为横断面,如图2.3-1所示。公路横断面的方向:直线段为该点垂直于公路中心线的方向;曲线段为垂直于该点切线的方向。公路横断面的范围包括路面、路基(边坡)、路肩、中央分隔带、人行道以及用地范围内的标志、照明灯柱、防护栅和专门设计的取土坑、弃土堆以及环境保护等设施。公路横断面组成示意图如图2.3-2所示。

图2.3-1 公路横断面

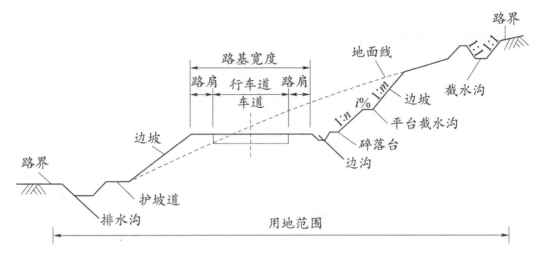

图 2.3-2 公路横断面组成示意图

一、公路用地与公路建筑限界

1. 公路用地

公路用地是为修建、养护公路及设置沿线设施,依照国家规定所征用的地幅。

(1)公路直接用地

公路直接用地是公路通过的地域,其范围依据公路的等级和断面特征的不同而有所区别。

①路堤。路堤是指公路用地为两侧排水沟外边缘(无排水沟时为路堤或护道坡脚)外不小于1m的范围。

②路堑。路堑是指公路用地为边坡坡顶截水沟外边缘(无截水沟时为坡顶)以外不小于1m的范围。

③公路直接用地的变化范围:

a. 对于高速公路和一级公路,在有条件的情况下,上款②中所述"不小于1m范围"改为"不小于3m";二级公路则改为"不小于2m"。

b. 对高填深挖的路段,为保证路基的稳定,应通过计算确定用地的范围;沿公路需种植多行林带的路段用地范围,可根据实际情况确定。

(2)公路辅助用地

为了公路安全、养护、管理等需要的用地范围称为公路辅助用地,如安装防砂或防雪栅栏,公路沿线路用房屋、料场、苗圃、停车场等,应遵循节约用地的原则,根据实际需要确定。

公路用地必须严格按《中华人民共和国土地管理法》的规定征用,并办理相应手续,才能确认为公路用地。在此范围内,不得修建非路用房屋,开挖渠道,埋设管道、电缆、电杆等。

2. 公路建筑限界

公路建筑限界又称净空,是为保证公路上各种车辆、人群的正常通行与安全,在一定的高度和宽度范围内不允许有任何障碍物侵入的空间界线。

公路建筑限界是一个空间概念,由净高和净宽两部分组成。不同等级的公路其公路建筑限界的大小不同,高速公路、一级公路、二级公路的净高为5.00m;三、四级公路的净高为4.50m。公路建筑限界如图2.3-3所示。

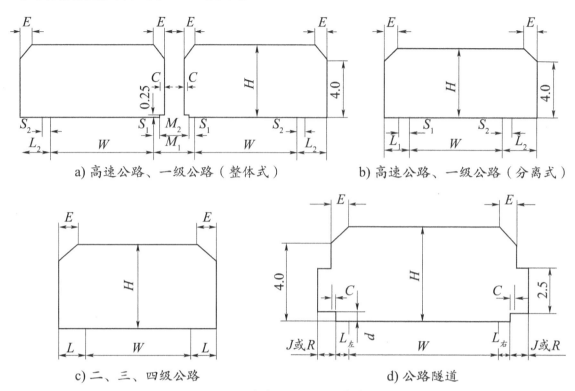

图 2.3-3 公路建筑限界(尺寸单位:m)

W-行车道宽度;L_1-左侧硬路肩宽度;L_2-右侧硬路肩宽度;S_1-左侧路缘带宽度;S_2-右侧路缘带宽度;L-侧向宽度:高速公路、一级公路的侧向宽度为硬路肩宽度(L_1 或 L_2);二、三、四级公路的侧向宽度为路肩宽度减去 0.25m;隧道内侧向宽度($L_左$ 或 $L_右$)应符合表2.3-1规定;C-当设计速度大于100km/h时为0.5m,小于或等于100km/h时为0.25m;M_1-中间带宽度;M_2-中央分隔带宽度;J-隧道内检修道宽度;R-隧道内人行道宽度;d-隧道内检修道或人行道高度;E-建筑限界顶角宽度:当 $L \leq 1$m 时,$E = L$;当 $L > 1$m 时,$E = 1$m;H-净空高度

在公路横断面设计中,公路标志牌、护栏、照明灯柱、管线等各种设施,甚至粗细树枝及矮林都不得侵入公路建筑限界内,以确保行车空间的畅通。

隧道最小侧向宽度　　　　表2.3-1

设计速度(km/h)	高速公路、一级公路				二、三、四级公路				
	120	100	80	60	80	60	40	30	20
左侧侧向宽度 $L_左$(m)	0.75	0.50	0.50	0.5	0.75	0.50	0.25	0.25	0.50
右侧侧向宽度 $L_右$(m)	1.25	1.00	0.75	0.75	0.75	0.50	0.25	0.25	0.50

二、路基标准横断面

(1)高速公路、一级公路的路基横断面组成可分为整体式路基横断面和分离式路基横断面。整体式路基标准横断面由车道、中间带(中央分隔带、左侧路缘带)、路肩(右侧硬路肩、土路肩)等部分组成;分离式路基横断面由车道、路肩(右侧硬路肩、左侧硬路肩、土路肩)等部分组成。高速公路、一级公路路基标准横断面如图 2.3-4 所示。

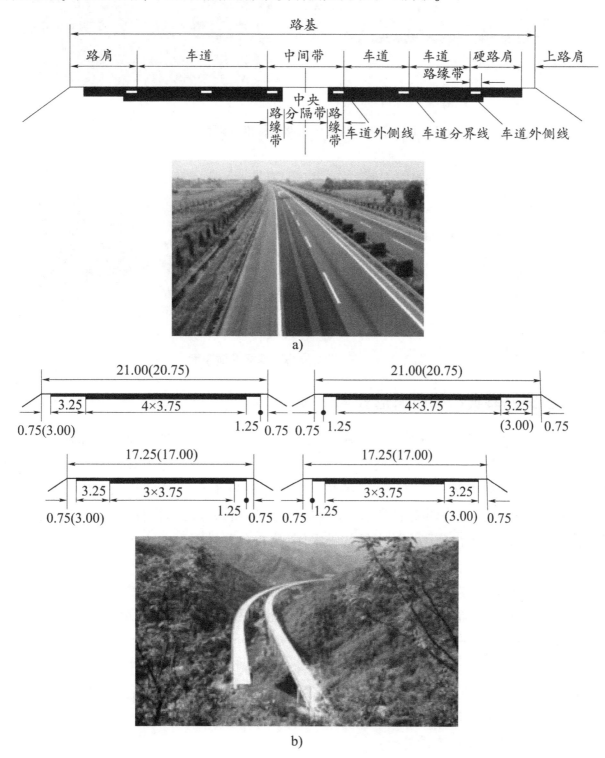

图 2.3-4 高速公路、一级公路路基标准横断面(尺寸单位:m)

(2)二级公路路基标准横断面应由车道、路肩(右侧硬路肩、土路肩)等部分组成,如图 2.3-5 所示。

(3)三、四级公路路基标准横断面应由车道、路肩等部分组成,如图 2.3-6 所示。

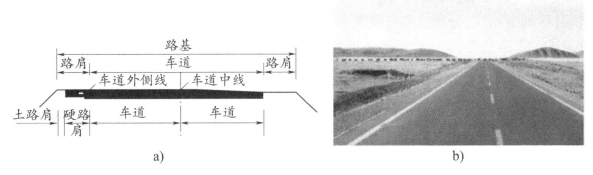

图 2.3-5　二级公路路基标准横断面

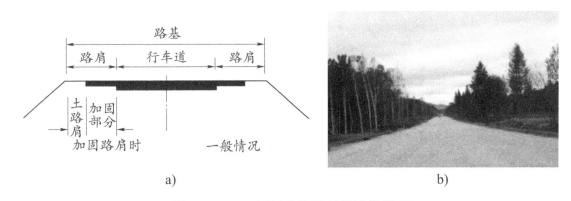

图 2.3-6　三、四级公路路基标准横断面

三、公路路基典型横断面形式

在公路设计中,把起伏不平的地形建设成可供车辆行驶的公路,因此,当原地面低于公路的设计线时就需要填筑不足部分;反之,就需要挖去多余部分。若上述两种情况同时出现在一个断面内,就形成既填又挖。这三种情况的路基横断面形式分别称为路堤、路堑、半填半挖路基。此外,还有零填零挖路基,由于自然地形、地质条件的多样性,可派生出一系列类似的横断面形式,并且在公路设计中经常被采用,称为典型横断面。

1. 路堤

高于原地面的填方路基称为路堤。路堤按其所处条件及加固类型的不同分为一般路堤[图 2.3-7a)]、沿河路堤[图 2.3-7b)]、陡坡护脚路堤[图 2.3-7c)]、吹(填)砂(粉煤灰)黏土包边路基[图 2.3-7d)]。

2. 路堑

低于原地面的挖方路基称为路堑。挖方路基的基本形式有全挖路堑[图 2.3-7e)]、半山洞路堑[图 2.3-7f)]等。

3. 半填半挖路基(经济横断面)

在一个断面内,一部分为路堤,另一部分为路堑的挖填结合的路基。如果处理得当,路基稳定可靠,这种路基断面形式是比较经济的,因此又称经济横断面。该横断面的基本形式有半填半挖路基[图 2.3-7g)]、矮墙路基[图 2.3-7h)]、砌石路基[图 2.3-7i)]、护肩路基[图 2.3-7j)]、挡土墙路基[图 2.3-7k)]。

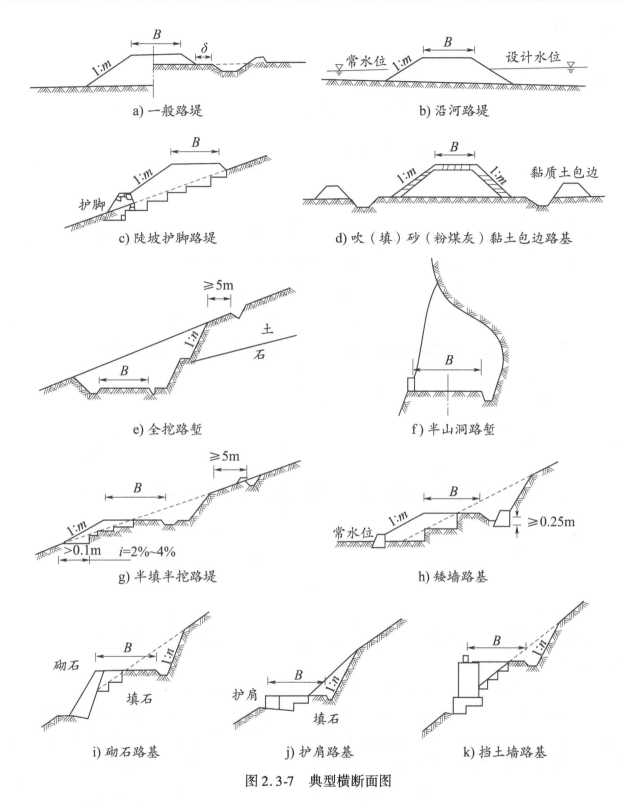

图 2.3-7 典型横断面图

4. 零填零挖路基

在干旱的平原区和丘陵区、山岭区的山脊线路段，原地区与路基高程基本相同，构成了零填零挖的路基断面形式，也是半填半挖路基的一种特殊形式，如图 2.3-8 所示。

四、路基有关尺寸

只有正确理解设计意图，准确掌握路基有关尺寸，才能合理地组织路基施工，保证路基的施工质量。

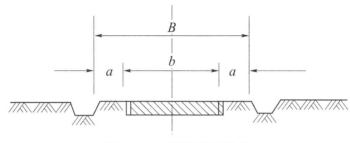

图 2.3-8 零填零挖路基

1. 路基宽度

公路的路基宽度等于车道宽度与路肩宽度之和。当设有中间带、加(减)速车道、爬坡车道、停车带、错车道等时,应计入这些部分的宽度,如图 2.3-9 所示。

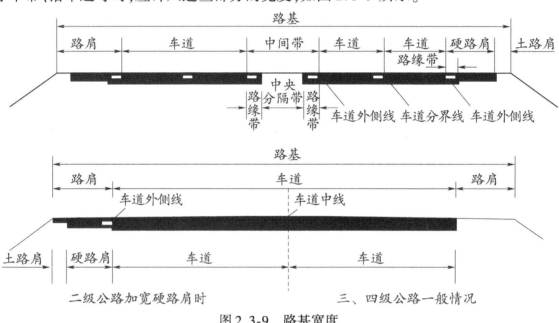

图 2.3-9 路基宽度

2. 路基填挖高度

路基填挖高度,也称为路基的施工高度,是指路基设计高程与路中线原地面高程之差,"+"为填,"-"为挖。

新建公路设计高程:高速公路和一级公路采用中央分隔带的外侧边缘高程;二、三、四级公路宜采用路基边缘(路肩边缘)的高程;设置超高、加宽路段为设超高、加宽前该处边缘最大高程。城市道路和改建公路的路基设计高程:宜按新建公路的规定执行,也可视具体情况采用中央分隔带中心线或行车道中心线的高程。路基设计高程如图 2.3-10 所示。

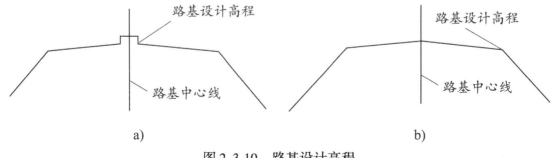

图 2.3-10 路基设计高程

3. 路基边坡

路基边坡是指路肩的外边缘与坡脚（路堑则为边沟外侧沟底与坡顶）所构成的坡面，如图 2.3-11 所示。边坡坡度以边坡高度 H 与边坡宽度 B 的比值来表示。

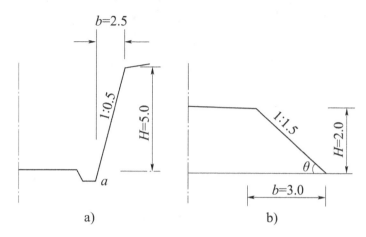

图 2.3-11　路基边坡（尺寸单位：m）

五、横断面设计成果

路基横断面设计的主要成果是"两图两表"，即路基横断面标准图、路基横断面设计图、路基设计表与路基土石方数量计算和调配表。

1. 路基横断面标准图

路基横断面标准图（图 2.3-12）是路基横断面设计图中所出现的所有路基形式的汇总。它示出了所有设计线（包括边坡、边沟、挡墙、护肩等）的形状、比例及尺寸，用以指导施工。

路基横断面标准图不必对每一个断面都进行详细的标注（其中很多断面的比例、尺寸都是相同的），既避免了工作的重复与烦琐，也使横断面设计图比较简洁。

2. 路基横断面设计图

路基横断面设计图是路基每一个中桩的法向剖面图。它反映了每个桩位处横断面的尺寸及结构，可作为路基施工及横断面面积计算的依据，图中应给出地面线与设计线，并标注桩号、施工高度与断面面积。相同的边坡坡度可只在一个断面上标注，挡土墙等圬工构造物可只绘出形状不标注尺寸，边沟也只需绘出形状。路基横断面设计图应按从下到上、从左到右的方式进行布置，一般采用的地形图比例尺为 1∶200，如图 2.3-13 所示。

3. 路基设计表

路基设计表严格地说不能只作为横断面设计的成果，它是路线设计成果的一个汇总，其前半部分是平面与纵断面设计的成果，见表 2.2-8。横断面设计完成后，再将"边坡""边沟"等栏填上。其中"边沟"一栏的"坡度"如不填写，表明沟底纵坡与道路纵坡一致；如果不一致，则需另外填写。

4. 路基土石方数量计算和调配表

路基土石方是公路工程的一项主要工程量。在公路设计和路线方案比较中，路基土石方数量的多少是评价公路测设质量的主要技术经济指标之一，也是编制公路施工组织计划和工程概预算的主要依据。

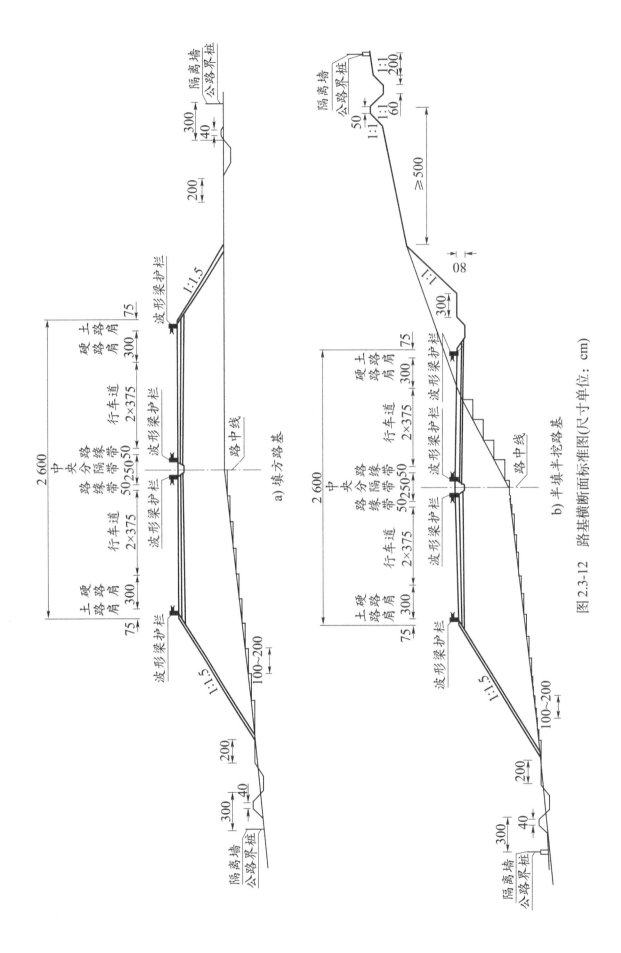

图 2.3-12 路基横断面标准图(尺寸单位：cm)

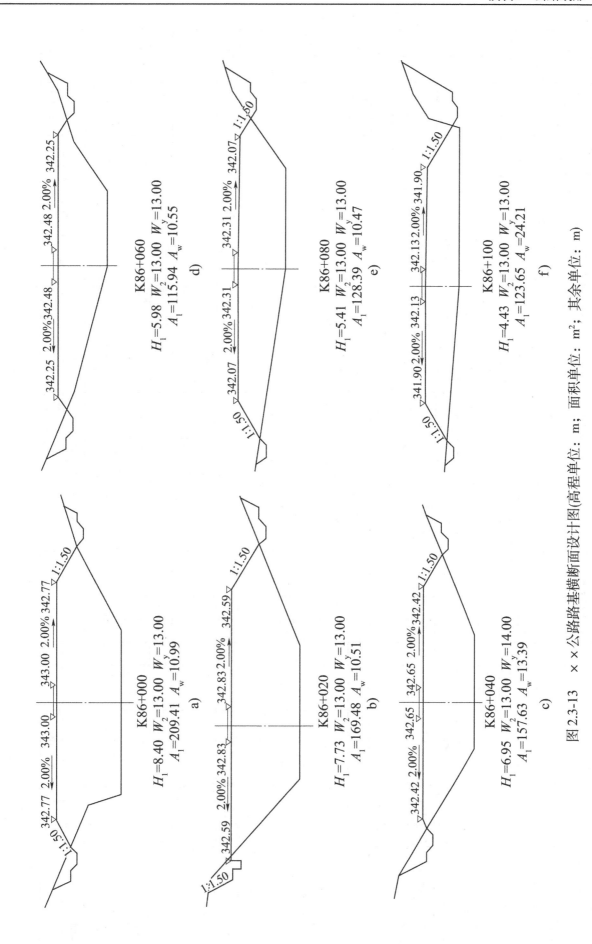

图 2.3-13　××公路路基横断面设计图(高程单位：m；面积单位：m^2；其余单位：m)

路基土石方数量计算和调配

表 2.3-2

桩号	横断面面积(半面积)(m²)			平均面积(m²)				距离(m)	总数量	挖方分类及数量											填方数量(m³)		利用方数量(m³)反运距(单位)					借方数量(m³)反运距(单位)		废方数量(m³)反运距(单位)		总运量(m³)(单位)	
										土				石									木桩利用		填缺		抛余		运远利用纵向调配示意					
	挖	填		挖	填					松土		普通土		硬土		软石		次坚石		坚石													
		土	石		土	石				%	数量	%	数量	%	数量	%	数量	%	数量	%	数量	土	石	土	石	土	石	土	石	土	石	土	石	土	石	土	石
1	2	3	4	5	6	7	8	9	10	11	12	13	14	15	16	17	18	19	20	21	22	23	24	25	26	27	28	29	30	31	32	33	34	35	36
K14+000	60.0																																		
+017	82.2			71.1			17	1 209			20	242	10	121			50	604	20	242		40	155(279)	56	34	104	363	846	调至土 公里土 363 石:500				346/③		1 038
+025	86.4	10.0 4.0		84.3	5.0 2.0		8	674				135		67				337	30	135	16	40	71(242)	84	295		202	416	石(87) 土202				329/③		987
+037	78.0			43.2	39.0		12	518				103		52				259		104	24	60							石(40)						
+041	69.6			73.8			4						20	71				176		106		295														
+050	78.4			39.2	34.8		9	353						113				282	30	169		313						40								
+060	34.4	28.0	56.0	56.4	26.3 55.3		10	564						145				364		218		144	132 6	15	58	210	442	113	451	土247				443/②		886
+072	86.8	20.0	56.0	60.6	24.0 56.0		12	727						89				224		134		176				144	336	145	582	石882(66)						
+080	25.0	24.0	44.0	55.9	22.0 50.0		8	447						15				37		23		72				176	400	89	358							
+086		24.6	54.6	12.5	12.3 27.3		6	75														74	14	60	59											
+094		28.0	56.0		26.3 55.3		8											36	20	22		210			210	442		40								
+100		20.0	56.0		24.0 56.0		6											175	30	105		144	15	15	58	144	336		265	土105 石480(129)						
+108		24.0	44.0		22.0 50.0		8											248		149	8	176	8	8		176	400		389								
+114	24.0	2.0		12.5	2.0 12.0	22.0 1.0	6	72						14				290		174		140	115(24)	64	60			70						45		
+124	46.0	1.0		35.0	1.5		10	350						70				520		312		60		15	58			35	440					440		609
+140	16.0	8.0		31.0	4.0	0.5	16	496						99				190		114		105	76(29)	60	58			148	832					832		
+160	42.0	6.0		29.0	7.0		20	580						116				35		21		285	14(56) 14(630)	215	215			148	275				148	60		
+180	62.0			52.0	3.0		20	1 040						208																石(215)						
+190	14.0	21.0		38.0	10.5		10	380						76																						
+200	36.0			7.0	28.5		10	70						14																土654,石1 362 (537)				799		
小计							200	7 555						1 270				3 777		2 208	585 60	2 406	1 574	281	1 191	1 362	1 165	4 894				148	2 495	799	5 416

注:1. 24、30 栏中"()"表示以石代土。
2. 31、32、33、34 栏中分子为数量,分母为运距。
3. 31、32 栏系指普通土和次坚石,如有不同,必须注明。

另外,在公路设计、施工中,土石方调配尤为重要。土石方调配的目的是确定填方用土的来源、挖方土的去向以及计价土石方的数量和运量等。通过调配能够合理地解决各路段土石方平衡与利用问题,从路堑挖出的土石方,在经济合理的调运条件下移挖作填,尽量减少路外借土和弃土,少占用耕地,以求降低公路造价。路基土石方数量计算和调配表见表2.3-2。

5. 其他成果

对于特殊情况下的路基(如高填深挖路基、浸河路基、不良地质地段路基等),应单独设计,并绘制特殊路基设计图。图中应示出缘石大样、中央分隔带开口设计图等。

测评模块

请结合本单元的学习,完成以下习题。

一、填空题

1. 公路中线上任意一点的法线方向剖面图称为_____。
2. 公路横断面的范围包括_____、_____、_____、_____、_____、_____弃土堆以及环境保护等设施。
3. _____是为修建、养护公路及设置沿线设施,依照国家规定所征用的地幅。
4. _____是公路通过的地域,其范围依据公路的等级和断面特征的不同而有所区别。
5. _____又称净空,是为保证公路上各种车辆、人群的正常通行与安全,在一定的高度和宽度范围内不允许有任何障碍物侵入的空间界线。
6. 高速公路、一级公路的路基横断面组成可分为_____和_____。
7. 高于原地面的填方路基称为_____。低于原地面的挖方路基称为_____。
8. 路基_____,也称为路基的施工高度,是指路基设计高程与路中线原地面高程之差,结果" + "为填方," - "为挖方。
9. 路肩的外边缘与坡脚(路堑则为边沟外侧沟底与坡顶)所构成的坡面称为_____。
10. _____的多少是评价公路测设质量的主要技术经济指标之一,也是编制公路施工组织计划和工程概预算的主要依据。

二、判断题

1. 路基横断面设计的主要成果是"两图两表"即路基横断面标准图、路基横断面设计图、路基设计表与路基土石方计算表。 (   )
2. 公路的路基宽度为车道宽度与路肩宽度之和。 (   )
3. 在一个断面内,一部分为路堤,另一部分为路堑的路基称为挖填结合的路基。如果处理得当,路基稳定可靠,这种断面形式是比较浪费的。 (   )

技能训练

技能训练2.3"公路横断面设计"见本书配套训练册。

单元2.3 测评答案

模块 3

路基工程

素质目标

1. 培养学生的归纳能力和整理能力。
2. 培养学生求真务实、追求卓越的工匠精神。
3. 培养学生爱岗敬业的良好品质。

知识目标

1. 了解路基土的类型及工程性质。
2. 熟悉路基应满足的基本要求。
3. 掌握路基常见病害及产生原因。
4. 熟悉路基横断面类型。
5. 掌握组成路基的三要素。
6. 了解水对路基的危害。
7. 掌握常见地表、地下排水设施的类型。
8. 掌握常见地表、地下排水设施的适用条件和设置要求。
9. 掌握路基防护和加固类型、设置条件及要求。
10. 掌握挡土墙的分类。

技能目标

1. 能根据工程实际选择适当的路基填料。
2. 能根据路基病害判断其产生原因。
3. 能根据路基横断面图判断路基的横断面形式。
4. 能根据工程实际进行路基排水系统的设计。
5. 能根据工程实际进行路基防护和加固工程的设计。

课时建议

20 学时。

单元 3.1 路基知识认知

学习引导

路基是公路的重要组成部分,是支撑路面的构筑物,它主要承受由路面传递而来的行车荷载作用并抵御各种环境因素的影响。本单元的学习重点是路基的基本要求、路基的变形与破坏,学习难点是路基变形与破坏的形式及原因。

某高速公路路段由于连日暴雨导致路基边坡滑坡,进而引起塌方,阻断正常交通,如图 3.1-1 所示。

图 3.1-1 路基边坡滑坡

知识模块

路基是按照路线位置和一定技术要求修筑的带状构造物。路基是路面的基础,是公路的重要组成部分,它承受由路面传来的行车荷载。路基的强度与稳定性是保证路面强度与稳定性的基本条件。提高路基的强度和稳定性,可以减少路面厚度,以降低路面造价。当前,我国公路交通量在迅速增长,对路基的强度和稳定性提出了更高的要求。因此,需要通过合理的设计和施工,保证路基具有足够的强度和稳定性。

一、路基土分类及工程性质

(一) 路基土分类

土是构成路基的基本材料。其形态多样、性质复杂。从根本上说,土的性质取决于土的矿物成分。土的分类方法有很多,一般可根据土的颗粒组成特征、土的塑性指标和土中有机矿物成分含量来进行分类。土的颗粒应根据图 3.1-2 所示粒径范围划分粒组。

| 200 | 60 | 20 | | 5 | 2 | | 0.5 | 025 | 0.075 | 0.002(mm) |

巨粒组		粗粒组							细粒组	
漂石（块石）	卵石（小块石）	砾（角砾）			砂			粉粒	黏粒	
		粗	中	细	粗	中	细			

图 3.1-2 粒组划分图

土可分为一般土和特殊土。一般土又可分为巨粒土、粗粒土和细粒土。土的分类总体系如图 3.1-3 所示。

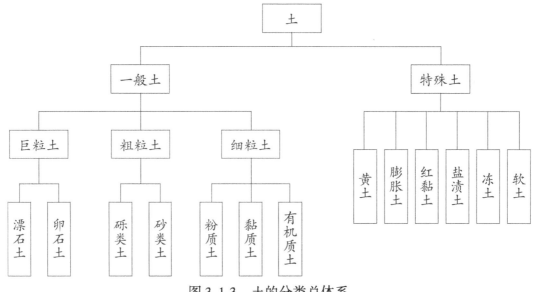

图 3.1-3　土的分类总体系

1. 一般土

(1)巨粒土分类

巨粒土分类体系如图 3.1-4 所示。具体如下：

①巨粒组质量大于总质量 75% 的土称为漂(卵)石。

②巨粒组质量为总质量 50% ~ 75%(含 75%)的土称为漂(卵)石夹土。

③巨粒组质量为总质量 15% ~ 50%(含 50%)的土称为漂(卵)石质土。

④巨粒组质量小于或等于总质量 15% 的土，可扣除巨粒，按粗粒土或细粒土的相应规定分类定名。

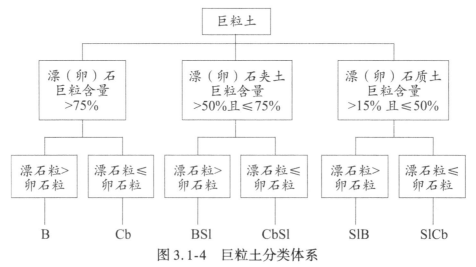

图 3.1-4　巨粒土分类体系

(2)粗粒土分类

试样中巨粒组土粒质量小于或等于总质量 15%，并且巨粒组土粒与粗粒组土粒质量之和大于总质量 50% 的土称为粗粒土。粗粒土中砾粒组质量大于砂粒组质量的土称为砾类土。砾类土应根据其中细粒含量和类别以及粗粒组的级配进行分类。砾类土分类体系如图 3.1-5 所示。

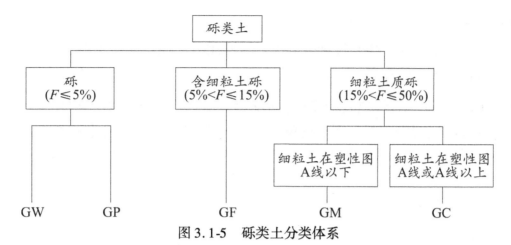

图 3.1-5 砾类土分类体系

粗粒土中砾粒组质量小于或等于砂粒组质量的土称为砂类土。砂类土应根据其中细粒含量和类别以及粗粒组的级配进行分类。砂类土分类体系如图 3.1-6 所示。

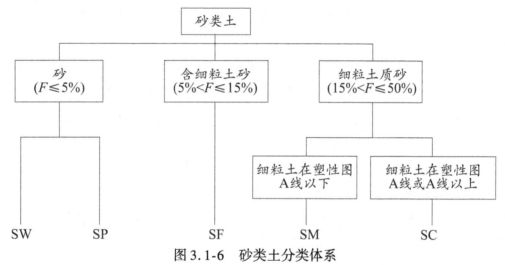

图 3.1-6 砂类土分类体系

（3）细粒土分类

试样中细粒组土粒质量大于或等于总质量 50% 的土称为细粒土。细粒土分类体系如图 3.1-7 所示。

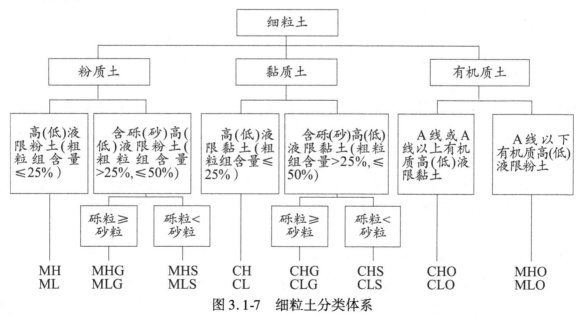

图 3.1-7 细粒土分类体系

2. 特殊土分类

各类特殊土应根据其工程特性进行分类。特殊土分类体系如图 3.1-3 所示。

(二) 路基土的工程性质

自然界中的土,其工程性质复杂多样。不同类型的土具有不同的工程性质,即使是同一类土,在不同的环境条件下(如不同湿度条件下),其工程性质的差异也非常大。因此,在选择路基填筑材料时,应正确地评价土的工程性质,并根据不同的土类分别采取不同的工程技术措施。

1. 一般土

(1) 巨粒土

巨粒土的矿物成分为原生矿物,包括漂石(块石)和卵石两类。它们均具有很高的强度和稳定性,是填筑路基的良好材料。其中,漂(块)石可用于砌筑边坡。一般说来,巨粒土在使用过程中需要加强压实度控制,经过足够的压实后,可以获得良好的工程性质。

(2) 粗粒土

粗粒土的矿物成分也是原生矿物,可分为砾类土和砂类土两大类。它们均具有良好的水稳定性。级配良好的砾石混合料密实度大,其强度和稳定性均能满足要求,级配不良的砾类土难以压实,孔隙率大;级配良好的砾石土除了填筑路基之外,还可以用于铺筑中级路面,经适当处理可以铺筑高级路面的基层、底基层。

砂类土包括砂土和砂性土两种。砂土的特点是无塑性、透水性强、毛细上升高度小,具有较大的内摩擦系数,强度和水稳定性均良好。但砂土黏结性小、易于松散、压实困难。在砂土中掺入一定量的黏土,可以提高其工程性质。经充分压实的砂土路基,压缩变形小、稳定性好,但砂土没有黏性,由于地表水可能会冲刷路基,因此,在路基施工中应注意设置合理的排水设施。

砂性土级配较好,具有足够的粗颗粒,使得该类土具有良好的强度和水稳性;同时具有一定数量的细颗粒,使得该土有一定黏性、不易松散,因此,级配良好的砂性土是理想的路基填筑材料。

(3) 细粒土

细粒土分为粉质土、黏质土和有机质土三类。

粉质土含有较多的粉土颗粒,干时虽有黏性,但黏性较低,易于破碎,浸水时容易饱和,呈流动状态。粉质土毛细作用强烈、毛细上升高度大(可达 0.9~1.5m),在季节性冰冻地区易发生水分迁移,从而造成严重冻胀,春融时则会造成翻浆。因此,粉质土属于不良的路基用土,应尽量避免采用。若必须采用粉质土填筑路基,则应采取一定技术措施进行处理。

黏质土的矿物成分属于次生矿物,其细颗粒含量多、亲水性好,黏质土的内摩擦系数小而黏聚力大、透水性小而吸水能力强、毛细现象显著、有较大的塑性;黏质土干燥时较坚硬,施工时不易挖掘和破碎,随着湿度的增大,其强度和刚性逐渐减小,浸湿后能长期保持水分不挥发,因而承载力小;黏质土还具有较大的可塑性、黏结性和膨胀性。对于黏质土,如在适当含水率时加以充分压实,也可以获得较高的密实度和强度,因此,设置良好的排水设施可防止其受水分影响。重黏土工程性质与黏质土相似,但其含黏土矿物成分不同。黏土矿物主要包括蒙脱土、高岭土、伊里土。其中,蒙脱土主要分布在东北地区,其具有塑性大、吸水后膨胀强烈、干燥时收缩大、透水性极低、压缩性大、抗剪强度低等特点。高岭土分布在南方地区,其具有塑性较低、抗剪强度较高和透水性、吸水性、膨胀量均较小等特点。伊里土分布在华中和华北地区,其特点介于上述两者之间。

有机质土(如腐殖土等)的工程性质差,应尽量避免采用有机质土作为路基填料,若必须采用,则需要采取相应的技术措施。

2. 特殊土

特殊土大多具有不良的工程性质,不宜用作路基填料,如黄土属于大孔和多孔结构,有明显的湿陷性;膨胀土属多裂隙性结构,有较强的胀缩性、显著的强度衰减期;红黏土失水后体积收缩明显;盐渍土受潮后承载力较低;等等。特殊土不适合用作路基填料,若必须用作路基填料时,则应采取适当的技术措施进行处理。

总之,土作为路基建筑材料,砂质土最优,黏质土次之,而粉质土属不良材料,最容易引起路基病害。重黏土特别是蒙脱土也是不良的工程用土。特殊土类不宜用作路基填料。

二、路基的基本要求

路基是公路的主体,路基承受行车荷载的作用,并且长期暴露在自然环境中,遭受自然环境因素的影响,在行车荷载和自然环境的综合作用下,路基可能会产生各种破坏。为了使公路与城市道路在运营期内保持良好的路用性能,最大限度地满足车辆运行的要求,提高行车速度,增强安全性和舒适性,降低运输成本和延长道路使用年限,公路路基应满足以下几个方面的要求。

(一) 具有足够的整体稳定性

路基是直接在地面上填筑或挖掘而成的。路基修建后,改变了原地面的自然平衡状态,有可能导致路基失稳,如挖方路基。如果路堑边坡过陡,可能会产生边坡滑塌。填方路基如果路基过高、边坡过陡,则填方路基本身可能发生滑塌,而下承层的土体也可能产生过大的变形、沉降。半填半挖路基由于填方和挖方路基土的工程性质不同,可能产生路基不均匀沉降。如果在不稳定土体上修建公路而没有采取合理的处理措施,则有可能产生各种路基破坏。

要想提高路基的稳定性,首先在选线时就应尽量避开不良地质路段;如果无法避开,则需要针对具体的土质类型采取相应的处理措施,改善土的工程性质。

(二) 具有足够的承载能力

公路上的行车荷载通过车轮传递给路面,并由路面传递给路基,路基和路面的自重也由路基承受。这些荷载在路基结构内部产生应力、应变及位移。如果路基强度或抗变形能力不足以抵抗这些应力、应变及位移,则路基就会产生破坏,如路基沉陷等。这些破坏会导致公路服务水平降低,影响车辆行驶。因此,需要选择良好的路基填料以及对路基路面结构层进行充分压实,从而保证路基具有足够的承载能力。

(三) 具有足够的水温稳定性

路基的水温稳定性是指路基在水和温度的作用下保持其承载力的能力。路基在地表水和地下水的综合作用下,其承载力会显著降低,特别是在季节性冰冻地区,由于水温状况的变化,路基会经受冻融循环,出现冻胀和翻浆病害,使路基承载力显著下降。因此,路基应具有足够的水温稳定性。

三、路基的变形与破坏

路基裸露在大气中,长期经受着路基土体和上部结构层自重、行车荷载和水、温度等因素的综合作用,路基会产生可恢复的变形和不可恢复的变形。其中,不可恢复的变形会改变路基边坡坡度,造成路基土体位移和路基横断面几何形状的改变,危及路基的完整性和稳定性,造成路基病害。常见的路基病害有以下几种。

(一) 路基沉陷

路基沉陷是指路基在垂直方向产生较大的沉落。路基土体在水、自重和行车荷载的作用下发生沉陷。图 3.1-8 所示为路基沉陷示意图,图 3.1-9 所示为路基沉陷实例图。

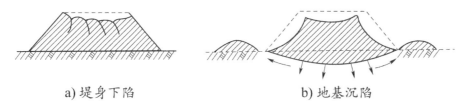

a) 堤身下陷 b) 地基沉陷

图 3.1-8 路基沉陷示意图

a) b)

图 3.1-9 路基沉陷实例图

路基沉陷有两个方面的原因:一是堤身下陷;二是堤身下面的地基发生沉陷,即地基沉陷。

1. 堤身下陷

路基因填料选择不当、填筑方法不合理、压实不足,在荷载、水和温度的综合作用下,路基将产生堤身向下沉陷的变形破坏,如图 3.1-8a) 所示。所谓填料选择不当,是指采用含草皮、生活垃圾、树根、腐殖质的土以及泥炭、淤泥、冻土等填筑路堤。所谓填筑方法不合理,是指不同土质混杂,未分层填筑和压实,土中含有未打碎的大土块或冻土块等;填石路堤因石料规格不一、性质不均,或就地爆破堆积,乱石中空隙很大,在一定期限内(如经过一个雨季)也可能产生明显的下沉。所谓压实不足,是指由于压实遍数不够、压路机质量小、碾压不均匀、局部有漏压现象等，造成压实度达不到规范要求。

2. 地基沉陷

原有地基上可能存在大量的泥沼、淤泥、流沙等，填筑前未经换填或压实，造成地基承载力不足，侧面剪裂凸起，发生地基下沉，从而造成路堤沉陷。另外，路基下部地基为软土地基，在路基填筑前未对软土地基进行处理，在路基自重作用下，软土地基压缩沉降或因承载力不足向两侧挤出引起路堤沉陷，如图3.1-8b)所示；路堤下的软土地基虽然处理过，但因工期紧，沉降时间不足，完工后出现大的沉降，也会造成路基沉陷。

（二）路基翻浆

在季节性冰冻地区，春融时路基或路面基层含水率过大，其强度急剧降低，在行车荷载的作用下造成路基湿软弹簧、路面破裂、冒出泥浆等的现象，称为翻浆。翻浆多发生在我国北方地区，由于路面排水不畅，雨水下渗，使路基潮湿，地下水位升高；进入冬季，当路基土表面开始冻结，土体空隙内的自由水在0℃时首先冻结，形成冰晶体；当温度继续下降，与冰晶体接触的弱结合水被吸引到冰晶体上冻结，因此，该部分土粒表面的水膜变薄，就要从结合水膜较厚处吸收水分，路基内温度高处的水分便不断地向温度低处移动。当路基上部土体温度降低到 $-3 \sim -5$℃时，土体内的毛细水和薄膜水就开始冻结。如果冻结线暂时停留在某一深度处，下层未冻区的毛细水和薄膜水会源源不断地向冻结线处聚集，并随即冻结形成含有大量冰晶体的聚冰层。随着冻结线的逐渐向下推移和停留，在更深处还可能形成新的聚冰层。与此同时，路基土体发生不均匀冻胀，路面被抬高，甚至出现冻胀裂缝。当春天气温回升到0℃以上时，路基土开始解冻，由于路面导热性大，路中的融化速度较两侧快，水分不易向下、向两侧排出，就会形成一个凹槽，凹槽中大量水分无法排出，甚至变成稀泥，如图3.1-10a)、b)所示。道路在行车荷载的作用下，路面被进一步压坏，泥浆从路面裂缝里挤出来，出现翻浆病害，如图3.1-10c)所示。

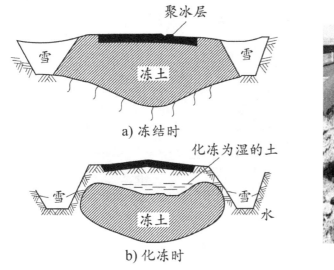

图3.1-10 路基翻浆

（三）剥（碎）落与溜方

剥落是指路堑边坡表面土层或表面风化岩层，在大气的干湿或冷热循环作用下，发生胀缩,使零碎薄层呈片状从坡面上剥落下来的现象,而且老的脱落后,新的又不断产生。路堑边坡剥落的碎石堆积在坡脚下,堵塞边沟,影响路基稳定和妨碍交通。当严重风化破碎的岩石路堑边坡较陡时,会产生块状岩屑的剥落现象,称为碎落。当土质或严重风化的软质岩石边坡较高时,坡面易被地表径流冲蚀成沟,黏土质边坡的表层土被水饱和或迅速融化而沿坡面下溜,称为溜方。路基边坡剥(碎)落,如图3.1-11所示。

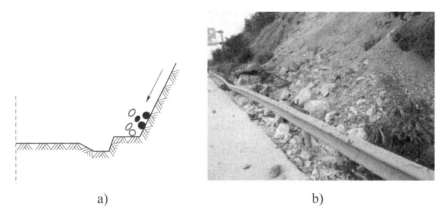

图3.1-11　路基边坡剥(碎)落

边坡坡面的剥落、碎落、冲蚀或溜方等病害,开始可能对路基的损坏很轻微,不妨碍交通,但会堵塞边沟,若不及时清理,则造成排水不畅。

(四) 崩塌与坍塌

崩塌是指岩体突然而猛烈地从陡峻的斜坡上崩离翻滚和跳跃的现象,如图3.1-12所示。崩塌可能发生在高峻的自然山坡上,也可能发生在高陡的人工路堑边坡上。通常情况下,岩石边坡易发生崩塌,但某些情况下土坡也会发生崩塌。崩塌主要是由于受到不利的地质构造(存在软弱面)和风化作用的影响而产生的。崩塌发生的速度极快,岩土块在运动中有翻滚和跳跃现象,运动结束后崩塌体基本稳定。崩塌属于坡体破坏,其规模与危害程度均较剥落更为严重。裂隙中渗入水分、坡脚被挖空等都可能诱发崩塌。

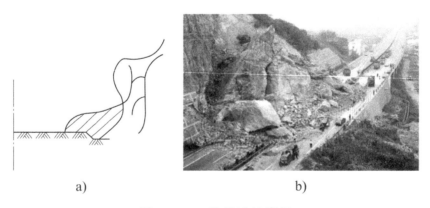

图3.1-12　路基边坡崩塌

坍塌是指路基边坡的土体(包括土石混杂的堆积土和松软破碎的岩层)发生推移和坍落的现象。坍塌时,土体的运动速度较快,但比崩塌慢,很少有翻滚的现象,结束后坍塌体呈稳定状态;无固定滑动方向,也无明显的软弱面。边坡坡度太陡,路基排水不良(坡体被水浸湿)等都能使坡体在重力(还有水压力和地震力)作用下失去平衡而坍塌。

(五)滑坡

滑坡是指斜坡上的土体或岩体受河流冲刷、地下水活动、地震及人工切坡等因素影响,在重力作用下,沿着一定的软弱面或软弱带,整体地或分散地顺坡向下滑动的自然现象。图 3.1-13 为滑坡的原理示意图和实例图。滑坡体并不完全稳定,在突变阶段会出现急剧的滑动。有些滑坡滑动时速度很快,部分岩土体也有翻滚现象,这种滑坡称为崩塌性滑坡。滑坡的形成大多与地下水或地面水的活动、地层的构造和不恰当的填挖路基有关。一般情况下,土质疏松并且雨水较多的地区,比较容易发生滑坡。

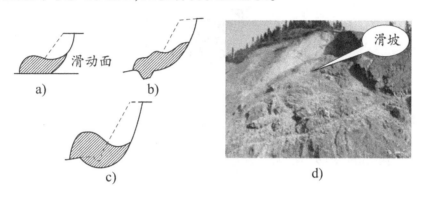

图 3.1-13 滑坡

测评模块

请结合本单元一的学习,完成以下习题。

一、填空题

1. 土是构成路基的基本材料。土的形态多样,性质复杂。从根本上说,土的性质取决于土的_____。

2. 土的分类方法有很多,一般可根据_____、_____和_____进行分类。

3. 粗粒土主要分_____和_____两种,细粒土主要包括_____、_____和_____。特殊土主要包括_____、_____、_____、_____、_____和_____。

4. 土作为路基建筑材料,_____最优,_____次之,_____属不良材料,最容易引起路基病害。

5. _____级配较好,具有足够的粗颗粒、良好的强度和水稳性,是理想的路基填筑材料。

6. _____大多具有不良的工程性质,不宜用作路基填料,若必须用作路基填料时,则应采取适当的技术措施进行处理。

7. 路基沉陷是指路基在_____方向产生较大的沉落。

8. 路基沉陷主要是由两个方面的原因造成:一是_____;二是堤身下面的_____。

9. 路基因_____、_____、_____,在荷载、水和温度的综合作用下,路基将产生堤身向下沉陷的变形破坏。

10. 所谓填料选择不当,是指采用含_____、_____、_____、腐殖质的土以及泥炭、淤泥、冻土等填筑路堤。

二、判断题

1. 同一类土,在不同的环境条件下(如不同湿度条件下),其工程性质的差异不大。（　　）
2. 要想提高路基的稳定性,首先在选线时就应尽量避开不良地质路段,如果无法避开,则采取相应的处理措施,改善土的工程性质。（　　）

单元3.1　测评答案

技能训练3.1"路基的变形与破坏"见本书配套训练册。

单元3.2　路基组成

学习引导

路基是公路的重要组成部分,因此需要科学、合理地进行路基设计。本单元的学习重点是路基基本构造、公路附属设施,学习难点是路基基本构造。

某路段在桩号为 K24+346 处的路基横断面形式如图 3.2-1 所示。试分析路基横断面形式、路基组成等。

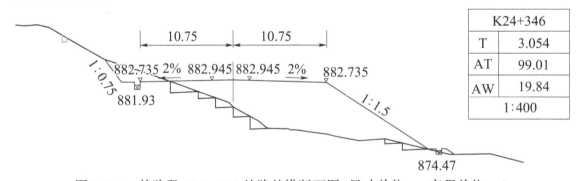

图 3.2-1　某路段 K24+346 处路基横断面图(尺寸单位:m;高程单位:m)

一、路基分类

(一)按路基横断面形式分类

路线设计确定的路基高程与地面高程是不同的。当路基高程高于天然地面高程时,需要进行填筑；当路基高程低于天然地面高程时，需要进行挖掘。当天然地面横坡大且路基较宽时，需要一侧开挖而另一侧填筑。因此，路基横断面的典型形式可以分为路堤、路堑、半填半挖路基、零填零挖路基四种类型。

1. 路堤

路堤是指高于原地面的填方路基。路堤在结构上分为上路堤和下路堤。其中，上路堤是指路床以下0.7m厚度范围内的填方部分，下路堤是指上路堤以下的填方部分。路床是指路面结构层以下0.8m或1.20m范围内的路基部分。路床可分为上路床及下路床两层。上路床厚度为0.3m，下路床厚度在轻、中等及重交通公路为0.5m，特重、极重交通公路为0.9m。路基结构层如图3.2-2所示。

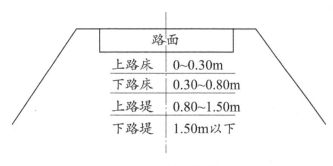

图3.2-2 路基结构层

按填土高度不同分类，路堤可分为低路堤、一般路堤和高路堤。填土高度小于路基工作区深度的路堤称为低路堤；路基填土边坡高度大于20m的路堤称为高路堤。

根据路基所处的环境和加固类型分类，路堤可分为浸水路堤、护脚路堤及挖沟填筑路堤等。

路堤横断面形式如图3.2-3所示。

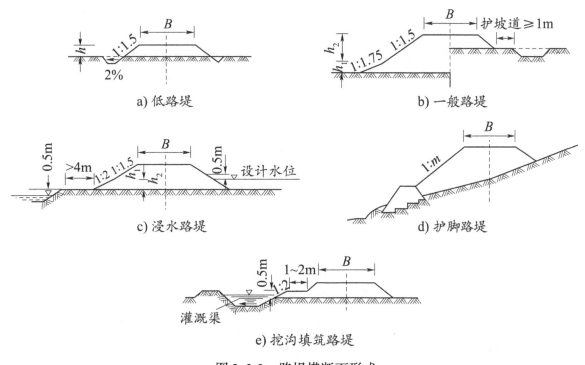

图3.2-3 路堤横断面形式

2. 路堑

路堑是指低于原地面的挖方路基。路堑有全路堑、半路堑(也称台口式)和半山洞路堑三种。路堑横断面形式如图 3.2-4 所示。路堑边坡处于地壳表层,开挖暴露后,受各种自然因素的作用,容易发生变形和破坏,应慎重对待。

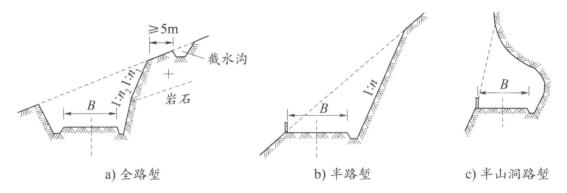

图 3.2-4 路堑断面形式

路堑边坡形式及坡度应根据工程地质及水文及地质条件、边坡高度、排水防护措施、施工方法等,并结合自然稳定边坡、人工边坡的调查及力学分析综合确定。当挖方边坡较高时,可根据不同的土质、岩性和稳定性要求开挖成折线式或台阶式边坡,其边沟外侧应设置碎落台,其宽度不宜小于 1.0m;台阶式边坡中部应设置边坡平台,其宽度不宜小于 2m。

3. 半填半挖路基

半填半挖路基是指在一个横断面内,一部分为填方,另一部分为挖方的路基。位于山坡上的路基,通常取路中心高程接近原地面高程,以便减少土石方工程量,保持土石方数量横向平衡,形成半填半挖路基,如图 3.2-5 所示。如果处置得当,半填半挖路基稳定可靠,是比较经济的断面形式。半填半挖路基是丘陵和山区道路路基横断面的主要形式。

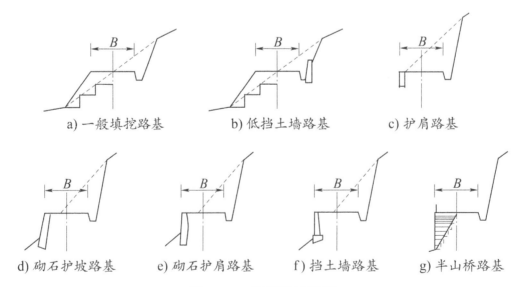

图 3.2-5 半填半挖路基

对于挖填结合路段,当挖方区为土质或软质岩石时,应对挖方区路床范围不符合要求的土质或软质岩石进行超挖换填或改良处治;填方区宜采用渗水性好的材料填筑,必要时,可在填挖交界接合部路床范围内铺设土工格栅。当挖方区为硬质岩石时,填方区宜采用填石路堤。当路基稳定性不足时,应采取改善基底条件或设置支挡工程等措施。根据地下水出露情况和岩土性质,设置完善的地下排水系统,除应在边沟下设置纵向渗沟外,尚应在填挖结合部设置渗沟、排水垫层等。

4. 零填零挖路基

当地面平坦而路基设计高程与地面高程又相等时,路基基身几乎没有填挖,形成不填不挖路基,称为零填零挖路基。

(二)按路基填筑材料分类

按路基填筑材料不同分类,路基可以分为填土路基、填石路基、土石路基、轻质材料路基、工业废渣路基。

1. 填土路基

用土质材料填筑的路基称为填土路基。作为路基的填料,应选用级配较好的砾类土、砂类土等粗粒土作为填料,填料最大粒径应小于150mm。泥炭、淤泥、冻土、强膨胀土、有机土及易溶盐超过允许含量的土等,不得直接用于填筑路基。季节性冻土地区路床及浸水部分的路堤不应直接采用粉质土填筑。路基上部宜采用水稳性好或冻胀敏感性小的填料。有地下水的路段或浸水路堤,应填筑水稳性好的填料。液限大于50%、塑性指数大于26的细粒土,不得直接作为路堤填料。浸水路堤、桥涵台背和挡土墙墙背宜采用渗水性良好的填料。在渗水材料缺乏的地区,采用细粒土填筑时,可采用无机结合料进行稳定处治。

2. 填石路基

用粒径大于40mm、含量超过总质量70%的石料填筑的路基称为填石路基。硬质岩石、中硬岩石可用作路床、路堤填料;软质岩石可用作路堤填料,不得用于路床填料;膨胀性岩石、易溶性岩石和盐化岩石等不得用于路堤填筑。填石路基应做好断面设计、结构设计和排水设计,保证填石路基具有足够的强度和稳定性。填石路堤施工前,应通过试验路段,确定填石路堤合适的填筑层厚、压实工艺以及质量控制标准。

填石料可根据石料饱和抗压强度指标按表3.2-1进行分类。

岩石分类表　　　　　　　　　　　　　　　表3.2-1

岩石类型	单轴饱和抗压强度(MPa)	代表性岩石
硬质岩石	≥60	(1)花岗岩、闪长岩、玄武岩等岩浆岩类; (2)硅质、铁质胶结的砾岩及砂岩、石灰岩、白云岩等沉积岩类; (3)片麻岩、石英岩、大理岩、板岩、片岩等变质岩类
中硬岩石	30~60	
软质岩石	5~30	(1)凝灰岩等喷出岩类; (2)泥砾岩、泥质砂岩、泥质页岩、泥岩等沉积岩类; (3)云母片岩或千枚岩等变质岩类

3. 土石路基

用石料含量占总质量 30%～70% 的土石混合材料填筑的路基称为土石路基。膨胀岩石、易溶性岩石等不宜直接用于路基填筑,崩解性岩石和岩化岩石等不得用于路基填筑。天然土石混合填料中,中硬、硬质石料的最大粒径不得大于压实层厚的 2/3;当石料为强风化石料或者软质石料时,石料最大粒径不得大于压实层厚。

4. 轻质材料路基

轻质材料[如土工泡沫塑料(EPS 块)和泡沫轻质土等]可用作需减少路基重度或土压力的路基填料。其应用范围包括软土地基上路堤、桥涵与挡土墙构造物台(墙)背路堤、拓宽路堤、修复沉陷或失稳路堤等,但不宜用于洪水淹没地段。

5. 工业废渣路基

工业废渣(如高炉矿渣、钢渣、煤矸石等)用于路基填筑时,必须符合国家现行环境保护的有关规定。严禁采用含有害物质的工业废渣作为路基填料。工业废渣不应用于浸水地段以及洪水淹没部位。

二、路基基本构造

无论是路堤、路堑、半填半挖路基还是零填零挖路基,其横断面的基本构造都是由路基宽度、路基高度和路基边坡坡度三个要素组成。其中,路基宽度取决于公路技术等级;路基高度取决于纵坡设计及地形地貌;路基边坡坡度取决于土质、地质构造、水文条件及边坡高度,并根据边坡稳定性和横断面经济性等因素确定。

(一)路基宽度

为满足汽车、行人在公路上正常通行的需求,路基必须具有一定的宽度。路基宽度等于行车道路面宽度及其两侧路肩宽度之和。整体式路基是指从一侧路肩外缘到另一侧路肩外缘的距离。当设有中间带、加(减)速车道、爬坡车道、紧急停车带时,应将这部分宽度计入。

1. 车道宽度

车道宽度取决于公路的设计速度,按表 3.2-2 进行确定。

车道宽度　　　　　　表 3.2-2

设计速度(km/h)	120	100	80	60	40	30	20
行车道宽度(m)	3.75	3.75	3.75	3.50	3.50	3.25	3.00

八车道及以上公路在内侧车道(内侧第 1、2 车道)仅限小客车通行时,其车道宽度可采用 3.5m;以通行中、小型客运车为主且设计速度为 80km/h 及以上的公路,经技术经济论证车道宽度可采用 3.5m;四级公路采用单车道时,车道宽度应采用 3.5m;设置慢车道的二级公路,慢车道宽度应采用 3.5m;需要设置非机动车道和人行道的公路,非机动车道和人行道等的宽度,宜视实际情况而定。

2. 中间带宽度

高速公路、一级公路整体式路基断面必须设置中间带。中间带由两条左侧路缘带和中央分隔带组成。高速公路和作为干线的一级公路,中央分隔带宽度应根据公路项目中央分隔带功能确定;作为集散的一级公路,中央分隔带宽度应根据中间隔离设施的宽度确定。左侧路缘带宽度不应小于表3.2-3的规定。

左侧路缘带宽度 表3.2-3

设计速度(km/h)		120	100	80	60
左侧路缘带宽度(m)	一般值	0.75	0.75	0.50	0.50
	最小值	0.50	0.50	0.50	0.50

注:1."一般值"为正常情况下的采用值。

2. 当设计速度为120km/h、100km/h时,受地形、地物限制的路段或多车道公路内侧仅限小型车辆通行的路段,可论证采用"最小值"。

3. 路肩宽度

路肩是位于行车道外缘至路基边缘、具有一定宽度的带状结构部分。路肩包括硬路肩和土路肩。路肩的作用是保护行车道等主要结构的稳定,为发生机械故障或遇到紧急情况的车辆提供临时停车位置,供行人和自行车通行,为设置路上设施提供空间,为养护操作提供工作场地,改善挖方路段的弯道视距,增进交通安全,等等。因此,要保证路肩具有足够的宽度。各级公路右侧路肩宽度应符合表3.2-4的规定。

各级公路右侧路肩宽度 表3.2-4

公路技术等级(功能)		高速公路			一级公路(干线功能)	
设计速度(km/h)		120	100	80	100	80
右侧硬路肩宽度(m)	一般值	3.00(2.50)	3.00(2.50)	3.00(2.50)	3.00(2.50)	3.00(2.50)
	最小值	1.50	1.50	1.50	1.50	1.50
土路肩宽度(m)	一般值	0.75	0.75	0.75	0.75	0.75
	最小值	0.75	0.75	0.75	0.75	0.75
公路技术等级(功能)		一级公路(集散功能)和二级公路			三级公路、四级公路	
设计速度(km/h)		80	60	40	30	20
右侧硬路肩宽度(m)	一般值	1.50	0.75	—	—	—
	最小值	0.75	0.25			
土路肩宽度(m)	一般值	0.75	0.75	0.75	0.50	0.25(双车道)
	最小值	0.50	0.50			0.50(单车道)

注:1. 正常情况下,应采用"一般值";在设有爬坡车道、变速车道及超车道路段,受地形、地物等条件限制路段及多车道公路特大桥,可论证采用"最小值"。

2. 高速公路和作为干线的一级公路以通行小客车为主时,右侧硬路肩宽度可采用括号内数值。

3. 高速公路局部设计速度采用60km/h的路段,右侧硬路肩宽度不应小于1.5m。

高速公路、一级公路的分离式路基,应设置左侧路肩,其宽度应符合表3.2-5的规定。左侧硬路肩内含左侧路缘带,左侧路缘带宽度为0.50m。

高速公路、一级公路分离式路基的左侧路肩宽度　　　　　　表 3.2-5

设计速度(km/h)	120	100	80	60
左侧硬路肩宽度(m)	1.25	1.00	0.75	0.75
左侧土路肩宽度(m)	0.75	0.75	0.75	0.50

(二)路基高度

路基高度是指路基设计高程和原地面高程之差,也称为路堤的填挖高度或施工高度。对于新建高速公路和一级公路,设计高程采用中央分隔带的外侧边缘高程;对于新建二、三、四级公路,设计高程采用路基边缘(路肩边缘)的高程;设置超高、加宽路段的设计高程为设超高、加宽前该处边缘高程,如图 3.2-6 所示。

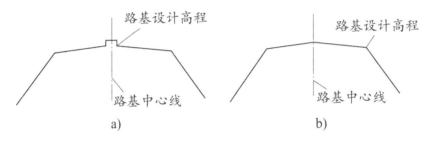

图 3.2-6　路基设计高程

城市道路和改建公路的路基设计高程宜按新建公路的规定执行,也可视具体情况采用中央分隔带中心线或行车道中心线的高程。

路基高度对公路占地、工程量及路基稳定性影响较大。在路线纵断面设计时,路基高度需要综合考虑路线纵坡要求、路基稳定性和工程经济等因素来确定。路基最小填土高度必须保证路基土能保持干燥或者中湿状态,不因地表水、地下水、毛细水及冻胀作用的影响而降低路基的强度及稳定性。高路堤边坡稳定性差,应尽量避免,若必须使用时则要进行特殊设计。

(三)路基边坡坡度

为保证路基稳定,路基顶面与原地面之间应做成具有一定坡度的坡面。路基的边坡坡度,可用边坡高度 H 与边坡宽度 b 之比值表示,并取 $H=1$,如图 3.2-7 所示。当 $H:b=1:0.5$ 时,通常用 $1:m$ 或 $1:n$ 来表示。其中,m、n 为边坡坡率。

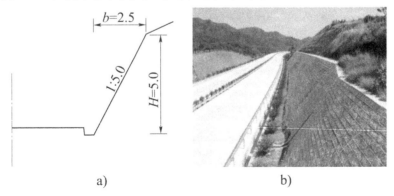

图 3.2-7　路基边坡坡度(尺寸单位:m)

路基边坡坡度的大小取决于边坡土质或岩石的性质以及沿途水文和地质条件。边坡坡度的确定,对于路基的稳定性和经济性至关重要,需要通过边坡稳定性验算或者结合工程经验和规范推荐情况来选用,以达到既能保证路基稳定,又能节省造价的目的。

路基边坡的形式分为直线形边坡、折线形边坡和台阶形边坡三种。直线形边坡是单一边坡,是最常见的边坡形式;折线形边坡按岩土性质和工作条件采用上下不同的边坡坡度;台阶形边坡是在边坡上每隔一定的高度设置一平台(也称护坡道),以提高边坡的稳定性,减少坡面冲刷。填方边坡一般采用直线形边坡;当边坡较高或浸水时,常采用上陡下缓的折线形边坡或台阶形边坡。挖方边坡,对于单一岩土层而风化或密实程度相差不大的坡体,可以采用直线形边坡,反之则采用适应各种稳定性要求的折线形边坡;当边坡较高且易受雨水冲刷时,宜采用台阶形边坡。

路堤边坡形式和坡度应根据填料的物理力学性质、边坡高度和工程地质条件来确定。当地质条件良好,路堤边坡高度不大于20m时,路堤边坡坡度不宜陡于表3.2-6中的规定值。

路堤边坡坡度 表3.2-6

填料类别	边坡坡度	
	上部高度($H \leq 8m$)	下部高度($H \leq 12m$)
细粒土	1:1.5	1:1.75
粗粒土	1:1.5	1:1.75
巨粒土	1:1.3	1:1.50

对边坡高度大于20m的路堤,边坡形式宜采用阶梯形,边坡坡度应通过稳定性分析计算确定,并应进行工点设计。浸水路堤在设计水位以下的边坡坡度不宜陡于1:1.75。

影响路堑边坡稳定的因素较多,除了路堑深度和坡体土石性质之外,岩石风化破碎程度、土层成因类型、地下水、坡面朝向、气候条件等都会对路堑边坡的稳定性产生影响。土质路堑边坡形式可分为直线形、折线形、台阶形三种。土质路堑边坡形式及坡度应根据工程地质与水文地质条件、边坡高度、排水防护措施、施工方法等,并结合自然稳定边坡、人工边坡的调查及力学分析综合确定。当路堑边坡高度不大于20m时,土质挖方边坡坡度可以参照表3.2-7确定。当路堑边坡高度大于20m时,其边坡形式及坡度应符合《公路路基设计规范》(JTG D30—2015)第3.7节规定。

土质路堑边坡坡度 表3.2-7

土的类别		边坡坡度
黏土、粉质黏土、塑性指数大于3的粉质土		1:1
中密以上的中砂、粗砂、砾砂		1:1.5
卵石土、碎石土、圆砾土、角砾土	胶结和密实	1:0.75
	中密	1:1

岩质路堑边坡形式及坡度应根据工程地质与水文地质条件、边坡高度、排水防护措施、施工方法等，结合自然稳定边坡和人工边坡的调查综合确定。必要时可采用稳定分析方法予以验算。当边坡高度不大于30m时，无外倾软弱结构面的边坡应按表3.2-8确定边坡坡度。

岩质路堑边坡坡度　　　　　　　表3.2-8

边坡岩体类型	风化程度	边坡坡度 $H<15\mathrm{m}$	边坡坡度 $15\mathrm{m} \leqslant H \leqslant 30\mathrm{m}$
Ⅰ类	未风化、微风化	1∶0.1～1∶0.3	1∶0.1～1∶0.3
Ⅰ类	弱风化	1∶0.1～1∶0.3	1∶0.3～1∶0.5
Ⅱ类	未风化、微风化	1∶0.1～1∶0.3	1∶0.3～1∶0.5
Ⅱ类	弱风化	1∶0.3～1∶0.5	1∶0.5～1∶0.75
Ⅲ类	未风化、微风化	1∶0.3～1∶0.5	—
Ⅲ类	弱风化	1∶0.5～1∶0.75	—
Ⅳ类	弱风化	1∶0.5～1∶1	—
Ⅳ类	强风化	1∶0.75～1∶1	—

三、公路附属设施

公路路基除主体结构及排水、防护与加固等设施外，为确保路基的强度和稳定性，还需要设置一些附属工程，包括取土场、弃土场、护坡道、碎落台、堆料坪及错车道等。

（一）取土场与弃土场

在路基施工过程中不可避免地存在借方和弃方。虽然路基土石方的填挖平衡，是公路路线设计的基本原则，但往往难以做到完全平衡，仍然会有部分借方和弃方（又称废方）。在借方路段，为了满足填筑路基的需要，应在公路沿线或者其他地点设置取土场。在弃方路段，开挖路基形成的余土或者不宜用于填筑路基的废弃土，应设置合理的地点堆放，堆放点的土堆称为弃土场。

取土场和弃土场的设置，应根据各路段所需借方或弃方数量，结合节约土地、环境保护、沿线农田水利灌溉等要求进行统一的规划，尽可能做到不妨碍农业发展。取土场和弃土场需要与当地的地形、地质配合。尤其对于大规模的取土场、弃土场，需要覆土绿化，并设置完善的排水、防护措施，防止暴雨天气下土堆崩塌或造成泥石流等灾害。

在平坦地区，如果用土量较小，可以沿公路两侧设置取土场，并与路基排水和农田水利灌溉相结合。路旁取土场，深度为1m或稍大一些，宽度根据用土数量而定。为防止坑内积水危害路基，当堤顶与坑底高差小于2m时，在路基坡脚与取土场之间设置宽度不小于1.0m的护坡平台（图3.2-8），坑底设置纵横排水坡及相应设施。桥头引道两侧，一般不设取土场。如设取土场，取土场距河流中水位边界至少10m。兼起排水作用的取土场，应保证排水系统通畅，其深度不宜超过该地区地下水水位，并应与桥涵进口高程相衔接；其纵坡不应小于0.2%，平坦地段不应小于0.1%。

对于路基开挖产生的废方，应妥善处理，并加以利用，如用于加宽路基或加固路堤，填补坑洞或路旁洼地,也可兼顾农田水利或基建等所需,做到变废为用。应合理设置弃土场,不得影响路基及斜坡稳定。当沿河弃土时,应避免弃土侵占河道,并视需要设置防护支挡工程。

(二)护坡道与碎落台

护坡道是指路堤较高时,为保证边坡稳定,在取土场和坡脚之间,或在边坡某一高度处设置的有一定宽度的平台。护坡道是保护路基稳定性的措施之一。其设置的目的是加宽边坡横向距离,减少边坡平均坡度,如图3.2-8所示。护坡道越宽,越有利于边坡的稳定。但护坡道宽,工程数量也会随之增加,因此,护坡道的宽度要兼顾边坡的稳定性和经济合理性。一般情况下,护坡道宽度不宜小于2.0m。

碎落台设置于土质和石质挖方边坡的坡脚处(边沟外侧),如图3.2-9所示。碎落台主要供零星土石碎块下落时堆积,保护边沟不致阻塞,也有护坡道的作用。碎落台宽度一般为1.0~1.5m,若兼有护坡作用,则应适当放宽。碎落台上的堆积物应定期清理。

图3.2-8 护坡道　　　　图3.2-9 碎落台

测评模块

请结合本单元的学习,完成以下习题。

一、填空题

1. 路基横断面的典型形式包括_____、_____、_____和零填零挖路基。
2. 路基设计高程高于天然地面高程,全部用岩土填筑而成的路基称为_____。
3. 路基横断面都是由_____、_____和_____三个要素组成。
4. 一般高速公路和一级公路路基横断面分为_____和_____两类。
5. 路基的边坡坡度可以用_____和_____之比值来表示。
6. 公路路基的附属工程包括_____、弃土场、_____、碎落台、堆料坪和错车道等。
7. 按路基填筑材料不同,可以分为_____、_____、_____、轻质材料路基、工业废渣路基。

二、判断题

1. 关于新建公路设计高程:高速公路、一级公路采用路基边缘的高程。　　　　(　　)
2. 关于新建公路设计高程:二、三、四级公路宜采用中央分隔带的外侧边缘高程。(　　)
3. 公路的路基宽度为车道宽度与路肩宽度之和,当设有中间带、加(减)速车道、爬坡车

道、紧急停车带、错车道等时,应计入这部分的宽度。 （   ）

4.路肩是位于行车道外缘至路基边缘之间,具有一定宽度的带状结构物。（   ）

5.碎落台设置于土质和石质挖方边坡的坡脚处。 （   ）

6.路基是公路的主体。 （   ）

单元3.2　测评答案

技能训练3.2"路基填筑施工"见本书配套训练册。

单元3.3　路　基　排　水

 学习引导

水是危害公路的主要自然因素。要想保证路基路面的稳定性,就必须做好路基的排水设计。本单元的学习重点是路基地表、地下排水设施的类型和设置要求,学习难点是路基地表、地下排水设施的设置要求。

某合同段路线总体呈西南走向,其中主线起点桩号为K114+280,终点桩号为K121+910,主线长7.63km。路基排水系统由排水沟、边沟、平台及山坡截水沟、骨架防护泄水槽、各种形式的急流槽、渗沟、天然河沟等组成。根据沿线筑路材料的分布、路线填挖状况以及对施工进度、施工质量的控制,边沟平原微丘区的排水沟采用C20混凝土现浇,其余排水设施均采用M7.5浆砌片石铺砌。

知识模块

一、危害路基的水

路基路面是裸露在地表的人工结构物,除了行车荷载作用之外,还直接经受着各种自然因素的作用,其中,水是危害公路的主要自然因素。水的危害性大小与公路排水能力密切相关。路基排水设计是路基设计中的重要项目和内容。要想提高路基的强度和抗变形能力,保证路基路面的稳定性,就必须做好路基的排水设计。

根据水源的不同,影响路基路面稳定性的水可分为地表水和地下水,与之对应的排水工程分为地表排水工程和地下排水工程。地表水的来源包括:①雨雪直接降落到路面和路基工作区域内的大气降水形成的地表径流;②从路基上方地面汇流进入路基工作区内的径流;③沿水道而来的河、溪水流。地下水的来源包括:①从地面渗入尚未深达下层的上层滞水;②在地面以下任何两个隔水层之间的含水层中的层间水;③在地面以下第一个隔水层以上的含水层中的潜水。

地面水渗入路基,使得路基强度降低;地面水对边坡有冲刷作用,使得路基整体稳定性受到影响,发生水毁现象;地面水渗入路面会降低材料的强度,导致其承载力下降。地下水可能通过毛细作用和渗透作用浸入路基,从而使得路基强度降低,承载能力下降,甚至可能引起边坡滑塌和路基沿倾斜基底滑动。在季节性冰冻地区还可能引发冻胀、翻浆、滑坍等病害。

鉴于地面水和地下水对路基的不利影响,在路基设计时,必须考虑路基的排水问题,设置合理有效的排水设施,降低路基工作区内土基的含水率,使其保持干燥或者中湿状态,从而保证路基路面的强度和稳定性。

二、地表排水设施

地表排水设施是将影响路基的强度及稳定性的地面水排除或拦截于路基用地范围以外,并防止地面水漫流、滞积或下渗。路基地表排水设施包括边沟、截水沟、排水沟、跌水与急流槽、蒸发池、油水分离池等。路基地表排水设施应结合地形和天然水系进行布设,并做好进出口的位置选择和处理,防止产生堵塞、溢流、渗漏、淤积、冲刷和冻结等现象。

(一)边沟

边沟分为路堤边沟和路堑边沟。边沟位于土路肩或护坡道外侧,它可用于汇集和排除路面、路肩及边坡上的水。常见的边沟横断面形式有三角形、浅碟形(无法在图中示出)、梯形、流线型、矩形(或U形)、带盖板矩形等,如图3.3-1所示。选择边沟横断面形式时,既要考虑地形地质条件、边坡高度、汇水面积及排水功能,也要注意边沟横断面形式对路侧安全和环境景观的影响,因地制宜,合理选用。当路基边坡高度不大、汇水面积较小时,优先采用三角形、浅碟形边沟。边沟横断面尺寸需根据地形、地貌、汇水面积、暴雨强度、路基填挖情况等,经过水文、水力计算,并结合当地的经验确定。

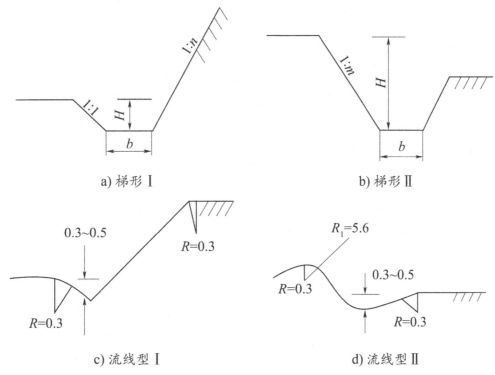

图 3.3-1

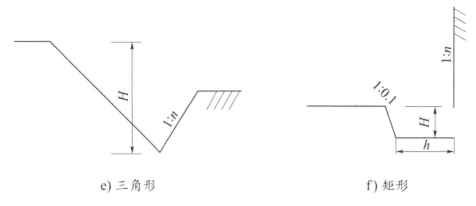

e) 三角形　　　　　　　　　f) 矩形

图 3.3-1　边沟的横断面形式(尺寸单位:m)

边沟沟底纵坡宜与路线纵坡一致,并不宜小于 0.3%;在困难条件下,可减小至 0.1%。当边沟冲刷强度超过表 3.3-1 所列的明沟最大允许流速时,应采取必要的防护加固措施。高速公路、一级公路挖方路段矩形边沟宜增设带泄水孔的钢筋混凝土盖板或增设路侧护栏,钢筋混凝土盖板的强度和厚度应满足承受汽车荷载的要求。在季节性冻土地区,浅碟形边沟下的暗埋管(沟)应设置在最大路基冻深线之下,暗埋管(沟)出水口应采取保温防冻措施。

明沟最大允许流速　　　　　　　　　　　　　　表 3.3-1

明沟类别	最大允许流速(m/s)	明沟类别	最大允许流速(m/s)
细粒土质砂	0.8	片碎石(卵砾石)加固	2.0
低液限粉土、低液限黏土	1.0	干砌片石	2.0
高液限黏土	1.2	浆砌片石	3.0
草皮护面	1.6	水泥混凝土	4.0

为了加固边沟,防止水流对边沟的冲刷破坏,需要对边沟进行冲刷防护,可根据不同的情况选用不同的措施。在选用边沟冲刷防护措施时,既要考虑防冲刷措施的耐久性,也要考虑与环境的协调性。在边沟水流最大允许流速范围内,通常优先选用植物防护;当超过最大允许流速、可能产生冲刷时,可根据流速大小,因地制宜地选用换填砂砾、卵石、片碎石等间接方式,或选用干砌片石、浆砌片石(混凝土块)、现浇混凝土等直接方式。

(二) 截水沟

设置在挖方路基边坡坡顶以外或山坡路堤上方的适当位置,用以拦截路基上方流向路基的地表水,减轻边沟的水流负担,保护挖方边坡和填方坡脚不受水流冲刷和损坏的人工沟渠,称为截水沟(又称天沟)。

根据路基填挖情况和所处位置,截水沟分为路堤截水沟、平台截水沟和堑顶截水沟三种。当山坡填方路段可能遭到上方水流破坏作用时,必须设路堤截水沟,以拦截山坡水流保护路堤。路堤截水沟与坡脚之间,应有不小于 2.0m 的间距,并做成 2% 的向沟倾斜的横坡,确保路堤不受水害,如图 3.3-2 所示。当挖方路段土质边坡高度较大,汇水宽度较宽时,可在边坡上设置平台截水沟,其宽度不小于 1.0m,台顶向沟内做 2% 的斜坡,如图 3.3-3 所示。

堑顶截水沟与挖方边坡坡口距离 d 应在 5m 以上，在地质不良路段可取 10m 或更大。截水沟下方一侧，可堆置挖沟的土方，做成顶部向沟内倾斜 2% 的土台，如图 3.3-4 所示。

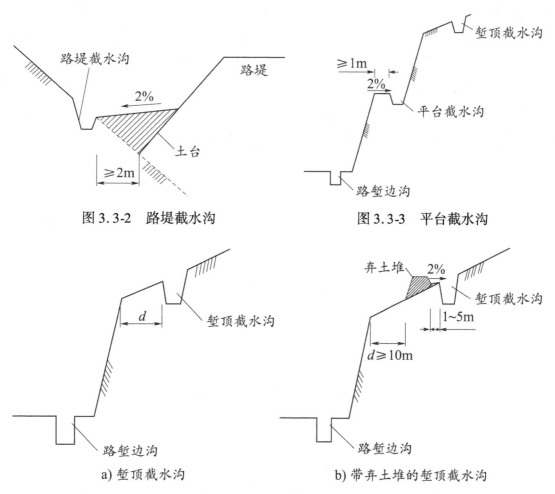

图 3.3-2　路堤截水沟　　　　　图 3.3-3　平台截水沟

a) 堑顶截水沟　　　　b) 带弃土堆的堑顶截水沟

图 3.3-4　堑顶截水沟

截水沟设置的位置和道数是十分重要的，应经过详细的水文、地质、地形等调查后，经流量计算确定截水沟的位置、横断面尺寸和道数。为防止边坡的破坏，截水沟应采取有效的防渗措施，出水口应引伸到路基范围以外，出口处设置消能设施，确保边坡和路基的稳定性。在截水沟设计时，也要考虑其横断面形式对周围环境的影响。当堑顶上方汇水面积小时，通常不设截水沟。

截水沟的横断面形式应结合设置位置、排水量、地形及边坡情况确定，一般采用梯形断面，截水沟的底宽不小于 0.5m，沟底纵坡不宜小于 0.3%，深度通过设计流量确定，同时不小于 0.5m。沟壁边坡坡度视土质而定，一般采用 1:1.0～1:1.5。石质截水沟沟壁坡度视石质而定，当山坡覆盖层较薄（小于 1.5m）、稳定性较差时，可将沟底设在基岩上。截水沟的水流应排至路界之外，不宜引入路堑边沟。截水沟应进行防渗加固。

(三) 排水沟

为了将边沟、截水沟、取（弃）土场和路基附近低洼处汇集的水引向路基范围以外，应设置排水沟。

排水沟的布置，必须结合地形等自然条件，平面上力求短捷、平顺，尽量采用直线，必须转向时,尽量采用较大半径;纵向上应具有合适的纵坡,以保证水流畅通,但纵坡不能太大,否则会产生冲刷破坏,也不能太小而形成淤积,为此应通过水文水力计算,择优选定。一般情况下,沟底纵坡不宜小于 0.3%,也不宜大于 3%。若纵坡大于 3%,应采取相应的加固措施。排水沟的连续长度不宜大于 500m。排水沟的断面形式应结合地形、地质条件确定,一般采用梯形断面,深度与底宽均不应小于 0.5m。排水沟的沟壁坡度视土质而定,一般土层为 1:1.0 ~ 1:1.5。

排水沟与其他排水设施的连接应顺畅。当水流排入河道或沟渠时,为防止对原水道产生冲刷或淤积,两者水流流向应以锐角相交,交角不大于 45°,如图 3.3-5 所示。

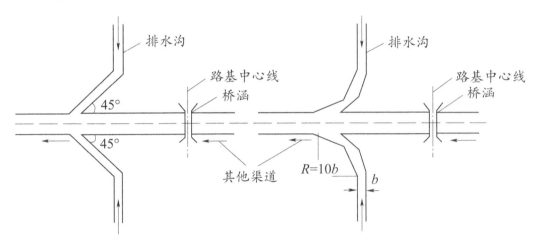

图 3.3-5 排水沟与水道衔接

(四)跌水与急流槽

当水流通过坡度大于 10%、水头高差大于 1.0m 的陡坡地段或特殊陡坎地段时,宜设置跌水或急流槽。跌水是阶梯形的建筑物,水流以瀑布的形式通过,如图 3.3-6 所示。跌水有单级跌水和多级跌水,沟底可以是等宽也可以是变宽。跌水的作用主要是降低流速和消减水的能量。急流槽是设置在陡坡或深沟地段的坡度较陡、水流不离开槽底的沟槽,槽底宜砌成粗糙面,用以消能和降低流速,如图 3.3-7 所示。

a) 路堑急流槽　b) 路堤急流槽

图 3.3-6 跌水　　图 3.3-7 急流槽

由于纵坡大、水流湍急、冲刷作用严重,所以跌水和急流槽应采取加固措施,如浆砌块石或水泥混凝土砌筑。跌水两端的土质沟渠,应注意加固,保持水流畅通,不致产生冲刷和淤积;急流槽底的纵坡应与地形相结合,进水口应予以防护加固,出水口应采取消能措施,防止冲刷;急流槽底应设置防滑平台或凸榫,防止基底滑动。

（五）蒸发池

在气候干旱区且路域范围内排水困难的地段,可利用沿线的取土场或专门设置蒸发池汇集地表水。为避免影响路基稳定和路侧安全,应合理设置蒸发池边缘与路基之间的距离,并应不小于5m,湿陷性黄土地区不得小于湿陷半径。蒸发池设计水位应低于排水沟的沟底。蒸发池的容量应以一个月内汇入池中的雨水能及时完成渗透与蒸发为设计依据,经水力、水文计算后确定。蒸发池应根据具体情况采取适当的安全防护加固措施。

（六）油水分离池

在水环境敏感地段路基排水沟出口宜设置油水分离池。油水分离宜采用沉淀法处理：污水进入油水分离池前,应先通过格栅和沉砂池。油水分离池的大小应根据所在路段排水沟汇入水量确定,并保证流入分离池的油水能有足够的时间分离或过滤净化。

三、地下排水设施

当地下水影响路基强度或稳定性时,应根据地下水类型、渗透性、含水层埋藏深度等因素,采取拦截、引排、疏干、隔离等措施。地下排水设施应与地表排水设施相协调。当地下水埋藏浅或无固定含水层时,可设置隔离层、排水垫层、暗沟、渗沟等排水设施。当地下水埋藏较深或存在固定含水层时,可设置仰斜式排水孔、渗井、排水隧洞等排水设施。

（一）暗沟

暗沟,又称为盲沟,是设置在地表以下引导水流的沟渠,无渗水和汇水的功能,沟底必须埋入不透水层,如图3.3-8所示。暗沟可排除泉水或集中的地下水流,降低地下水位,防止水通过毛细作用上升至路基工作区,避免冻胀、翻浆等病害的发生。

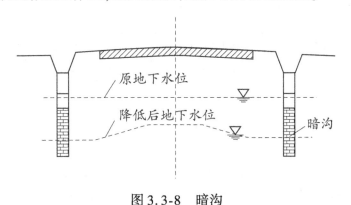

图3.3-8 暗沟

暗沟的沟底纵坡不宜小于1.0%,出水口处应加大纵坡,并应高出地表排水沟常水位0.2m以上。暗沟可采用浆砌片石或水泥混凝土预制块砌筑,沟顶应设置混凝土或石盖板,盖板顶面上的填土厚度不应小于0.5m。暗沟横断面尺寸应根据排水量及地形、地质条件确定。

（二）渗沟

为降低地下水位或拦截地下水,并将其排到路基范围以外,可在地下设置渗沟。渗沟构造相对复杂,排水能力也更强。渗沟适用于地下水埋藏浅或无固定含水层的地层。有地下水出露的挖方路基、斜坡路堤、路基填挖交界接合部以及地下水位埋深小于0.5m的低路堤等路段,都应设置排水渗沟。渗沟有填石渗沟、管式渗沟和洞式渗沟三种形式。渗沟构造图如图3.3-9所示。渗沟材料应采用洁净的砂砾、粗砂、碎石、片石,其中小于2.36mm的细粒料含量不得大于5%。渗沟沟壁应设置透水土工织物或中粗砂反滤层,渗水管可选用带孔的HPPE管(高密度聚乙烯)、PVC管、PE管、软式透水管、无砂混凝土管等。

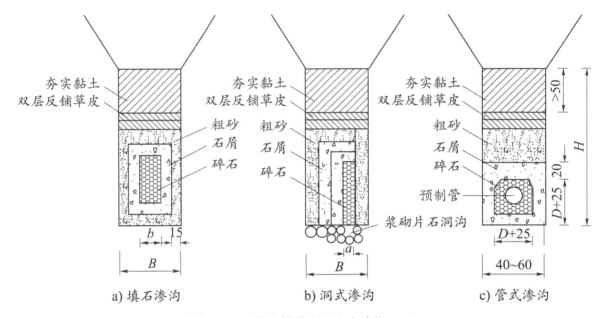

图3.3-9 渗沟构造图(尺寸单位:cm)

渗沟类型应根据地下水储存条件、渗流量、使用部位及排水距离等,并参照表3.3-2进行选择,渗沟横断面尺寸应按地下水渗流量计算确定。

各类渗沟适用条件 表3.3-2

渗沟类型	适用条件
填石渗沟、无砂混凝土渗沟	适用于地下水流量不大、排水距离较短的地段
管式渗沟	适用于地下水流量较大、地下水位埋藏浅、地下排水距离较长的地段
洞式渗沟	适用于地下水流量大、埋藏深的路段

渗沟埋置深度应根据地下水位、需降低的水位高度及含水层介质的渗透系数等确定。截水渗沟的基底埋入隔水层内不宜小于0.5m;边坡渗沟、支撑渗沟的基底,宜设置在含水层以下较坚实的土层上;填石渗沟最小纵坡不宜小于1.0%;管式渗沟、洞式渗沟的最小纵坡不宜小于0.5%。渗沟出水口应高出地表排水沟常水位0.2m以上;边坡渗沟、支撑渗沟应垂直嵌入边坡坡体,根据边坡情况可按条带形、分岔形或拱形布设,间距宜为6～10m。

(三)渗井

当路基附近的地面水或浅层地下水无法排除,而距离地面不深处有渗透性土层,且地下水流向背离路基,地面水流量不大时设置的立式排水设施,称为渗井。圆形渗井的结构与布置图如图 3.3-10 所示。

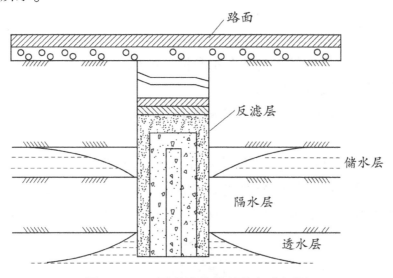

图 3.3-10　圆形渗井的结构与布置图

渗井的平面布置、孔径与渗水量,按水力计算确定,一般采用直径为 1.0～1.5m 的圆柱形或边长为 1.0～1.5m 的方形。用于拦截和引排地下水的渗井,宜成井群布设,并与排水隧洞等排水设施配合使用。渗井排列方向宜垂直于渗流方向,其深度宜穿过含水层,其断面尺寸与间距应通过渗流计算确定。渗井内部宜采用洁净的砂砾、碎石等填充,井壁与填充料之间应设反滤层。

上述各种地表排水设施和地下排水设施,均是针对某一水源、为满足某一方面的要求而设置的。在实际工程中,由于自然条件、路线位置等不同,实际情况往往更为复杂,对于某些重点路段则需要进行路基排水的综合设计,以提高排水效果。实践经验表明,排水系统综合设计的好坏,对路基稳定性的影响很大。特别是在多雨的山区、黄土高原地区、寒冷潮湿地带、地基软弱的平原区以及水文和地质条件不良的地区,修建高等级公路时,更应重视路基排水设施的综合设计。

测评模块

请结合本单元的学习,完成以下习题。

一、填空题

1. 根据水源的不同,影响路基路面稳定性的水可分为_____和_____。
2. 路基地表排水设施包括_____、_____、_____、跌水与急流槽、蒸发池和油水分离池等。
3. 边沟位于_____和_____,可用于汇集和排除路面、路肩及边坡上的水。
4. 截水沟用于_____路基上方流向路基的地表水。
5. 当水流通过坡度大于 10%、水头高差大于 1.0m 的陡坡地段或特殊陡坎地段时,宜设置_____。
6. 当地下水埋藏浅或无固定含水层时,可采用隔离层、排水垫层、_____、

_____等。

二、判断题

1. 路基的水温稳定性主要是在路基在水和温度的作用下保持其强度的能力。（ ）
2. 截水沟是常见的地表排水设施。（ ）
3. 排水沟将边沟、截水沟、取（弃）土场和路基附近低洼处汇集的水引向路基范围以外。（ ）
4. 一般情况下，排水沟的沟底纵坡不宜小于 0.3%，也不宜大于 3%。（ ）
5. 跌水的作用主要是降低流速和消减水的能量。（ ）
6. 为降低地下水位或拦截地下水，并将其排到路基范围以外，应设置渗井。（ ）

单元3.3　测评答案

技能训练

技能训练 3.3 "公路路基雨季排水施工"见本书配套训练册。

单元 3.4　路基防护与加固

学习引导

为了保证路基的稳定性，除做好路基排水外，还必须做好路基防护与加固。本单元的学习重点是路基防护和加固工程的分类，学习难点是路基防护和加固工程的设置要求。

某公路 K137+720～K137+880 左上边坡长约 160m，坡高 25～35m。地貌上属低山丘陵地带，地形起伏较大。本路段属深挖路堑，左上边坡设计开挖台阶，边坡坡度自下而上分别为 1∶0.5、1∶1、1∶1.5 共 3 级，设计台高 10m/级。在边坡已基本按设计坡度开挖好并对第二、三级边坡进行面浆砌片石防护的施工过程中，由于当地连降大雨，边坡的上部出现了裂缝，已用片石砌好的坡面出现鼓起开裂现象。随着时间的推移和降雨影响，裂缝加大，第一级边坡已大面积脱落，严重威胁到了边坡的稳定和安全。

知识模块

路基是公路的基础。路基长期经受各种自然因素（如雨、雪、冲刷和日晒等）的强烈作用和人类活动的影响，使岩土的物理、力学性质发生较大变化，如路基浸水后湿度增大，使路基土的强度降低；岩性差的岩体在水和温度变化条件下会加剧风化；雨水冲刷和地下水侵入使路基浸水和岩土表层失稳，造成或加剧路基的水毁病害；沿河路堤在水流冲击和侵蚀作用下，也会加剧路基损坏。为了保证路基的稳定性，除做好路基排水外，还必须做好路基防护与加固。随着公路技术等级的提高,为维护正常的汽车运输、确保行车安全、防止路基病害、保持公路与自然环境的协调、减少公路的养护工作量,必须做好路基的防护和加固。

一、路基防护和加固工程的分类

根据路基防护与加固的目的和作用不同,路基防护与加固工程可分为坡面防护、冲刷防护、挡土墙3种类型。路基防护与加固工程的分类如图3.4-1所示。

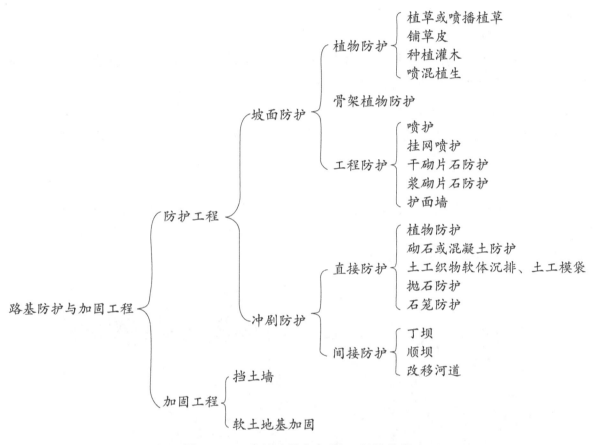

图 3.4-1 路基防护与加固工程的分类

二、防护工程

（一）坡面防护

路基边坡坡面防护主要用于保证路基边坡表面免受雨水冲刷、干湿及冷热循环作用、表面风化等自然力的破坏,通过将坡面封闭隔绝或隔离,避免或减缓与大气直接接触,阻止岩土进一步风化,防止或减轻地面水流对边坡的冲刷,从而提高边坡的稳定性,并且美化路容,与周围环境相协调。

路基边坡坡面防护主要有植物防护、骨架植物防护和工程防护三大类。

路基坡面防护工程应设置在稳定的边坡上。当土质和气候条件适宜时,宜采用植物防护;当植物防护的坡面有可能产生冲刷时,应设置浆砌片石或水泥混凝土骨架;对完整性较好的弱、微、未风化硬质岩石边坡,可不作防护。当路基稳定性不足时,应设置必要的支挡加固工程。

对受自然因素作用易产生破坏的边坡坡面,应根据气候条件、岩土性质、边坡高度、边坡坡度、水文地质条件、施工条件、环境保护要求等因素,经技术经济论证后选择适宜的防护措施。

1. 植物防护

植物防护适用于适宜植物生长的土质边坡。其作用是减缓坡面水流速度,调节表层水、土状况,固结表层土,并可美化路容。其常用的类型主要有植草或喷播植草、铺草皮、种植灌木和喷混植生等。

(1)植草或喷播植草

植草或喷播植草适用于边坡坡度不陡于1:1的土质边坡防护。当边坡较高时,植草可与土工网、土工网垫结合防护,如图3.4-2所示。

植草或喷播植草防护,应优选适合当地土质和气候条件的草种,易成活、根系发达、茎干低矮、枝叶茂盛、生长能力强;植草的最小土层厚度不应小于0.15m;植草施工时,草籽应撒布均匀,同时做好保护措施。

(2)铺草皮

铺草皮适用于快速绿化,边坡坡度不陡于1:1的土质边坡或全风化、强风化的岩石边坡防护,如图3.4-3所示。草皮可为天然草皮或人工培植的土工网草皮,尽量选用根系发达、茎矮叶茂的耐旱草种,不宜采用喜水草种。

图3.4-2 边坡植草防护

图3.4-3 铺草皮防护

铺草皮前应将坡面整平,必要时加铺6~10cm种植土层。铺草皮方式有平铺、叠铺、网格式三种,如图3.4-4所示。铺草皮需预先备料,草皮可就近培育,切成整齐块状,然后移铺在坡面上。铺草皮时,应自下而上,每块草皮钉2~4根竹木梢桩。

(3)种植灌木

种植灌木可用于边坡坡度不陡于1:0.75的土质、软质岩石和全风化岩石边坡防护,如图3.4-5所示。种植灌木的主要作用是加固边坡、防止和减轻水流冲刷。

种植灌木前,应根据当地土壤和气候条件,选择能迅速生长、根系发达、枝叶茂盛的低矮灌木;边坡土若不利于灌木生长,则应将树坑内的土换填为适宜灌木生长的种植土,最小土层厚度不应小于0.30m。

(4)喷混植生

喷混植生技术是以工程力学和生物学理论为依据,利用客土掺混黏合剂和锚杆加固铁丝网技术,运用特制喷混机械将土壤、肥料、有机物质、保水材料、黏结材料、植物种子等混合干料加水后喷射到岩面上,形成近10cm厚度的具有连续空隙的硬化体,如图3.4-6所示。种子可以在空隙中生根、发芽,而一定程度的硬化又可以防止雨水冲刷,从而达到恢复植被、改善景观、保护环境的目的。

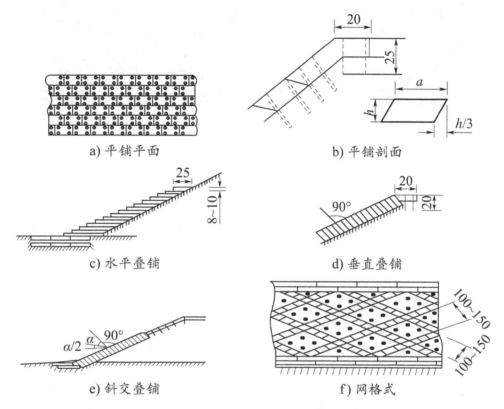

图 3.4-4 铺草皮方式(尺寸单位:cm)

图 3.4-5 种植灌木防护

图 3.4-6 喷混植生施工

喷混植生技术可用于边坡坡度不陡于1:0.75的砂性土、碎石土、粗粒土、巨粒土及风化岩石边坡防护,边坡高度不宜大于10m。

2. 骨架植物防护

骨架植物防护指公路、铁路路基边坡使用混凝土或浆砌片石形成的框架式构筑物,框架中间为植草防护,以防止路基边坡溜坍,如图3.4-7所示。骨架植物防护可用于边坡坡度不陡于1:0.75的土质和全风化、强风化的岩石边坡防护。

骨架植物防护可采用拱形、人字形或方格形浆砌片石或水泥混凝土骨架,也可采用多边形水泥混凝土空心块,骨架内植草或喷播植草。多雨地区的骨架植物防护时宜增设拦水带和排水槽。风化破碎的岩石挖方边坡,可在骨架中增设锚杆。

图 3.4-7 骨架植物防护

3. 工程防护

当边坡坡面不适宜植物生长或边坡受到雨水冲刷较大时,为了保证边坡的稳定性,可采用工程防护。边坡坡面工程防护包括喷护、挂网喷护、干砌片石护坡、浆砌片石护坡、护面墙等。应用工程防护时,应注意与周围环境相协调。

(1) 喷护

喷护可用于边坡坡度不陡于 1:0.5 的易风化但未遭强风化的岩石边坡防护,高速公路、一级公路和环境景观要求较高的公路不宜采用。喷护材料可采用砂浆或水泥混凝土。喷射水泥浆防护厚度不宜小于 50mm,喷射水泥混凝土防护厚度不宜小于 80mm,如图 3.4-8 所示。

a) 喷浆防护　　　　　　b) 喷水泥混凝土防护

图 3.4-8 喷护防护

(2) 挂网喷护

挂网喷护是在清挖出密实、稳定的新鲜坡面上钻孔、灌浆、安装锚杆,然后挂上钢丝网或纤维网,最后用高压泵喷射混凝土(砂浆)形成的防护层。挂网喷护可用于边坡坡度不陡于 1:0.5 的易风化、破碎的岩石边坡防护,高速公路、一级公路和环境景观要求较高的公路不宜采用。

施工时,锚杆应嵌入稳固基岩内,锚杆锚固深度及铁丝网孔密度视边坡岩石性质及风化程度而定。锚杆宜用 1:3 水泥砂浆固定。铁丝网应与锚杆连接牢固。挂网喷浆或喷射混凝土的喷护厚度不应小于 0.10m,且不应大于 0.25m,钢筋保护层厚度不应小于 20mm,如图 3.4-9 所示。

(3)干砌片石护坡

干砌片石护坡可用于边坡坡度不陡于 1∶1.25 的土质边坡或岩石边坡防护,如图 3.4-10、图 3.4-11 所示。干砌片石护坡厚度不宜小于 0.25m。

图 3.4-9　挂网喷护

图 3.4-10　干砌片石护坡

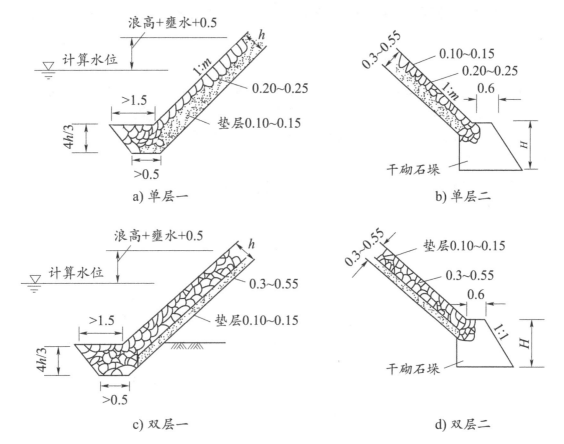

图 3.4-11　干砌片石护坡(尺寸单位:m)

H-干砌石垛高度,为 20~30cm;h-护面厚度,大于 20cm

石料应选用未风化的坚硬岩石。砌筑应彼此镶紧,接缝要错开,缝隙间用小石块填满塞紧。铺砌层下应设置砂砾或碎石垫层,其厚度不宜小于 100mm。

(4)浆砌片石护坡

浆砌片石护坡可用于边坡坡度不陡于 1∶1 的易风化的岩石和土质边坡防护,如图 3.4-12 所示。

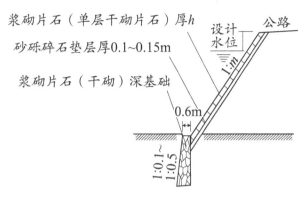

a) 浆砌片石护坡示意图　　b) 浆砌片石护坡实例图

图 3.4-12　浆砌片石护坡

浆砌片石护坡厚度不宜小于 0.25m，并应设置伸缩缝和泄水孔。砂浆强度不应低于 M5。当用于冲刷防护时，浆砌片石护坡最小厚度一般不小于 0.35m。基础要求稳固，底面宜采用 1∶5 向内倾斜的坡度，如遇坚石可挖成台阶式，在沿河地段基础应埋置于冲刷线以下 0.5~1.0m。

（5）护面墙

护面墙可用于边坡坡度不陡于 1∶0.5 的土质和易风化剥落的岩石边坡防护。护面墙的墙背应紧贴坡面，表面砌平。护面墙除承受自重外，不承受其他荷载，也不承受墙背土压力。护面墙的类型有实体式护面墙、窗孔式护面墙和拱式护面墙三种。

①实体式护面墙

实体式护面墙用于一般土质及破碎岩石边坡，如图 3.4-13 所示。

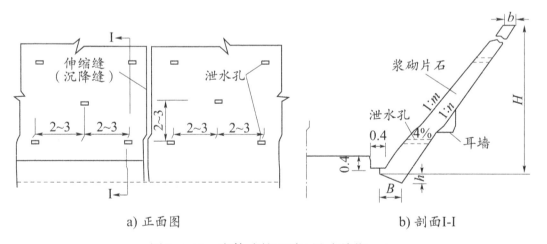

a) 正面图　　b) 剖面 I-I

图 3.4-13　实体式护面墙（尺寸单位：m）

实体式护面墙厚度视墙高而定，一般采用 0.4~0.6m，底宽一般等于顶宽加 $H/20~H/10$。沿墙身长度每隔 10m 设置一道 2cm 的伸缩缝，缝内用沥青麻筋填塞。在泄水孔后用碎石和砂做成反滤层，以排除墙后水。修筑护面墙前，应对所有的边坡清除风化层至新鲜岩层，对风化迅速的岩质边坡清挖出新鲜岩面之后，应立即修筑护面墙。

②窗孔式护面墙

窗孔式护面墙用于边坡坡度不陡于 1∶0.75 的边坡，孔窗内可捶面（坡面干燥时）或干砌片石,如图3.4-14所示。孔窗式护面墙的窗孔通常为半圆拱形,高为2.5~3.5m,其基础、厚度、伸缩缝等与实体式护面墙相同。

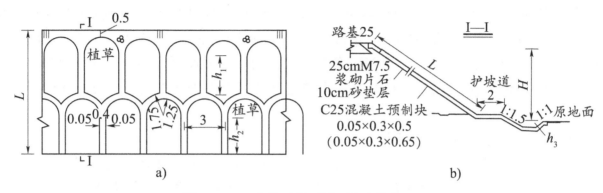

图3.4-14　窗孔式护面墙(尺寸单位:m)

③拱式护面墙

拱式护面墙用于边坡下部岩层较完整而需要防护上部边坡。拱式护面墙防护的挖方边坡不宜陡于1:0.5,如图3.4-15所示。当拱跨较小时(2~3m),拱圈可采用M10水泥砂浆砌筑片石,拱高视边坡下面完整岩层高度而定;当拱跨较大时,可采用混凝土拱圈。

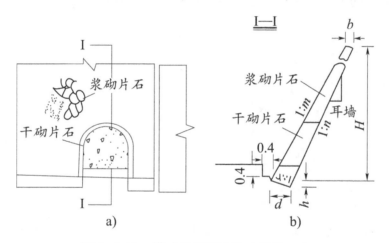

图3.4-15　拱式护面墙(尺寸单位:m)

(二)冲刷防护

沿河路基经常或周期性受到河水水流的冲刷侵蚀,为了保证路基的稳固和安全,必须采取有效的冲刷防护措施。冲刷防护应根据河床特征、水流情况、施工条件等采取适当的形式。按作用不同分类,冲刷防护分为直接防护和间接防护两大类。

1. 直接防护

(1)植物防护

植物防护可用于允许流速为1.2~1.8m/s、水流方向与公路路线近似平行、不受洪水主流冲刷的季节性水流冲刷地段的防护。若为经常浸水或长期浸水的路堤边坡,则不宜采用。沿河路堤边坡铺草皮防护,应按设计采用平铺、叠铺草皮等铺砌方法。基础部分铺置层的表面应与地面齐平。

植树防护宜采用带状或条形布设。防护河岸路基或防御风浪侵蚀,宜采用横行带状。防护桥头引道路堤,宜采用纵行带状。尽可能选用喜水性树种,林带应由多行树木组成,乔灌木应密植。种植后,应采取有效措施加以保护。

(2) 砌石或混凝土护坡

砌石或混凝土护坡可用于允许流速为 2～8m/s 的路堤边坡防护。用于冲刷防护的干(浆)砌片石(混凝土块)应符合边坡坡面干(浆)砌片石(混凝土块)防护的要求。砌石或混凝土护坡厚度应按允许流速及波浪的大小等因素确定。干砌片石护坡厚度不宜小于 0.25m,浆砌片石护坡厚度不应小于 0.35m,水泥混凝土护坡厚度不应小于 0.10m。护坡地面应设置反滤层。

(3) 土工织物软体沉排、土工模袋

土工织物软体沉排、土工模袋可用于允许流速为 2～3m/s 的沿河路基冲刷防护,如图 3.4-16 所示。土工织物软体沉排是在土工织物上以块石或预制混凝土块体为压重的护坡结构。土工织物软体沉排包括单片垫式和双片垫式两种。单片垫式是利用土工织物拼接成大面积的排体;双片垫式是将两块单片垫重叠后按一定距离和形式连接在一起而构成管状或格状空间,其中再充填透水性土石料,起防冲与反滤的作用。

土工模袋是一种双层织物袋,袋中充填流动性混凝土或水泥砂浆或稀石混凝土,凝固后形成高强度和高刚度的硬结板块。土工模袋主要应用及铺设形式如图 3.4-17 所示。

图 3.4-16 土工织物软体沉排

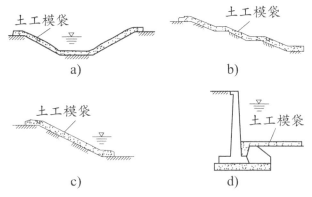

图 3.4-17 土工模袋的主要应用及铺设形式

土工模袋铺设前应按设计要求整平坡面,放线定位,挖好边界处理沟。土工模袋铺展后应拉紧固定,防止充填时下滑。充填材料应根据设计要求和实际情况合理选用,充填应连续。需要排水的边坡,应在土工模袋适当位置开孔设置排水管。土工模袋顶部宜采用浆砌块石封闭。有地面径流处,坡顶应采取防护措施,防止地表水侵蚀模袋底部。岸坡模袋底端应设压脚或护脚棱体,有冲刷处应采取防冲措施。土工模袋护坡侧翼宜设压袋沟。土工模袋与坡面间应按设计要求铺设好土工织物滤层。

(4) 抛石防护

抛石防护可用于经常浸水且水深较大的路基边坡或坡脚以及挡土墙、护坡的基础防护,如图 3.4-18 所示。抛石石料应选用质地坚硬、耐冻且不宜风化崩解的石块。石块粒径应大于 300mm,宜使用大小不同的石块抛投,厚度宜为粒径的 3～4 倍。当用大粒径石料时,厚度不得小于粒径的 2 倍。对于易受冲淘的基底,先用碎卵石设基底垫层,并伸出抛石堆坡脚外 1.5～2m。抛石应设置三层反滤层(粗中砂、砾卵石、大卵石或块石)。用隔板隔离填筑,逐步抽出隔板成形。

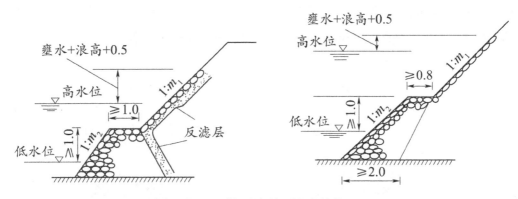

图 3.4-18 抛石防护(尺寸单位:m)

(5)石笼防护

石笼防护可用于允许流速为 4～5m/s 的沿河路堤坡脚或河岸防护。石笼网用镀锌或普通铁丝编制,合理选用石笼的形状(图 3.4-19)。石笼内所填石料,应优先选用质地坚硬、浸水不崩解、坚硬且未风化的石块,石料粒径一般为 100～300mm,粒径小于 100mm 的石料应不超过 15%,并且不得用于网格的外露面,孔隙率不得超过 30%。石笼铺筑方式有平铺式和叠铺式两种,如图 3.4-20 所示。石笼基底应大致整平,必要时用碎石或砾石垫层铺平,底层各角可用铁棒固定于基底。

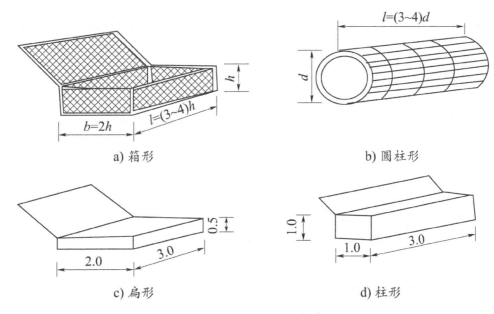

图 3.4-19 石笼形状(尺寸单位:m)

2. 间接防护

间接防护是指在路基工程防护中设置导流与调治构造物,使水流轴线方向偏离路基岸边,或降低防护处的流速,从而达到防护路基的作用。导流结构物主要有丁坝、顺坝、改移河道等。

(1)丁坝

丁坝可用于宽浅性河段,保护河岸或路基不受水流直接冲蚀而产生破坏,如图 3.4-21 所示。丁坝长度应根据防护长度、丁坝与水流方向的交角、河段地形、水文条件及河床地质情况等来确定,垂直于水流方向上的投影长度不宜超过稳定河床宽度的 1/4。用于路基防护的丁坝宜采用漫水坝或潜坝。丁坝与水流方向的夹角宜小于或等于 90°。当设置群坝时,坝间距离应小于前坝的防护长度。当丁坝间的河岸或路基边坡所能承受的允许流速小于水流靠岸回流流速时,应缩短坝距,或对河岸及路基边坡采取防护措施。

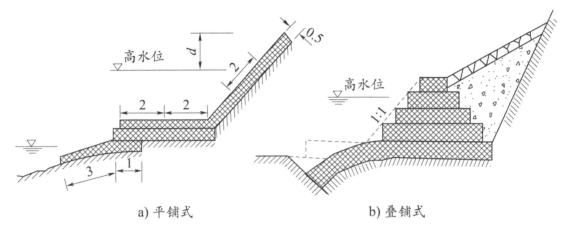

图 3.4-20　石笼铺筑方式(尺寸单位:m)

（2）顺坝

顺坝可用于河床断面较窄、基础地质条件较差的河岸或沿河路基防护,以调整流水曲度和改善流态,如图 3.4-22 所示。顺坝与上、下游河岸的衔接,应使水流顺畅,起点应选择在水流较稳定的过渡段,坝根位置宜设在主流转向点的上方。坝根应嵌入稳定河岸内不小于 3m,坝顶宽度应根据稳定计算确定。漫溢式顺坝,应在坝后设置格坝,如图 3.4-23 所示。

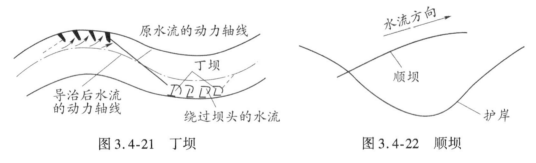

图 3.4-21　丁坝　　　　　　图 3.4-22　顺坝

（3）改移河道

改移河道适用于沿河路基受水流冲刷严重,或防护工程艰巨,以及路线在短距离内多次跨越弯曲河道的情况,如图 3.4-24 所示。主河槽改动频繁的变迁性河流或支流较多的河段不宜改移河道。改移河道平面设计应顺应河势,因势利导,保证新河道水流不重归原河道。改河起点和终点的位置应设在河流较稳定的河段,并与原河床顺接;在改河入口处宜加大纵坡并设置拦河坝或顺坝。

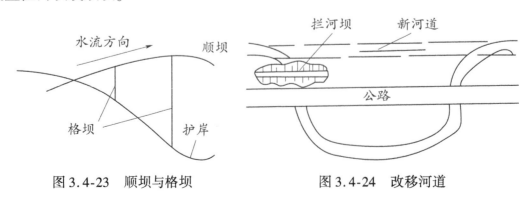

图 3.4-23　顺坝与格坝　　　　　　图 3.4-24　改移河道

三、加固工程

加固工程主要有挡土墙和软土地基加固两大类。下面将主要介绍挡土墙。

挡土墙是为防止路基填土或山坡土体坍塌而修筑的,能够抵挡侧向土压力、保持土体稳定的墙式构造物。在路基工程中,挡土墙作为路基的边坡防护措施,能够防止路基填土或挖方边坡变形失稳;克服地形限制或地物干扰;减少土方量或拆迁,减少占地面积;防止水流冲刷岸坡;整治滑坡病害。挡土墙如图3.4-25所示。

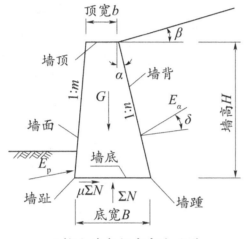

a) 挡土墙各组成部分名称　　　　b) 挡土墙实例

图3.4-25　挡土墙

挡土墙分类如下:

(1)根据挡土墙设置的位置划分,挡土墙可分为路堑墙、路堤墙、路肩墙和山坡墙等。

(2)根据修筑挡土墙的材料划分,挡土墙可分为石砌挡土墙、砖砌挡土墙、混凝土挡土墙、钢筋混凝土挡土墙和加筋土挡土墙等。

(3)按照挡土墙的结构形式划分,挡土墙可分为重力式、石笼式、半重力式、悬臂式、加筋土式、锚定板式、扶壁式等挡土墙。

在公路建设中,由于石料丰富、就地取材方便、施工方法简单等诸多原因,石砌重力式挡土墙应用最多。各种结构形式挡土墙的适用范围见表3.4-1。

各种结构形式挡土墙的适用范围　　表3.4-1

类型	特点	结构示意图	适用范围
重力式挡土墙	(1)依靠墙身自重抵抗土压力的作用; (2)形式简单,取材容易,施工方便		(1)盛产砂石料地区; (2)一般地区、浸水地段和高烈度区的路堤和路堑等支挡工程; (3)墙高不宜超过12m,干砌挡土墙的高度不宜超过6m

续上表

类型	特点	结构示意图	适用范围
锚定板式挡土墙	(1) 由钢筋混凝土墙面、钢拉杆和锚定板组成,靠埋置在破裂面后稳定土层内的锚定板和拉杆拉住墙面,保持墙身稳定; (2) 拼装简易,施工快; (3) 结构轻便,柔性大	（锚定板、挡土板、立柱、拉杆示意图）	(1) 缺少石料地区的路肩墙或路堤式挡土墙,但不应建筑于滑坡、坍塌、软土及膨胀土地区; (2) 可采用肋柱式或板壁式,墙高不宜超过10m; (3) 肋柱式锚定板挡土墙可采用单级墙或双级墙,每级墙高不宜大于6m,上、下级墙体之间应设置宽度不小于2m的平台,上下两级墙的肋柱宜交错布置
锚杆式挡土墙	(1) 由立柱、挡板和锚杆三部分组成,靠锚杆锚固在山体内拉住立柱; (2) 断面尺寸小; (3) 立柱、挡板块可预制	（夯实填土、立柱、挡土板、碎石反滤层、灌注水泥砂浆、锚杆、浆砌片石、砂岩示意图）	(1) 墙高较大的岩质路堑地段; (2) 抗滑挡土墙; (3) 可采用肋柱式或板壁式单级墙或多级墙,每级墙高不宜大于8m,多级墙的上、下级墙体之间应设置宽度不小于2m的平台

续上表

类型	特点	结构示意图	适用范围
加筋土式挡土墙	(1) 由加筋条(带)、墙面板和填土三部分组成,靠筋带与填料之间的摩擦力保持墙身稳定; (2) 施工简单,造型美观; (3) 对地基的适应强,占地少		(1) 加筋土式挡土墙可分为有面板加筋土挡土墙和无面板土工格栅加筋土挡土墙; (2) 有面板加筋土挡土墙可用于一般地区的路肩式挡土墙、路堤式挡土墙; (3) 无面板土工格栅加筋土挡土墙可用于一般地区的路堤式挡土墙; (4) 均不应修建在滑坡、水流冲刷、崩塌等不良地质地段; (5) 高速公路、一级公路,墙高不宜大于12m,二级及二级以下公路墙高不宜大于20m; (6) 当采用多级墙时,每级墙高不宜大于10m,上、下级墙体之间应设置宽度不小于2m的平台
悬臂式挡土墙	(1) 由立壁、墙趾板和墙踵板等组成,断面尺寸小; (2) 墙高时,立壁下部的弯矩大,消耗钢筋多不经济		(1) 缺乏石料地区; (2) 地基承载力较低的填方路段; (3) 墙高不宜超过5m
扶壁式挡土墙	沿悬臂式墙的墙长,隔一定距离加一道扶壁,使立壁与墙踵板连接起来,更好地受力		(1) 缺乏石料地区; (2) 地基承载力较低的填方路段; (3) 墙高不宜超过15m

测评模块

请结合本单元的学习,完成以下习题。

一、填空题

1. 路基防护与加固工程可分为_____和_____。
2. 路基坡面防护包括_____和_____、工程防护三大类。
3. _____适用于适宜植物生长的土质边坡。其作用是减缓坡面水流速度,调节表层水、土状况,固结表层土,并可美化路容。
4. 植草的最小土层厚度不应小于_____。
5. _____适用于快速绿化,边坡坡度不陡于1∶1的土质边坡或全风化、强风化的岩石边坡防护。
6. 铺草皮方法有_____、_____和_____三种。
7. 喷射水泥浆防护厚度不宜小于_____,喷射水泥混凝土防护厚度不宜小于_____。
8. 护面墙的类型有_____、_____和_____。

二、判断题

1. 铺设草皮时应自上而下铺钉,且用尖木桩固定于边坡上,使之稳定。（ ）
2. 种植灌木前,应根据当地土壤和气候条件,选择能迅速生长、根系发达、枝叶茂盛的低矮灌木。（ ）
3. 喷射水泥浆防护厚度不宜小于50mm。（ ）
4. 石笼铺筑方法有平铺式、叠铺式两种。（ ）
5. 锚杆挂网喷护中喷射混凝土厚度要均匀,钢筋网及锚杆不得外露。（ ）

单元3.4 测评答案

 **技能训练**

技能训练3.4"路基防护与加固设计"见本书配套训练册。

模块 4 路面工程

素质目标

1. 培养学生的归纳能力和整理能力。
2. 培养学生求真务实、热爱工作、追求卓越的工匠精神。
3. 培养学生强烈的社会责任感。

知识目标

1. 了解路面的基本要求。
2. 掌握路面等级及类型。
3. 了解沥青类路面的特点、类型。
4. 了解水泥混凝土路面的类型、特点、构造。
5. 掌握路面面层接缝的特点及构造。

技能目标

1. 能根据实际工程确定路面验收检测项目。
2. 能阐述公路等级与路面等级的对应关系。
3. 能简述路面等级与公路技术等级之间的关系。
4. 能正确绘制路面横断面图。
5. 能根据路面情况选择合适的接缝形式。

课时建议

12 学时。

单元 4.1　路面知识认知

 学习引导

路面具有承受车辆荷载、抵抗车轮磨耗和保持道路表面平整的作用。本单元的学习重点是路面的结构,学习难点是路基横断面的类型及构成。

知识模块

路面是用各种筑路材料铺筑在公路路基上供车辆行驶的构筑物。常见的路面主要有沥青类路面和水泥类路面,如图4.1-1所示。路面是公路的重要组成部分,对路基起着加强和保护的作用。路基和路面相辅相成,是不可分割的整体。路面长期直接承受各种车辆荷载的作用,承受水和温度等自然因素的影响,会使路面材料出现疲劳现象,导致路面产生破坏。

a) 沥青类路面

b) 水泥类路面

图4.1-1 路面

一、路面的基本要求

为了保证公路行车畅通,提高行车速度,增强驾驶员的行车安全性和舒适性,降低运输成本,延长公路使用寿命,路面应具有足够的强度和刚度、良好的稳定性、耐久性和环保性,其表面应满足平整、抗滑和排水等要求。

1. 强度和刚度

路面强度是指结构整体及其组成结构层抵抗行车荷载作用下产生的各种应力,避免结构破坏的能力。

刚度是指路面抵抗荷载长期作用下产生变形的能力。

2. 稳定性

路面稳定性是指路面在使用期内不致因水、温度等自然因素的影响而产生幅度过大的变化。

3. 耐久性

路面耐久性是指路面结构在长期行车荷载、气候因素的多次反复作用下,抵抗疲劳破坏的能力。

4. 平整度

路面应具有一定的平整度,能减少车轮对路面的冲击力,保证车辆安全舒适地行驶。

5. 抗滑性

路面抗滑性是指车辆在路面上行驶、起动、制动时不发生滑溜现象。

6. 环保性

路面环保性是指行车时不致产生过大的扬尘现象,以减少环境污染。

公路路面应根据交通量及其组成情况和公路等级、使用任务、功能、当地材料及自然条件,结合路基进行综合设计。

各级公路路面可根据交通量发展需要,一次建成或分期修建。

二、公路类型及路面结构形式的选择

目前,在我国公路建设过程中,对于路面类型的选择和确定出现了行政化趋势,绝大多数省区市的高速公路路面采用沥青混凝土,水泥混凝土路面比例越来越小。对路面类型和路面结构形式进行选择和确定的基本原则是,综合考虑交通量、交通荷载、路面结构耐久性、工程造价、环境保护、资源循环利用等因素,以便更科学、合理地选择路面类型和路面结构形式。

(一)公路等级

路面技术等级与公路技术等级相对应,路面技术等级由高到低,与行车道上的设计交通量有关。路面等级、公路等级和年平均日设计交通量三者相互关联,主导因素是年平均日设计交通量。按技术条件划分,公路可分为高速公路、一级公路、二级公路和三四级公路。公路等级与公路技术等级关系见表4.1-1。

公路等级与公路技术等级关系　　　　　　　表4.1-1

公路等级	设计使用年限(年)	车道数	面层类型	年平均日设计交通量(辆)小客车
高级公路、一级公路	15	≥4	(1)沥青混凝土; (2)水泥混凝土	>15 000
二级公路	12	2	(1)沥青混凝土; (2)水泥混凝土; (3)沥青贯入式; (4)沥青碎石; (5)沥青表面处治	5 000~15 000
三级公路	10	2	(1)沥青贯入式; (2)沥青碎石; (3)沥青表面处治; (4)碎(砾)石(泥结或级配); (5)半整齐石块; (6)其他粒料	2 000~6 000
四级公路	8	2(1)	(1)碎、砾石(泥结或级配); (2)半整齐石块; (3)其他粒料; (4)粒料加固土; (5)其他当地材料加固或改善土	<2 000(双车道) <400(单车道)

1. 高速公路

高速公路单向最少设置两个车道,对允许进入的车辆进行限制,设置中央分隔带分隔对向交通,采用立交接入等措施全部控制出入,排除纵横向干扰,属于通行效率最高的公路。

高速公路的结构强度高、稳定性好、使用寿命长、平整、少尘土,能够保证高速行车,而且养护费用少,运输成本相对低;一次性投入大,工艺要求高,对筑路材料质量要求高。高速公路一般适用于交通量大、行车速度高的公路。

2. 一级公路

一级公路单向至少设置两个车道,具备干线功能的一级公路,为保证其快速、大容量、安全的服务能力,通常采用部分控制出入措施,只对所选定的相交公路或其他道路提供平面出入连接,而在同其他公路、城市道路、铁路、管线、渠道等相交处设置立体交叉,并设置隔离设施,以防止行人、低速车辆、非机动车以及牲畜等进入。高速公路与一级公路相比,使用品质稍差,使用年限略短,其工程造价较低,养护费用较高。一般适用于交通量大、行车速度高的公路。

3. 二级公路

二级公路是在行车道内供汽车行驶的双车道公路。当慢行车辆交通量较大,街道化程度严重时,可采取加宽硬路肩的方式增设慢行车道,减少纵、横向干扰,保证行车安全。

4. 三、四级公路

三、四级公路为供汽车、非汽车交通混合行驶的双车道公路(四级公路在交通量较小时采用单车道),允许拖拉机等慢行车辆和非机动车使用行车道,其混合交通特征明显,抑制干扰能力最弱。

一般适用于交通量很小,行车速度慢的公路。

(二) 公路路面分类

目前公路路面主要按力学性质进行分类

根据路面结构的力学特性分类,在路面设计中可将路面面层分为柔性路面、刚性路面和半刚性路面三种类型。

1. 柔性路面

柔性路面是指路面整体结构刚度较小,抗弯拉强度较低,主要靠抗压、抗剪强度来承受车轮荷载作用的路面。柔性路面的主要代表是各种沥青类路面,包括沥青混凝土(英国标准称压实后的混合料为混凝土)面层、沥青碎石面层、沥青贯入式碎(砾)石面层等。

柔性路面在车轮荷载作用下产生较大的弯沉变形,通过各结构层将荷载传递给路基,因此,该种路面的路基承受着较大的单位压力,需要有较高的强度和良好的稳定性。

柔性路面适用于各级公路路面。

2. 刚性路面

刚性路面是指面层板体刚度较大,抗弯拉强度较高的路面。它主要是指水泥混凝土做面层或基层的路面结构。

刚性路面在车轮荷载作用下,水泥混凝土结构层处于板体工作状态,竖向弯沉较小,主要靠水泥混凝土板的抗弯拉强度承受车轮荷载。

刚性路面适合各级公路路面。

3. 半刚性路面

半刚性路面是指用水泥、石灰等无机结合料稳定土或石灰工业废渣修筑成的路面。

半刚性路面在前期具有柔性路面的力学特性,后期的强度和刚度均有较大幅度的增长,但最终的强度和刚度仍远小于水泥混凝土路面。由于这种材料的刚性介于柔性路面与刚性路面之间,称为半刚性路面。半刚性路面适用范围很广,高级路面基层及其他路面均可采用。

三、路面断面与宽度

(一)路面横断面组成的相关规定

路面横断面组成应根据机动车、非机动车和行人交通需求确定,并符合《城镇化地区公路工程技术标准》(JTG 2112—2021)规定:

(1)高速公路路基横断面应包括行车道、中间带、路肩等部分,可包括辅路、侧分隔带、加(减)速车道等。

(2)一级公路路基横断面应包括行车道、中间带、路肩等部分,可包括加(减)速车道、侧分隔带、辅路、非机动车道、人行道等。

(3)二级公路路基横断面应包括行车道、路肩等部分,可包括慢车道、侧分隔带、非机动车道、人行道等。

(4)三级公路路基横断面应包括行车道、路肩等部分,可包括非机动车道、人行道等。

(5)四级公路路基横断面应包括行车道、路肩等部分,可包括错车道、人行道等。

路面的标准构造横断面如图4.1-2所示。

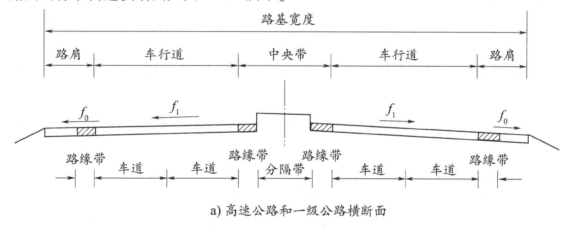

a) 高速公路和一级公路横断面

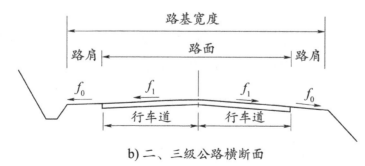

b) 二、三级公路横断面

图 4.1-2　路面的标准构造横断面

(二)路面结构断面分类

路面结构断面有全铺式和槽式两类,如图4.1-3所示。

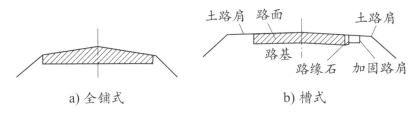

图4.1-3 路面结构断面

全铺式路面结构断面是在整个路基范围内都铺筑路面,路面中部厚度最大,逐渐向两侧减薄。全铺式路面结构断面适用于路基较窄的三、四级公路。它也可以加固路肩,防止边坡冲刷。

槽式路面结构断面是在整个行车道范围内将路基挖成同深的槽形,然后分层铺筑路面结构层。其特点是路面厚度均匀并节省材料。

(三)路面宽度

路面宽度是公路上供车辆行驶的路面面层宽度,一般指行车道的宽度,以m计。在设置加(减)速车道、紧急停车道、爬坡车道、错车道、慢车道、车道隔离设施等路段,行车道应包括该部分的宽度,见表4.1-2。

(1)车道宽度应符合《公路工程技术标准》(JTG B01—2014)的规定,见表4.1-2。

车道宽度 表4.1-2

设计速度(km/h)	120	100	80	60	40	30	20
车道宽度(m)	3.75	3.75	3.75	3.5	3.5	3.25	3.00

①8车道及以上公路在内侧车道(内侧第1、2车道)仅限小客车通行时,其车道宽度可采用3.5m。

②以通行中、小型客车为主且设计速度为80km/h及以上的公路,经技术经济论证,车道宽度可采用3.5m。

③四级公路采用单车道时,车道宽度应采用3.5m。

④设置慢车道的二级公路,慢车道宽度应采用3.5m。

⑤需要设置非机动车道和人行道的公路,非机动车道和人行道等的宽度,宜视实际情况确定。

(2)各级公路车道数应符合表4.1-3的规定。高速公路及一级公路各路段车道数应根据设计交通量、设计通行能力确定。当车道数为双车道以上时应按双数增加。

各级公路车道数 表4.1-3

公路等级	高速、一级公路	二级公路	三级公路	四级公路
车道数	≥4	2	2	2(1)

注:四级公路应采用双车道,交通量小或困难路段可采用单车道。

(3)高速公路和一级公路整体式断面必须设置中间带。中间带由中央分隔带和两条左侧路缘带组成。

①高速公路和作为干线的一级公路,中央分隔带宽度应根据公路项目中央分隔带功能确定。

②作为集散的一级公路,中央分隔带宽度应根据中间隔离设施的宽度确定。

③左侧路缘带宽度不应小于表4.1-4的规定。设计速度为120km/h、100km/h受地形、地物限制的路段或多车道公路内侧车道仅限小型车辆通行的路段,左侧路缘带经技术经济论证采用0.5m。

左侧路缘带宽度　　　　表4.1-4

设计速度(km/h)	120	100	80	60
左侧路缘带宽度(m)	0.75	0.75	0.5	0.5

(4)路肩宽度应符合表4.1-5的规定,并应符合下列规定:

路肩宽度　　　　表4.1-5

公路等级(功能)		高速公路			一级公路(干线公路)	
设计速度(km/h)		120	100	80	100	80
右侧硬路肩宽度(m)	一般值	3.00(2.50)	3.00(2.50)	3.00(2.50)	3.00(2.50)	3.00(2.50)
	最小值	1.50	1.50	1.50	1.50	1.50
土路肩宽度(m)	一般值	0.75	0.75	0.75	0.75	0.75
	最小值	0.75	0.75	0.75	0.75	0.75

公路等级(功能)		一级公路(集散功能)和二级公路		三级公路、四级公路		
设计速度(km/h)		80	60	40	30	20
右侧硬路肩宽度(m)	一般值	1.50	0.75	—	—	—
	最小值	0.75	0.25	—	—	—
土路肩宽度(m)	一般值	0.75	0.75	0.75	0.50	0.25(双车道)
	最小值	0.50	0.50			0.50(单车道)

注:1. 正常情况下,应采用"一般值";在设爬坡车道、变速车道及超车道路段,受地形、地物等条件限制路段及多车道公路特大桥,经论证可采用"最小值"。

2. 当高速公路和作为干线的一级公路以通行小客车为主时,右侧硬路肩宽度可采用括号内数值。

①高速公路和一级公路应在右侧硬路肩宽度内设右侧路缘带,其宽度为0.50m。

②当高速公路和一级公路采用分离式断面时,应设置左侧硬路肩,其宽度不应小于表4.1-6的规定值。左侧硬路肩宽度包含左侧路缘带宽度。

分离式断面高速公路和一级公路左侧路肩宽度　　　　表 4.1-6

设计速度(km/h)	120	100	80	60
左侧硬路肩宽度(m)	1.25	1.00	0.75	0.75
左侧土路肩宽度(m)	0.75	0.75	0.75	0.50

③八车道及以上高速公路宜设置左侧硬路肩,其宽度应不小于2.5m。左侧硬路肩宽度包含左侧路缘带宽度。

(5)当高速公路和作为干线的一级公路右侧硬路肩宽度小于2.5m时,应设置紧急停车带。紧急停车带宽度应采用3.5m,有效长度不应小于40m,间距不宜大于500m。

(6)互通式立体交叉、服务区、停车区、公共汽车停靠站、管理设施等的出入口处,高速公路、一级公路应设置加(减)速车道,二级公路应设置过渡段。

(7)高速公路、一级公路以及二级公路的连续上坡路段,当通行能力、运行安全受到影响时,应设置爬坡车道。爬坡车道宽度不应小于3.5m。六车道以上的高速公路,可不设爬坡车道。

(8)连续长、陡下坡路段,应结合交通安全评价论证设置避险车道。

(9)当二级公路货车比例较高时,可根据需要局部增设超车道。超车道宽度应按相应路段的车道宽度确定。

(10)当二级公路慢行车辆较多时,可根据需要采用加宽硬路肩的方式设置慢车道,并应增加必要的交通安全设置,加强交通组织管理。

四、路拱与路拱坡度

路拱是将路面表面做成中间高、两边低的拱形。其目的是排除路面上的雨水。路拱也可做成直线形或抛物线形。

路拱坡度分两种情形:对无中央分隔带的道路,路拱坡度是指从路中心到路面边缘的平均坡度;对有中央分隔带的道路,路拱坡度是指路面与中央分隔带交界处及路面边缘与路肩交界处两点的高程差与水平距离的比值,以百分率表示。

路拱坡度应根据路面类型、当地自然条件,参考表4.1-7规定的数值采用。路肩横坡度一般应较路拱坡度大1%~2%。六车道、八车道的高速公路宜采用较大的路面横坡。

路拱横坡度　　　　表 4.1-7

路面类型	沥青混凝土水泥混凝土	其他沥青路面	半整齐块石	碎、砾石等粒料路面	低级路面
路拱横坡度(%)	1~2	1.5~2.5	2~3	2.5~3.5	3~4

路拱坡度应符合下列规定:

(1)高速公路、一级公路整体式路基的路拱宜采用双向路拱坡度,由路中央向两侧倾斜。当位于中等强度降雨地区时,路拱坡度宜为2%;当位于降雨强度较大地区时,路拱坡度可适当增大。

(2)高速公路、一级公路分离式路基的路拱,宜采用单向横坡,并向路基外侧倾斜,也可采用双向路拱坡度。积雪冰冻地区,宜采用双向路拱坡度。

(3)双向六车道及以上车道数的公路,当超高过渡段的路拱坡度过于平缓时,可采用双向路拱坡度。路拱坡度过于平缓路段应进行路面排水分析。

(4)二、三、四级公路的路拱应采用双向路拱坡度,由路中央向两侧倾斜。路拱坡度应根据路面类型和当地自然条件确定,但不应小于1.59%。

五、路面结构层

路面结构组合设计应针对各种路面结构组合的力学特性、功能特性及其长期性能衰变规律和损坏特点,坚守路基路面综合设计的理念,保证路面结构的安全、耐久和全寿命周期经济合理。

路面结构可由面层、基层、底基层和必要的功能层组合而成。面层采用不同材料分层铺筑时,可分为表面层、中面层和下面层。

由于行车荷载和自然因素对路面的作用随着深度的增加而逐渐减弱,对于路面材料的强度、抗变形能力和稳定性的要求也随着深度的增加而降低。为了适应这一特点,路面结构通常是分层铺筑的,将品质稍好的材料铺设在应力较大的上层,品质稍差的材料铺设在应力较大的下层,从而形成路基之上采用不同规格和要求的材料分别铺设面层、基层、底基层、功能层的路面结构形式,如图4.1-4所示。

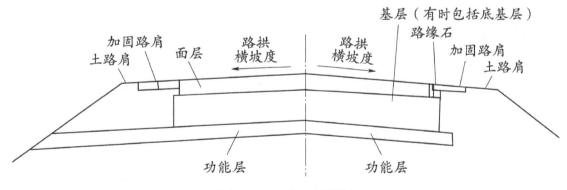

图4.1-4 路面结构层

1.面层

面层是直接承受行车荷载及自然因素的作用,并将荷载传递到基层的路面结构层。

面层位于整个路面结构的最上层,它直接承受车辆荷载较大的垂直力、水平力以及车身后所产生的真空吸力的反复作用,同时受到降水的侵蚀作用和温度变化的影响,是最能直接反映路面使用性能的层次。因此,面层应具有较高的结构强度、刚度和良好的水稳定性、温度稳定性,而且表面必须具有良好的平整度和粗糙度,优良的抗滑性和耐磨性。道路等级越高、设计速度越大,对路面的抗滑性、平整度的要求越高。

修筑高速公路面层所用的材料主要有沥青混凝土、水泥混凝土等。面层可由一层或数层组成,包括磨耗层、上面层、中面层、下面层。

2. 基层

基层是设在面层以下或联结层下方的结构层。它主要承受由面层或联结层传递来的车辆荷载,并将荷载分布到下面的垫层或路基上。

由于基层遭受自然因素的影响比面层小,但仍受地下水和通过面层渗入的雨水浸湿,基层结构必须具有一定的水稳定性,尤其是水泥混凝土面层下的基层,当水泥混凝土面板板块缝隙中渗入水,对下面的基层浸湿危害极大。基层是主要的承重结构层,必须具有足够的强度、刚度和耐久性。对于基层,因为基层不直接接触车辆荷载,所以对基层的耐磨性不做严格要求,但为了保证面层的平整性,其表面应有较好的平整度。

基层的铺筑材料主要包括:石灰、水泥、沥青稳定土或稳定粒料(如碎石、砂砾);工业废渣稳定土或稳定粒料;天然砂砾、各种碎石或砾石等。

3. 底基层

当基层分为多层时,其最下面的一层称为底基层。当基层设计中需要分为两层时,其上层称为基层,下层称为底基层。

底基层材料质量要比基层低。当基层或底基层较厚,需要分两层施工时,可分别称为上基层、下基层,或上底基层、下底基层。对于基层与底基层,可以采用不同的结构形式。

4. 功能层

功能层是指设置在基层或底基层与路基之间的结构层。功能层起隔离地下水、毛细水、排除渗入水、防冻胀、翻浆作用,并传递和扩散由基层传来的荷载应力,保证路基在容许应力范围内工作。并非所有的路面结构中都需要设置功能层。功能层通常设置在路基处于潮湿和过湿以及有冰冻、路基翻浆的路段,以排除路基中滞留的自由水,确保路面结构处于干燥状态或中湿状态。

隔水层是为隔断毛细水侵入路面基层,在路基和土基之间用透水性良好的或不透水的材料铺筑的功能层。

隔温层是为防止或减轻土基的冻害,在基层和土基之间用导温性低的材料铺筑的功能层。

修筑功能层所用的材料强度不一定要求很高,但其隔水性或防冻性要好。一般遵循就地取材原则,常用的材料有两类:一类是由砂、砾石、碎石、煤渣、矿渣等松散粒料组成的透水性垫层;另一类是由石灰、水泥稳定粒料等组成的整体性材料的稳定层。值得注意的是,如果选用松散粒料透水性材料作功能层,其下应设置防淤、防污用的反滤层或反滤织物,如土工布等。

为了保证车轮荷载的向下扩散和传递,基层宽度每侧比面层宽25cm,底基层每侧比基层宽15cm,而高速公路、一级公路、二级公路的排水功能层应铺到与路基同宽,三、四级公路的功能层可以比底基层每侧至少宽25cm。

公路路面结构实例图如图4.1-5所示。

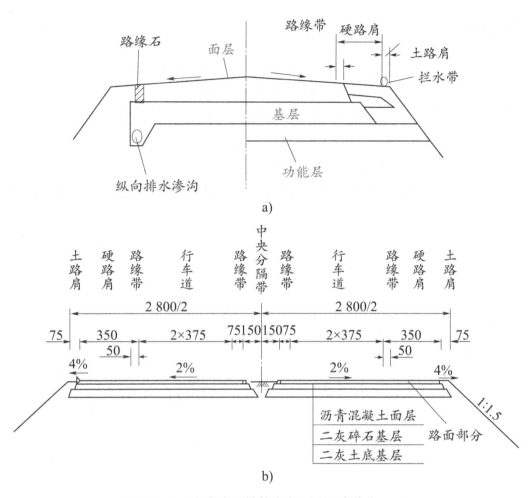

图4.1-5 公路路面结构实例图(尺寸单位:cm)

测评模块

请结合本单元的学习,完成以下习题。

一、填空题

1. 路面应具有的足够的强度、良好的稳定性环保性,其表面应满足_____、_____、_____的要求。

2. 高等级路面是指用_____、_____、_____或整齐块石等作面层的路面。

3. 次高级路面是指用_____、_____、_____或半整齐块石等作面层的路面。

4. 根据路面结构的力学特性,可将路面面层分为_____、_____和_____三种类型。

5. 路基宽度由_____、_____、_____三部分组成。

6. 当高速公路和作为干线的一级公路路肩宽度小于2.5m时,应设置_____。

7. 路拱可做成_____路拱、_____路拱。

8. 路面结构层按其所处的位置和作用,主要分为_____、_____、_____,其中,_____视情况可有可无。

二、判断题

1. 高等级路面、次高级路面适用于交通量大、行车速度较高的公路。（　）
2. 高速公路、一级公路一般是指次高级及其以上的路面。（　）
3. 刚性路面的特点是刚度大，但抗弯拉强度较低，主要靠抗压、抗剪强度来承受形成荷载。（　）
4. 高速公路和一级公路整体式断面必须设置中央分隔带。（　）
5. 路拱是指将路面表面做成中间高、两边低的拱形结构，其主要目的是排除路面上的雨水。（　）

单元4.1　测评答案

技能训练

技能训练4.1"沥青混凝土路面结构层施工"见本书配套训练册。

单元4.2　路面基层

学习引导

基层是整个道路的承重层，起稳定路面的作用。本单元的学习重点是路面基层的类型，学习难点是各类基层、底基层的区别及施工。

知识模块

路面基层是在路基（垫层）表面上用单一材料按照一定的技术措施分层铺筑而成的层状结构。其材料与质量的好坏直接影响路面的质量和使用性能。

按材料组成分类，公路路面基层（底基层）可分为有机结合料稳定类基层、无机结合料稳定类基层和粒料类基层。

按材料力学性质分类，公路路面基层（底基层）可分为柔性基层、半刚性基层和刚性基层。柔性基层（底基层）又分为有机结合料稳定类（包括热拌沥青碎石或乳化沥青碎石混合料、沥青贯入碎石）和粒料类（包括泥结碎石、泥灰结碎石、填隙碎石；级配碎石、级配砾石、级配砂砾）两大类。半刚性基层（底基层）又分为水泥稳定类（包括水泥稳定砂砾、碎石、砂砾土、碎石土、未筛碎石、石屑、高炉矿渣、钢渣等）、石灰稳定类（包括石灰稳定细粒土、天然砂砾土、天然碎石土以及用石灰稳定级配砂砾、级配砾石和矿渣等）和工业废渣稳定类（包括石灰粉煤灰类、石灰矿渣类、水泥煤渣类）三大类。刚性基层包括贫混凝土基层、水泥混凝土基层、连续配筋混凝土基层等。

本单元主要介绍有机结合料稳定类、无机结合料稳定类和粒料类基层(底基层)。常用基层(底基层)的类型见表4.2-1。

常用基层(底基层)类型 表4.2-1

有机结合料稳定类			包括热拌沥青碎石或乳化沥青碎石混合料、沥青贯入碎石等
无机结合料稳定类	水泥稳定类		包括水泥稳定砂砾、碎石、砂砾土、碎石土、未筛碎石、石屑、高炉矿渣、钢渣等
	石灰稳定类		包括石灰稳定细粒土、天然砂砾土、天然碎石土以及用石灰稳定级配砂砾、级配砾石和矿渣等
	工业废渣稳定类	石灰粉煤灰类	包括石灰粉煤灰(二灰)、石灰粉煤灰(二灰土)、二灰砂、二灰砂砾、二灰碎石、二灰矿渣等
		石灰矿渣类	包括石灰煤渣、石灰煤渣土、石灰矿渣碎石、石灰煤渣砂砾等
		水泥煤渣类	包括水泥粉煤灰稳定砂砾、碎石及砂等
粒料类	嵌锁型		包括泥结碎石、泥灰结碎石、填隙碎石等
	级配型		包括级配碎石、级配砾石、级配砂砾等

路面结构层材料应满足强度、稳定性和耐久性的要求。功能层宜采用水稳性良好的粗粒料类材料或稳定类材料。路基填料采用尾矿、矿渣等材料时,应进行环保评价,制定利用方案及处置措施。

一、有机结合料稳定类基层

有机结合料稳定类基层包括热拌沥青碎石或乳化沥青碎石混合料、沥青贯入碎石等。沥青碎石基层如图4.2-1所示。

图4.2-1 沥青碎石基层

热拌沥青稳定碎石是以适量的沥青为结合料,将松散的碎石等粒料拌和成混合料,经摊铺、碾压而成为一种可以承受荷载的路面基层材料。其中,粗集料嵌锁成骨架,细集料充填空隙而构成骨架密实型或骨架空隙型结构,以抵抗车辆荷载作用下的永久变形,可以承受重交通荷载使用。其按空隙率的大小可分为以下三种:①密级配沥青稳定碎石(ATB),空隙率为3%~6%,一般用于基层;②半开级配沥青稳定碎石(AM),空隙率为6%~12%,一般用于面层;③开级配沥青稳定碎石(ATPB),空隙率大于18%,一般用于基层。

乳化沥青碎石是将沥青热融,在机械作用下,沥青以细小的微滴状态分散于含有乳化剂的水溶液中,形成沥青乳液,将松散的碎石等粒料拌和成混合料,经摊铺、碾压而成为一种可以承受荷载的路面基层材料。

沥青贯入碎石是在初步压实的碎石层上浇洒沥青,再分层撒铺嵌缝料和洒布沥青,并分层压实而成为一种可以承受荷载的路面基层材料。

沥青稳定碎石基层的特点:

(1)刚度相对较小,具有较高的抗剪强度、抗弯拉强度和耐疲劳特性,不易产生收缩开裂和水损坏。集料粒径较大,级配较粗,沥青用量较少,对原材料的要求相对于面层较低,可以减少工程造价。

(2)由于沥青稳定碎石基层与沥青面层的相似性,使沥青路面结构受力、变形更为协调。

(3)沥青稳定碎石基层混合料能保证一定的空隙率,使水分顺畅地通过基层排出,不会滞留在路面结构中造成路面的水稳定性破坏。

(4)沥青稳定碎石基层不会因为干缩裂缝而导致面层出现反射裂缝。

(5)沥青稳定碎石基层同沥青面层一起构成了全厚式沥青面层,从而使整个沥青面层的修筑时间减少。

有机结合料稳定类基层的适用范围:

(1)热拌沥青碎石适用于柔性路面上基层及调平层。

(2)沥青贯入碎石可设置在沥青混凝土与粒料基层之间,作为上基层,此时应不撒封层料,也不做上封层。

(3)乳化沥青碎石适用于各级公路调平层。

二、无机结合料稳定类

无机结合料稳定类基层主要包括石灰稳定类基层、水泥稳定类基层、工业废渣稳定类基层等。

无机结合料稳定类基层具有整体性好、承载力大、刚度大、水稳性好等特点。

(一)石灰稳定类基层

将消石灰粉或生石灰粉掺入各种粉碎或原来松散的土中,加水经拌和得到的混合料,经摊铺、压实及养护后,当其抗压强度符合规定要求时,称为石灰稳定土。石灰稳定类基层如图4.2-2所示。

图4.2-2 石灰稳定类基层

石灰稳定土的特点:具有良好的板体性,但其水稳性、抗冻性及早期强度较其他无机结合料低;其干缩及温缩特性十分明显,容易导致道路基层开裂。

1. 石灰稳定土种类

石灰稳定土是在土中掺加一定量的石灰(一般为土质量的3%~5.5%),加水均匀拌和而成的混合料。它包括石灰土、石灰稳定砂砾土、石灰碎石土等。

石灰砂砾土是在土中掺加一定比例(石灰质量一般为砂砾质量的5%左右)的天然砂砾土或级配砂砾,加水均匀拌和而成的混合料。

石灰碎石土是在土中掺加(石灰质量一般为碎石土质量的5%左右)的天然碎石土或级配碎石,加水均匀拌和而成的混合料。

2. 石灰稳定土强度形成的原理

石灰稳定土强度主要依靠石灰与土的离子交换作用、絮凝团聚作用、石灰本身的剥离作用、碳化作用、结晶作用而形成。

3. 影响石灰稳定土强度的因素

影响石灰稳定土强度的因素有土质、灰质、石灰剂量、含水率、压实度、龄期和养护条件(湿度与温度)等。

其中,石灰剂量是指石灰质量占全部土颗粒干质量的百分率,即

$$石灰剂量 = \frac{石灰质量}{干土质量} \tag{4.2-1}$$

石灰剂量确定应根据结构层技术要求进行混合料组成设计。石灰剂量不低于6%,一般以10%~14%为宜。

4. 石灰稳定土适用范围

(1)石灰稳定土具有一定的强度和耐水性,广泛用作建筑物的基础、道路的路面基层及功能层。石灰稳定土适用于各级公路的底基层,也可用作二级及二级以下公路的基层,但石灰稳定土不得用作二级公路的基层和二级以上公路高级路面的基层。

(2)在冰冻地区的潮湿路段以及其他地区的过湿路段,不宜采用石灰稳定土做基层。当只能采用石灰稳定土时,应采取措施加固处理。

5. 石灰稳定土施工季节

石灰稳定土层应在春末和夏季组织施工。施工期的日最低气温应在5℃以上,并应在第一次重冰冻(−3~−5℃)到来之前1~1.5个月(30~45d)内完成。

6. 石灰稳定土施工方法

在路面基层、底基层施工中,混合料的拌和方式主要有路拌法和厂拌法。工程上常用路拌法进行石灰稳定土(石灰稳定细粒土)施工。

对于二级公路,宜采用专用的稳定土拌和机路拌或用集中厂拌法拌制混合料。对于二级以下的公路,石灰稳定土基层和底基层可以采用路拌法施工。

(二)水泥稳定类基层

在经过粉碎的或原来松散的土中掺入一定量的水泥和水,经拌和得到的混合料,在压实及养护后,其抗压强度符合规定要求时,称为水泥稳定土。用水泥稳定细粒土得到的强度符

合要求的混合料,视所用的土类而定,简称为水泥土、水泥砂或水泥石屑等。用水泥稳定中粒土和粗粒土得到的强度符合要求的混合料,视所用的原材料而定,简称为水泥碎石、水泥砂砾等。水泥稳定类基层如图 4.2-3 所示。

图 4.2-3　水泥稳定类基层

水泥稳定土的特点:强度高,水稳性好,抗冻性好,耐冲刷;温缩性和干缩性均较小,是一种优良的基层材料。

1. 水泥稳定土分类

水泥稳定土分为水泥稳定细粒土、水泥稳定中粒土和水泥稳定粗粒土三类。

2. 水泥稳定土强度形成的原理

水泥稳定土强度主要依靠离子交换及团粒化作用、硬凝反应和碳化作用而形成。

3. 影响水泥稳定土强度的因素

影响水泥稳定土强度的主要因素有土质、水泥成分与剂量、含水率、工艺过程和养护条件。

水泥剂量以水泥质量占全部土颗粒干质量的百分率表示,即

$$水泥剂量 = \frac{水泥质量}{干土质量} \tag{4.2-2}$$

采用水泥稳定中粒土和粗粒土作基层时,水泥稳定土的水泥剂量一般为 3% 左右,不宜超过 6%。必要时,应首先改善集料的级配,然后用水泥稳定。

水泥稳定土施工时应严格控制延迟时间(从开始加水拌和到碾压完成时的延迟时间)。采用路拌法施工时,必须严密组织,采用流水作业法施工,尽可能缩短从加水拌和到碾压终了的延迟时间,延迟时间不应超过 3~4h,并应短于水泥的终凝时间。采用集中厂拌法施工时,延迟时间不应超过 2h。

4. 水泥稳定土适用范围

水泥稳定土可适用于各级公路的基层和底基层,但水泥土不得用作二级及二级以上公路高级路面的基层。

5. 水泥稳定土施工季节

水泥稳定土结构层宜在春末和气温较高季节组织施工。施工期的日最低气温应在 5℃ 以上;在有冰冻的地区,应在第一次重冰冻(-3~-5℃)到来之前 30~45d 完成。

6. 水泥稳定土施工方法

对于高速公路和一级公路,应用集中厂拌法拌制混合料,并用摊铺机摊铺基层混合料。对于二级公路,应采用专用的稳定土拌和机或使用集中拌和法制备混合料。对于二级以下

的公路,水泥稳定土基层和底基层可以采用路拌法施工。

水泥稳定土施工时,必须采用流水作业法,使各工序紧密衔接。基层分两层施工时,在铺筑上层前,应在下层顶面先撒薄层水泥或水泥净浆。

确定合适的延迟时间(尽可能缩短从加水拌和到碾压完成之间的延迟时间),以确保水泥稳定土的强度仍能满足设计要求。常用的有水泥稳定粒料(水泥稳定碎石、水泥稳定砂砾),采用中心站集中拌和法施工。

(三)工业废渣稳定类基层

配置一定数量的石灰和粉煤灰或石灰和煤渣与其他集料,掺入适量的水,经拌和、压实及养护后得到的混合料,当其抗压强度符合规定要求时,称为工业废渣稳定土。工业废渣稳定土基层如图4.2-4所示。

工业废渣混合料采用质量配合比计算,以石灰:粉煤灰:集料的质量比表示。为提高其早期强度,可外加1%~2%的水泥或2%~5%的外加剂。例如,二灰碎石(4:12:84),即石灰:粉煤灰:碎石 = 4:12:84(外掺1.5%水泥)。

工业废渣稳定土的特点:具有良好的水硬性、缓凝性、稳定性、板体性,强度高,且强度随龄期不断增加,抗水、抗冻、抗裂而且收缩性小,适应各种气候环境和水文地质条件等。

图4.2-4 工业废渣稳定土基层

1. 工业废渣稳定土分类

工业废渣稳定土分为石灰粉煤灰类、石灰矿渣类和水泥煤渣类。

2. 工业废渣稳定土适用范围

工业废渣稳定土适用于各级公路的基层和底基层,但二灰、二灰土和二灰砂不应用作二级及二级以上公路路面基层。

3. 工业废渣稳定土施工季节

工业废渣稳定土宜在春末和夏季组织施工。施工期的日最低气温应在5℃以上,并应在第一次重冰冻(-3~-5℃)到来之前30~45d完成。

4. 工业废渣稳定土施工方法

在公路工程上,常用二灰土、二灰碎石作底基层、基层。

二灰土是用石灰、粉煤灰稳定细粒土得到混合料的简称,即用石灰、粉煤灰与细粒土3种材料,按一定配合比,通过专用机具,加水拌和均匀,再摊铺、碾压成形的一种路面结构层。

用石灰、粉煤灰稳定集料(碎石、砾石或矿渣等)得到混合料称为二灰粒料,如二灰碎石、二灰砂砾、二灰矿渣等。二灰土一般采用路拌法施工,即用专用稳定土拌和机沿路拌和施工。二灰碎石采用集中拌和法(厂拌法)施工。

三、粒料类基层

粒料稳定类基层(底基层)包括嵌锁型和密实级配型两种。粒料类基层如图4.2-5所示。

图 4.2-5　粒料类基层

1. 嵌锁型基层

以嵌锁形式修筑的路面基层,是用分层撒铺矿料(各层矿料粒径大小基本相同)并经严格碾压而成的路面结构层(采用尺寸大致均一的级配矿料进行拌和)。

嵌锁型路面基层具有强度高、稳定性好、抗滑耐磨能力强、渗透性大、抗老化能力强等特点。

嵌锁型包括填隙碎石、泥结碎石、泥灰结碎石等。填隙碎石是用单一尺寸的粗碎石作主集料,形成嵌锁作用,用石屑填满碎石间孔隙,增加其密实度和稳定度的路面基层。

泥结碎石是以碎石为集料,经初步碾压后灌泥浆,依靠碎石的嵌锁和黏土的黏结作用形成的路面基层。

泥灰结碎石是碎石层经洒水碾压,依靠碎石的嵌锁和石粉的胶结作用形成的路面基层。

填隙碎石可用于各等级公路的底基层及二级公路以下的基层。泥结碎石、泥灰结碎石基层现在很少使用。

填隙碎石施工方法有干法、湿法。由于干法施工填隙碎石不需要用水,在干旱缺水地区,采用这种基层结构特别显示其优越性。

2. 密实级配型基层

以密实级配形式修筑的路面基层,是采用颗粒大小不同的矿料,按一定的配合比,并掺入一定数量的结合料,拌制成混合料,经过摊铺、碾压而形成的路面结构层。

密实级配型基层具有强度高、耐久性好、密实而不透水、温度稳定性和抗滑能力较差等特点。

级配型包括级配碎石、级配砾石、级配砂砾等。下面主要介绍级配碎(砾)石。

级配碎(砾)石是根据密实级配原理选配的碎砾石集料和适量的石屑按一定比例配制而成的混合料。当缺乏石屑时,可以添加细砂砾或粗砂,也可以用颗粒组成合适的含细集料较多的砂砾与未筛分碎石配合成级配碎砾石。

级配碎(砾)石可用于各级公路的基层及底基层;级配砾石、级配碎砾石以及符合级配、塑性指数等要求的天然砂砾,可用于轻交通的二级以下公路的基层以及各级公路的底基层。

级配碎(砾)石施工方法有路拌法、厂拌法。对于二级及二级以上公路,应采用稳定土拌和机拌和级配碎石;对于二级以下公路,在无稳定土拌和机的情况下,可采用平地机或多铧犁与缺口圆盘耙相配合进行拌和。

级配碎(砾)石在中心站用多种机械进行集中拌和,如强制式拌和机、卧式双转轴桨叶式拌和机等。对用于高速公路和一级公路的级配碎石基层,宜采用单一尺寸碎石和石屑,按预定配合比在拌和机内拌制。

测评模块

请结合本单元的学习,完成以下习题。

一、选择题

1. 可做柔性基层的有( )。
   A. 热拌沥青碎石　　B. 沥青贯入碎石　　C. 级配砾石　　D. 填隙碎石
2. 刚性基层包括( )。
   A. 水泥混凝土基层　　　　　　　B. 贫混凝土基层
   C. 连续配筋混凝土基层　　　　　D. 沥青混凝土基层
3. 以下可做半刚性基层的有( )。
   A. 水泥稳定类　　　　　　　　　B. 石灰稳定类
   C. 工业废渣稳定类　　　　　　　D. 粒料类

二、填空题

1. 粒料类基层包括_____和_____两类。
2. 有机结合料稳定类基层包括_____、_____、_____等。
3. 沥青稳定碎石按孔隙率的大小可分为_____沥青稳定碎石、_____沥青稳定碎石和_____沥青稳定碎石。

三、判断题

1. 路面基层指在路基(垫层)表面用单一或多种材料按照一定的技术措施分层铺筑而成的层状结构。　　　　　　　　　　　　　　　　　　　　　　　　　　　　( )
2. 密级配沥青稳定碎石一般用于面层。　　　　　　　　　　　　　　　　( )
3. 半开级配和开级配沥青稳定碎石一般用于基层。　　　　　　　　　　　( )
4. 沥青稳定碎石基层刚度相对较小,具有较高的抗剪强度、抗弯拉强度,不易产生收缩开裂。　　　　　　　　　　　　　　　　　　　　　　　　　　　　　　　( )
5. 影响水泥稳定土强度的主要因素有土质、水泥成分、含水率、施工工艺、养护条件等。　　　　　　　　　　　　　　　　　　　　　　　　　　　　　　　　　( )

单元4.2　测评答案

技能训练

技能训练4.2"路面基层病害分析"见本书配套训练册。

单元4.3　沥青路面

学习引导

由于沥青路面具有表面平整、无接缝、行车舒适、振动小、噪声低、耐磨、不扬尘且易清洗、施工期短、养护与维修简便等优点，尽管沥青路面造价高，但是水泥路面依旧逐渐被沥青路面所替代；高速公路、一级公路、城市快速路也采用沥青路面。

本单元的学习重点是沥青路面的类型及施工工艺，学习难点是透层、封层、黏层的异同及使用条件。

知识模块

沥青路面是指用沥青作结合料铺筑面层的路面。因沥青路面呈黑色，又称为黑色路面。如图 4.3-1 所示。

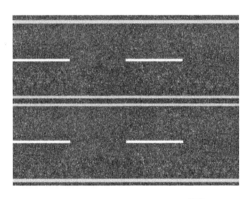

图 4.3-1　沥青路面

一、沥青路面的特点

沥青路面的优点：

(1) 沥青路面表面平整、无接缝，行车平稳、舒适、噪声小。

(2) 沥青路面对路基、地基变形或不均匀沉降的适应性强。

(3) 沥青路面在晴天时无尘土，在雨天时不泥泞，在烈日照射下不反光，便于车辆行驶。

(4) 沥青路面适宜于机械化施工，施工进度快，碾压后即可通车。

(5) 便于修补和分期修建。

沥青路面的缺点：

(1) 沥青路面对基层的强度和稳定性要求较高。

(2) 沥青面层的温度稳定性较差。在夏季高温时，易出现车辙、推移、波浪等现象；在冬季低温时，易出现路面开裂现象。

(3) 沥青路面施工受季节和气候影响较大。在低温季节和雨季，除乳化沥青外，不能施工。

(4) 履带式车辆不能在沥青路面上行驶。

二、沥青路面的分类

(一) 根据沥青路面构成原理划分

沥青路面按根据强度构成原理可分为嵌挤类沥青路面和密实类沥青路面两大类。

1. 嵌挤类沥青路面

嵌挤类沥青路面的强度和稳定性主要取决于经压实后集料颗粒相互嵌挤所产生的内摩

阻力。

遵循嵌挤原则修筑的沥青路面,其热稳定性较好,但因空隙率较大,易渗水,耐久性较差。

为保证嵌挤作用的有效性,要求矿料具有较高的强度,否则在施工碾压与使用的过程中,会逐步碾碎而向密实型转化。这类路面有沥青表面处治、沥青贯入式、沥青碎石等。

2. 密实类沥青路面

密实类沥青路面的强度和稳定性主要取决于材料的黏结力,也取决于材料的内摩阻力。

遵循最大密实度原则修筑的沥青路面,其结构致密,孔隙率小,强度高,耐久性好。这类路面是沥青路面中最好的一种结构,以沥青混凝土为代表。

(二)根据施工工艺划分

沥青路面根据施工工艺可分为层铺法、路拌法和厂拌法三类。

1. 层铺法

层铺法是集料与结合料分层摊铺、撒(洒)布、压实的路面施工方法。

层铺法的优点是施工工艺简便、工效高、进度快、造价较低。层铺法的缺点是路面成型期长,需要一个炎热季节行车碾压反油期,路面方能成型。用层铺法修筑的沥青路面有沥青表面处治和沥青贯入式两种。

2. 路拌法

路拌法是在路上或沿线就地拌和混合料的施工方法。

路拌法的沥青分布比层铺法均匀,并且可以缩短路面成型期,但因矿料是冷的,要求沥青稠度较低,所以混合料强度较低。路拌法有利于就地取材。按路拌法施工的沥青路面有路拌沥青碎石(砾石)和拌和式沥青表面处治等。

3. 厂拌法

厂拌法是在固定的拌和工厂或移动式拌和站拌制混合料的施工方法。

厂拌法需用黏稠的沥青和精选的矿料,因此混合料质量高,路面使用寿命长,但一次性投资的建筑费用也较高。采用厂拌法施工的沥青路面有沥青混凝土和厂拌沥青碎石。

(三)根据路面质量、承载力大小及使用期的长短划分

沥青路面根据路面质量、承载力大小及使用期的长短可分为高级路面和次高级路面两种。

高级沥青路面包括热拌热铺的沥青混凝土和沥青碎石,这类路面的使用时间较长,一般可使用15年,承载能力较大,可承受15 000辆/d以上的交通量。

次高级沥青路面包括沥青贯入式、沥青碎石及沥青表面处治等结构类型。这类沥青路面的使用年限为8~12年,承载能力较小,可承受2 000~15 000辆/d的交通量,其造价比高级路面低。

(四)根据沥青路面技术特性划分

沥青路面根据其技术特性可分为沥青表面处治、沥青贯入式路面、沥青混凝土路面、沥青碎石路面、沥青上拌下贯式路面、透层及黏层等类型。以下简单介绍各类路面类型。

1. 沥青表面处治及封层

(1)沥青表面处治

沥青表面处治是用沥青和矿料按层铺法或拌和法铺筑而形成的厚度不大于30mm的一

种薄层路面面层。沥青表面处治如图 4.3-2 所示。

图 4.3-2 沥青表面处治

沥青表面处治的主要作用是构成磨耗层，保护承重层免受行车破坏；沥青面层或基层的封面，起到封闭表面，防止地表水渗入基层及土基，提高平整度，增强抗滑性能，改善行车条件，延长路面使用寿命。

沥青表面处治是遵循嵌挤原则修筑而成的次高级路面。其具有以下基本特点：造价低廉，施工工艺简单，进度快，使用质量较高；但其厚度薄，承载力较低，不能作为单独受力结构层。

沥青表面处治适用于三级及三级以下公路的沥青面层，可分为单层、双层、三层。单层表面处治厚度为 10~15mm；双层表面处治厚度为 15~25mm；三层表面处治厚度为 25~30mm。

沥青表面处治可采用乳化沥青、道路石油沥青、煤沥青铺筑。当使用乳化沥青表面处治时，应待破乳、水分蒸发并基本成形后方可通车，其他沥青表面处治在碾压结束后即可开放交通，并通过开放交通补充压实，成形稳定。

沥青表面处治应注意初期养护。当发现有泛油时，应在泛油处补撒与最后一层石料规格相同的嵌缝料并扫匀，过多的浮料应扫出路外。

沥青表面处治宜选择在干燥和较热的季节施工，并在最高温度低于 15℃ 时期到来之前 15d 及雨季前结束。

(2) 封层

封层是指为封闭表面空隙、防止水分侵入而在沥青面层或基层上铺筑的有一定厚度的沥青混合料薄层。铺筑在沥青面层表面的称为上封层，铺筑在沥青面层下面、基层表面的称为下封层。封层如图 4.3-3 所示。

a) 上封层　　　　　　　　　　b) 下封层

图 4.3-3 封层

①上封层

a. 上封层根据情况可选用乳化沥青稀浆封层、微表处、改性沥青集料封层、薄层磨耗层或其他适宜的材料。

b. 铺设上封层的下卧层必须彻底清扫干净,对车辙、坑槽、裂缝等病害进行处理或挖补。

c. 上封层的类型可根据使用目的、路面的破损程度选用:裂缝较细、较密,可采用涂洒类密封剂、软化再生剂等涂刷罩面;对二级及二级以下公路的旧沥青路面,可以采用普通的乳化沥青稀浆封层,也可在喷洒道路石油沥青后撒布石屑(砂)后碾压作封层;对高速公路、一级公路有轻微损坏的宜铺筑微表处;对用于改善抗滑性能的上封层可采用稀浆封层、微表处或改性沥青集料封层。

②下封层

a. 多雨潮湿地区的高速公路、一级公路的沥青面层空隙率较大,有严重渗水可能,或铺筑基层不能及时铺筑沥青面层而需通行车辆时,宜在喷洒透层油后铺筑下封层。

b. 下封层宜采用层铺法表面处治或稀浆封层法施工。稀浆封层可采用乳化沥青或改性乳化沥青作结合料。下封层的厚度不宜小于6mm,且做到完全密水。

c. 以层铺法沥青表面处治铺筑下封层时,通常采用单层式。

各种封层适用于加铺薄层罩面、磨耗层、水泥混凝土路面上的应力缓冲层、各种防水和密水层、预防性养护罩面层。

封层宜选择在干燥和较热的季节施工,并在最高温度低于15℃时期到来之前15d内及雨季前结束。

(3)稀浆封层和微表处

稀浆封层是用适当级配的石屑或砂、填料(包括水泥、石灰、粉煤灰、石粉等)与乳化沥青、外掺剂和水,按一定配合比拌和而成的流动状态的沥青混合料,将其均匀地摊铺在路面上所形成的沥青封层。它一般适用于二级及二级以下公路的预防性养护,也适用于新建公路的下封层。

微表处是用适当级配的石屑或砂、填料(包括水泥、石灰、粉煤灰、石粉等)采用聚合物改性乳化沥青、外掺剂和水,按一定配合比拌和而成的流动状态的沥青混合料,将其均匀地摊铺在路面上所形成的沥青封层。它主要用于高速公路和一级公路的预防性养护以及填补轻度车辙,也适用于新建公路的抗滑磨耗层。

稀浆封层和微表处如图4.3-4所示。

稀浆封层和微表处施工应符合《公路沥青路面施工技术规范》(JTG F40—2004)规定的要求:

①稀浆封层和微表处必须使用专用摊铺机进行摊铺。单层微表处适用于旧路面车辙深度不大于15mm的情况,超过15mm时必须分两层铺筑,或先用V字形车辙摊铺箱摊铺,当车辙深度大于40mm时不适宜微表处处理。

图4.3-4 稀浆封层和微表处

②稀浆封层可采用普通乳化沥青或改性乳化沥青,微表处必须采用改性乳化沥青。

③稀浆封层和微表处应选择坚硬、粗糙、耐磨、洁净的集料。

④稀浆封层和微表处施工前,应彻底清除原路面的泥土、杂物,修补坑槽、凹陷,较宽的裂缝宜清理灌缝。在水泥混凝土路面上铺筑微表处时宜洒布黏层油,过于光滑的表面需拉毛处理。

⑤稀浆封层和微表处的最低施工温度不得低于10℃,严禁在雨天施工,摊铺后尚未成型混合料遇雨时应予铲除。

⑥稀浆封层和微表处两纵缝搭接的宽度不宜超过80mm,横向接缝宜做成对接缝。当分两层摊铺时,第一层摊铺后至少应开放交通24h后方可进行第二层摊铺。

⑦稀浆封层和微表处铺筑后的表面不得有超粒径料拖拉的严重划痕,横向接缝和纵向接缝处不得出现余料堆积或缺料现象,用3m直尺测量接缝处的不平整度,不得大于6mm。对微表处不得有横向波浪和深度超过6mm的纵向条纹。经养护和初期交通碾压稳定的稀浆封层和微表处,在行车荷载作用下应不飞散且完全密水。

2. 沥青贯入式路面

沥青贯入式面层是在初步压实的碎石(轧制砾石)上,分层洒布沥青、撒布嵌缝料,经压实而成的沥青面层。其厚度通常为4~8cm,乳化沥青贯入式路面的厚度不宜超过5cm。当贯入层上部加铺拌和的沥青混合料面层成为上拌下贯式路面时,拌和层的厚度宜不小于1.5cm。沥青贯入式系次高级路面,也可作高级路面的联结层或基层。沥青贯入式路面如图4.3-5所示。

沥青贯入式路面的特点:

(1)温度稳定性较好(沥青贯入式路面的强度主要取决于矿料之间的嵌挤作用,且孔隙率较大,受温度变化的影响较小),强度较高、施工简便和不易产生裂缝等优点。

图4.3-5 沥青贯入式路面

(2)强度不够均匀(由于沥青材料洒布在矿料中不易均匀,在矿料密实处沥青材料不易贯入,而在矿料空隙较大处沥青材料又容易结成块)。

(3)沥青贯入式路面是一种多孔隙结构,路表水容易渗入,因而耐久性差。为防止路表水的浸入和提高路面的水稳定性,沥青贯入式路面的最上层应撒布封层料或加铺拌和层。

(4)当沥青贯入层作为联结层使用时,可不撒表面封层料。

沥青贯入式路面适用于三级及三级以下公路,也可作为沥青路面的联结层或基层。

沥青贯入式路面施工前,基层必须清扫干净。当需要安装路缘石时,应在路缘石安装完成后施工,路缘石应加以遮盖。

乳化沥青贯入式路面必须浇洒透层或黏层沥青。当沥青贯入式路面厚度小于或等于5cm时,也应浇洒透层或黏层沥青。

沥青贯入式路面宜选择在干燥和较热季节施工,并宜在日最高温度降低至15℃以前15d内结束,使贯入式结构层通过开放交通碾压成形。

3. 沥青混凝土路面

沥青混凝土路面是由几种颗粒大小不同的矿料(如碎石、轧制碎石、石屑、砂和矿粉等)，按照级配原理选配,用沥青作结合料,使用一定配合比在严格控制条件下拌和,经压实成形的路面。沥青混凝土路面如图4.3-6所示。

图 4.3-6　沥青混凝土路面

沥青混凝土路面的强度是遵循嵌锁-密实原则构成的,其中采用一定数量的矿粉是沥青混凝土的一个显著特点。矿粉的掺入使沥青混凝土中的黏稠沥青以薄膜形式分布,从而产生比单纯沥青大数十倍的黏结力。较强的黏结力使路面具有甚高的强度,可以承受比较繁重的车辆交通。但沥青混凝土路面的允许拉应变值较小,会产生规则横向裂缝,因而要求较强的基层。较小的空隙率使沥青混凝土路面的透水性小、水稳性好、耐久性高,有较大的抵抗自然因素的破坏作用的能力,使用年限可超过15年。

沥青混凝土面层宜采用双层式或三层式结构,其上层采用中粒式或细粒式沥青混凝土,其下层采用粗粒式沥青混凝土或中粒式沥青混凝土。

为了使黏稠沥青和矿粉能形成均匀的沥青胶泥,并均匀分布于级配矿料中,以构成一个密实的整体,通常采用热料热拌的方法(厂拌),以达到严格控制质量的目的。

沥青混凝土路面适用于高速公路、一级公路、二级公路面层、交通量大的公路和城市道路。

4. 沥青碎石路面

沥青碎石路面是由几种不同粒径大小的级配矿料,掺有少量矿粉或不掺矿粉,用沥青作结合料,采用一定配合比,均匀拌和,经压实成形的路面。沥青碎石路面如图4.3-7所示。

沥青碎石混合料的材料组成与沥青混凝土混合料相似,其主要的区别是材料中不掺或掺少量的矿粉。用这种混合料铺筑的路面能充分发挥其颗粒的嵌挤作用,温度稳定性较好,在高温季节不易形成波浪、推挤和拥包等病害,低温季节不易产生脆裂,路面较易保持粗糙,有利于车辆高速行驶安全。

沥青碎石路面的主要缺点是空隙率较大,易透水,因而降低了矿料与沥青之间的黏结力。沥青老化

图 4.3-7　沥青碎石路面

后,路面结构容易疏松,导致破坏,因此沥青碎石路面的强度和耐久性较沥青混凝土差。为了防止水分渗入沥青碎石路面和保持良好的平整度,必须在其表面加铺沥青表面处治或沥青砂等封层。

沥青碎石路面适用于一、二级公路面层的表面层及中面层,中粒式、粗粒式沥青碎石适用于沥青混凝土面层的底面层、联结层或整平层。

5. 沥青上拌下贯式路面

沥青上拌下贯式路面是下部采用贯入式,上部采用热拌沥青混合料封层的一种面层。拌和层厚度宜为 25~40mm,总厚度通常为 70~100mm。

当采用乳化沥青作结合料的沥青上拌下贯式路面铺筑在半刚性基层上时,应铺筑下封层。这种路面由于上层采用较高质量的材料,采取拌和法施工,路面成形快、平整度好,能保证必要的粗糙度,比沥青碎石路面成本低。

铺筑上拌下贯式路面时,贯入层不撒布封层料,拌和层应紧跟贯入层施工,使上下成为一个整体。贯入部分采用乳化沥青时应待其破乳、水分蒸发且成形稳定后方可铺筑拌和层,当拌和层与贯入部分不能连续施工,且要在短期内通行施工车辆时,贯入层部分的第二遍嵌缝料应增加用量 2~3m³/1 000m²;在摊铺拌和层沥青混合料前,应作补充碾压,并浇洒黏层沥青。

沥青上拌下贯式路面适用于作一般道路的次高级路面。

6. 透层及黏层

(1)透层

透层是为使沥青面层与非沥青材料基层结合良好,在基层上喷洒液体石油沥青、乳化沥青、煤沥青而形成的透入基层表面一定深度的薄层。透层如图4.3-8所示。

图4.3-8 透层

透层的作用:

①层间连接。透层沥青能使沥青面层与基层间结合更紧密,有利于提高路面结构的整体性,防止层间滑动。

②保护基层。在基层上洒布透层沥青相当于对基层进行了处治,基层表面的开口空隙被充填,减少了基层表面的松散,提高了基层的耐磨性。

③封闭养护。基层成形后及时喷洒透层沥青,缩短了基层裸露时间,向基层提供临时性保护,基层内水分蒸发相对较少,起到养护作用。

沥青路面各类基层都必须喷洒透层油,必须在透层油完全渗透入基层后方可铺筑沥青层。基层上设置下封层时,透层油不宜省略。当气温低于10℃或大风天气,即将降雨时,不得喷洒透层油。

根据基层类型选择渗透性好的液体沥青、乳化沥青、煤沥青作透层油,喷洒后通过钻孔或挖掘确认透层油渗透入基层的深度宜不小于5mm(无机结合料稳定集料基层)~10mm(无结合料基层),并能与基层联结成为一体。

透层油的黏度通过调节稀释剂的用量或乳化沥青的浓度得到适宜的黏度,基质沥青的针入度通常宜不小于100。透层用乳化沥青的蒸发残留物含量允许根据渗透情况适当调整,当使用成品乳化沥青时,可通过稀释得到要求的黏度。透层油的用量通过试洒确定,不宜超出表4.3-1要求的范围。

沥青路面透层材料的规格和用量表　　　　表4.3-1

用途	液体沥青		乳化沥青		煤沥青	
	规格	用量(L/m²)	规格	用量(L/m²)	规格	用量(L/m²)
无机结合料粒料基层	AL(M)-1、2或3 AL(S)-1、2或3	1.0~2.3	PC-2 PA-2	1.0~2.0	T-1 T-2	1.0~1.5
半刚性基层	AL(M)-1或2 AL(S)-1或2	0.6~1.5	PC-2 PA-2	0.7~1.5	T-1 T-2	0.7~1.0

用于半刚性基层的透层油宜紧接在基层碾压成型后表面稍变干燥,但尚未硬化的情况下喷洒。

在无结合料粒料基层上洒布透层油时,宜在铺筑沥青层前1~2d洒布。透层油宜采用沥青洒布车一次喷洒均匀,使用的喷嘴宜根据透层油的种类和黏度选择并保证均匀喷洒,沥青洒布车喷洒布均匀时宜改用手工沥青洒布车喷洒。

喷洒透层油前应清扫路面,遮挡防护路缘石及人工构造物以避免污染,透层油必须洒布均匀;若有花白遗漏应人工补洒,喷洒过量的立即撒布石屑或砂来吸油,必要时作适当碾压。透层油洒布后不得在表面形成能被运料车和摊铺机黏起的油皮。当透层油达不到渗透深度要求时,应更换透层油稠度或品种。

透层油洒布后的养护时间可根据透层油的品种和气候条件由试验确定,确保液体沥青中的稀释剂全部挥发,乳化沥青渗透且水分蒸发,然后尽早铺筑沥青面层,防止工程车辆损坏透层。

(2)黏层

黏层是为加强沥青层与沥青层之间、沥青层与水泥混凝土路面之间的黏结而洒布的沥青材料薄层。黏层如图4.3-9所示。

图4.3-9　黏层

当符合下列情况之一时,必须喷洒黏层油:

①双层式或三层式热拌热铺沥青混合料路面的沥青层之间。

②水泥混凝土路面、沥青稳定碎石基层或旧沥青路面层上加铺沥青层。

③路缘石、雨水口、检查井等构造物与新铺沥青混合料接触的侧面。

黏层油宜采用快裂或中裂乳化沥青、改性乳化沥青,也可采用快、中凝液体石油沥青,其规格和质量应符合《公路沥青路面施工技术规范》(JTG F40—2004)规定的要求,所使用的基质沥青标号宜与主层沥青混合料相同。

黏层油品种和用量,应根据下卧层类型通过试洒确定,并符合表4.3-2的要求。当黏层油上铺筑薄层大空隙排水路面时,黏层油的用量宜增加至 $0.6\sim1.0\mathrm{L/m^2}$。在沥青层之间兼作封层而喷洒的黏层油宜采用改性沥青或改性乳化沥青,其用量宜不小于 $1.0\mathrm{L/m^2}$。

沥青路面黏层材料的规格和用量表　　　　表4.3-2

下卧层类型	液体沥青		乳化沥青	
	规格	用量(L/m²)	规格	用量(L/m²)
新建沥青层或旧沥青路面	AL(M)-3～AL(M)-6 AL(R)-3～AL(R)-6	0.3～0.5	PC-3 PA-3	0.3～0.6
水泥混凝土	AL(M)-3～AL(M)-6 AL(S)-3～AL(S)-6	0.2～0.4	PC-3 PA-3	0.3～0.5

注:表中所列用量是包括稀释剂和水分在内的液体沥青、乳化沥青的总量。乳化沥青中的残留物含量以50%为基准。

黏层油宜采用沥青洒布车喷洒,并选择适合的喷嘴,洒布速度和喷洒量保持稳定。当采用机动或手摇的手工沥青洒布机喷洒时,必须由熟练的技术工人操作,均匀撒布。当气温低于10℃时,不得喷洒黏层油,在寒冷季节施工不得不喷洒时可以分成2次喷洒。路面潮湿时不得喷洒黏层油,用水洗刷后需待表面干燥后喷洒。

喷洒的黏层油必须呈均匀雾状,在路面全宽度内均匀分布成一薄层,不得有洒花漏空或呈条状,也不得有堆积。对喷洒不足处要补洒,对喷洒过量处应予刮除。喷洒黏层油后,严禁运料车外的其他车辆和行人通过。

黏层油宜在当天洒布,待乳化沥青破乳,水分蒸发完成,或稀释沥青中的稀释剂基本挥发完成后,紧跟着铺筑沥青层,确保黏层不受污染。

三、沥青路面结构组合

路面类型应根据公路功能、技术等级、交通量、环境保护、工程造价等因素进行综合论证后选用;路面结构形式应根据当地气候条件、交通荷载、当地材料,并结合路面结构耐久性、资源循环利用等因素进行全寿命周期经济分析后合理确定。

沥青路面结构,应结合当地的具体条件和使用要求,各结构层的种类和组成材料应遵循就地取材和分期修建的原则,组合成既能经受行车荷载和自然因素的反复作用,又能充分发挥各结构层材料的最大效能且经济合理的路面结构体系,应能够满足强度、稳定性和耐久性等要求。

沥青路面面层因直接承受行车和自然因素的反复作用,要求强度高(抗弯拉和抗剪切)、耐磨耗、热稳定性和透水性好,因而通常都选用黏结力强的结合料和强度高的集料作为面层材料。在交通量大、载重量大的公路上,应选用沥青类材料做成的联结层作为面层的下层,以抵抗水平力在层间产生的剪应力。

沥青路面基层的水稳性是选用类型时要着重考虑的因素。在干燥路段,可选择泥结碎(砾)石和级配砾(碎)石基层;在潮湿和中湿路段,可选择碎石、片石、块石、工业废渣、天然砂砾以及泥灰结碎石、级配砂砾掺灰、石灰土、炉渣灰土等水稳性良好的基层。

路面垫层宜采用水稳性好的粗粒料类材料或稳定类材料。路基填料采用矿渣时,应作环保评价,明确利用方案及处置措施。

沥青路面是一个多层次的结构,为保证路面具有足够的整体强度和稳定性,应遵循以下组合原则:

(1)各结构层的强度和刚度随深度递减规律安排结构层次。

(2)考虑各相邻结构层之间的相互影响,避免产生层间滑动。

(3)设置适当的层数和厚度。

公路路面(沥青混凝土路面)结构设计使用年限应不小于表4.3-3的规定。

公路路面(沥青混凝土路面)结构设计使用年限　　表4.3-3

公路等级	高速公路	一级公路	二级公路	三级公路	四级公路
设计使用年限(年)	15	15	12	10	8

四、沥青路面的强度和稳定性

(一)沥青路面的强度及其影响因素

沥青混合料是由骨架矿物和沥青胶结物所构成的。沥青路面的强度主要取决于两个方面:一是沥青与矿粉形成的胶结材料的黏结力;二是集料颗粒间的内摩阻力。

沥青面层材料的内摩阻力与矿料的级配、集料的形状、表面的粗糙度、沥青含量等因素密切相关。表面多棱角、级配良好的矿料比表面光滑、级配差的矿料的摩阻力高;当沥青含量过多,对矿料的包裹层过厚时,摩阻力将显著降低。

沥青面层材料的黏结力主要取决于沥青的性质、集料的酸碱性、沥青与矿料的相互作用。沥青的黏滞度越高,则黏结力越大;碱性集料与沥青的黏附作用比酸性集料与沥青的黏附作用强;沥青混合料中矿料的比面积越大,沥青膜越薄,则黏结力也越大(沥青混合料中矿料比面积的大小与细料含量特别是矿粉含量的多少密切相关),如密实型沥青混凝土材料中的摩阻力虽然不大,但因含有一定数量的矿粉,使沥青混凝土材料比沥青碎石材料具有较高的强度。

提高沥青路面强度可采取以下措施:

(1)选用材质坚固、表面粗糙、有棱角的石料,提高矿料之间的嵌挤力与摩阻力。优先选用碱性石料。若缺乏碱性石料时,可使用中性玄武岩、安山岩、辉绿岩。

(2)选择空隙率最低的矿料级配,以降低自由沥青含量。选择合适的矿粉,并确定合理用量,增加混合料中结构沥青含量。

(二)沥青路面的稳定性及其影响因素

沥青路面的稳定性包括高温稳定性(热稳定性)、低温稳定性、抗疲劳稳定性、水稳定性和耐久性。

1. 沥青路面的高温稳定性(热稳定性)

沥青路面的高温稳定性(热稳定性)是指沥青混合料在夏季高温条件下,经长期重复车辆荷载作用下,不产生车辙、推移、波浪、拥包、泛油等病害的性能。

沥青路面的强度和抵抗变形的能力都随温度的升高而显著降低。当沥青材料面层在高温下的抗压强度和刚度不足时,就会在停车场、停车站、交叉口和车辆经常换挡变速的路段上,出现推移、车辙和拥包等病害。因此,如何提高热季沥青路面抗剪切变形的能力,已成为沥青路面在设计和使用中必须考虑的首要问题。目前,应用最广泛的是采用马歇尔试验方法,以稳定度和流值指标来评定沥青混合料的高温稳定性,并进行配合比设计和性能检验。

提高沥青混合料高温稳定性可采取以下措施:

(1)在混合料中增加粗集料含量,或限制剩余空隙率,使粗集料形成稳定而密实的空隙骨架结构,从而提高混合料的内摩阻力。

(2)采用优质沥青,适当提高沥青材料的黏稠度,严格控制沥青用量,采用具有活性的矿粉(如石灰矿粉),以改善沥青与矿料的相互作用,进而提高混合料的黏结力。

(3)在沥青混合料中使用掺入聚合物(如天然橡胶、合成橡胶、聚异丁烯、聚乙烯等)改性的沥青,也能取得较满意的效果。

2. 沥青路面的低温稳定性

沥青路面的低温稳定性是指沥青混合料不出现低温脆裂、低温缩裂、温度疲劳等现象,从而导致出现低温裂缝的性能。

沥青面层在气温降低,特别是气温骤降时,面层材料因受基层和周围材料的影响,不能自由地伸缩,面层易发生开裂。裂缝的出现,导致路面产生各种病害。例如,随着雨水的下渗和车辆荷载的反复作用,裂缝必将进一步扩展,以至于路面出现沉陷和变形。

影响沥青混合料低温稳定性的因素包括:沥青的感温性、感时性、老化性能;路面结构几何尺寸,如面层的厚度等;温差;沥青与矿料的黏结强度、级配类型、沥青混合料的均匀性等。

提高沥青路面低温稳定性可采取以下措施:

(1)选用抗冲刷性能好、干缩系数和温缩系数小、抗拉强度高的半刚性材料作基层。

(2)选用松弛性能好的优质沥青。

(3)可采用橡胶沥青、聚合物沥青在沥青混凝土表面作封层。

3. 沥青路面的抗疲劳稳定性

沥青路面的疲劳稳定性是指在反复的车辆荷载作用下抵抗破坏的能力。沥青路面在使用期间内经受车辆荷载的反复作用,长期处于应力应变交替变化状态,使路面结构强度逐渐下降。当荷载重复作用超过一定次数后,路面内产生的应力就会超过强度下降后的结构抗力,使沥青路面出现裂纹,产生疲劳破坏。

影响沥青混合料疲劳特性的因素有材料的性质、环境因素、沥青混合料的劲度。

提高沥青路面抗疲劳稳定性可采取以下措施:

(1)选用黏度较大的沥青。

(2)选择合适的矿料级配。

(3)适当增加沥青用量。

4.沥青路面的水稳定性

沥青路面的水稳定性是指沥青路面抵抗受水侵蚀逐渐产生沥青膜剥离、矿料松散、出现坑槽而破坏的能力。

由于水分的存在,降低了沥青本身黏结力的同时,也破坏了沥青路面中沥青与矿料间的黏聚力,从而加速了沥青与级配矿料剥落现象的发生,使沥青与矿料的黏结力大幅度降低,造成了道路的水损坏。

提高沥青路面的水稳定性可采取以下措施:

(1)在沥青面层的表面加铺封层并经常维护使其处于完好状态。

(2)提高矿料与沥青间的黏附作用。

5.沥青路面的耐久性

耐久性是指沥青路面抵抗各种破坏因素的能力,即沥青路面长寿命性和长期使用性能。沥青面层在使用过程中,某些性质会随着时间的变化而发生改变,这些变化表现在:沥青中的轻质组分逐渐挥发,油分、树脂逐渐减少,沥青质、沥青碳相对增多,使沥青的黏塑性逐渐消失,材料变脆,导致路面出现裂缝、松散等病害,这就是沥青路面的老化现象。沥青路面老化速度越快,其耐久性越差,使用寿命越短。

提高沥青路面耐久性可采取以下措施:

(1)采用最大沥青用量,不仅可以使沥青较长时间的保持其原有特性,还可以有效的密封面层中过多的相同孔隙,以阻止空气和水渗入。

(2)采用密级配抗剥落集料。密级配使集料颗粒之间接触很紧密,防止渗透;抗剥落集料则可以抵抗由于水和行车作用从集料颗粒上剥落沥青膜。目前,常采用抗剥离剂或矿物填料(如石灰)来加强混合料的耐久性。

测评模块

请结合本单元的学习,完成以下习题。

一、选择题

1.沥青路面的优点有(　　)。

　A.表面平整、无接缝　　　　　　　　B.对地基变形或不均匀沉降的适应性强

　C.无尘土、不反光　　　　　　　　　D.便于修补

2.沥青路面的缺点有(　　)。

　A.对基层的强度和稳定性要求高　　　B.温度稳定性差

　C.施工受季节和气候影响较大　　　　D.对行驶车辆有影响

3.以下可做半刚性基层的有(　　)。

　A.水泥稳定类　　B.石灰稳定类　　C.工业废渣稳定类　　D.粒料类

二、填空题

1. 沥青路面按强度原理可划分为_____和_____两类。
2. 密实类沥青路面的强度和稳定性主要取决于材料的_____和_____等。
3. 嵌挤类沥青路面主要有_____、_____、_____等。
4. 密实类沥青路面以_____为代表。

三、判断题

1. 沥青路面按施工工艺可分为路拌法、厂拌法、层铺法。（ ）
2. 沥青表面处治是用沥青和矿料按层铺法铺筑而成的、厚度大于15cm的一种薄层路面面层。（ ）
3. 沥青表面处治适用于三级及三级以下公路的沥青面层。（ ）
4. 沥青混凝土路面适用于高速公路、一级公路、二级公路的面层,也可用于低等级路面面层。（ ）
5. 透层的作用主要有层间连接、保护基层、封闭养护。（ ）

单元4.3　测评答案

**技能训练**

技能训练4.3"沥青路面底基层的施工"见本书配套训练册。

单元4.4　水泥混凝土路面

学习引导

若隧道洞口尺寸过大,污染空气的排放效果往往比较差,热拌沥青混凝土施工时产生的浓烟很难迅速排除,这不仅会严重影响施工人员的身体健康,还会直接影响隧道路面的施工质量。由于浓烟在隧道内积聚,造成隧道内局部含氧量过低,也会对施工机械产生不良影响。例如,湖北某隧道在摊铺沥青路面时,就出现沥青摊铺机发动机由于缺氧而停机的现象。因此,从施工角度考虑,长、大公路隧道常以水泥混凝土路面为主要结构形式。就延长路面使用年限与减少返修次数而言,相较于沥青混凝土路面,水泥混凝土路面具有独特的优势。国内有许多公路隧道水泥混凝土路面使用超过20年没有进行过大修的记录,但却很少有正常使用超过10年的沥青混凝土路面。例如,北京首都机场老水泥混凝土路面已经使用了50年,至今仍在正常通车中。目前,国内、外还没有一条可使用30年以上的野外沥青路面或隧道沥青路面。

本单元的学习重点是水泥混凝土路面的构造,学习难点是水泥混凝土面板和接缝的设计和施工。

知识模块

一、水泥混凝土路面分类

水泥混凝土路面是高级路面，是以水泥混凝土作面层（配筋或不配筋）的路面。根据对材料的要求及组成不同分类，水泥混凝土路面可分为素混凝土路面（包括碾压混凝土路面）、钢筋混凝土路面、连续配筋混凝土路面、预应力混凝土路面、钢纤维混凝土路面、装配式混凝土路面和混凝土小块铺筑路面等。其中，素混凝土路面指混凝土板只在接缝区和局部范围（如角隅和边缘）配置钢筋，其余部位均不配钢筋的混凝土路面，通常简称混凝土路面。水泥混凝土路面如图4.4-1所示。

图4.4-1 水泥混凝土路面

二、水泥混凝土路面的特点

水泥混凝土路面的优点：

（1）强度高。水泥混凝土具有很高的抗压强度和较高的抗弯拉强度以及抗磨耗的力学强度。

（2）稳定性好。环境温度和湿度对水泥混凝土路面的力学强度影响甚小，所以水稳定性和热稳定性好。

（3）耐久性好。由于水泥混凝土路面强度高和稳定性好，路面经久耐用，一般可使用30年，且能通过包括履带式的各种车辆。

（4）有利于夜间行车。水泥混凝土路面色泽鲜明，反光能力强，对夜间行车有利。

水泥混凝土路面的缺点：

（1）舒适性差。设置的接缝较多且容易产生破坏，易引起跳车。

（2）易产生结构性破坏。对超载较敏感，易形成断角、断边、断板破坏。

（3）工期长。铺筑时间长且铺筑后不能立即开放交通，养护时间长。

（4）修复困难。路面损坏后开挖困难，修补工作量大。

三、水泥混凝土路面构造

（一）面板

水泥混凝土面板直接承受大气和行车荷载等作用，应具有足够的强度和耐久性，表面应抗滑、耐磨、平整。

水泥混凝土面板采用等厚式断面,板的厚度和平面尺寸应符合设计规定。面板表面必须采用拉毛、拉槽、压槽或刻槽等方法筑做表面构造,构造深度应满足《公路水泥混凝土路面设计规范》(JTG D40—2011)规定的要求;面板表面应有1%~2%的路面横坡坡度,路肩表面的横向横坡宜为2%~3%,以利排水,路肩面层可选用水泥混凝土或沥青类材料。路肩水泥混凝土面层与行车道面层应设置拉杆相连,二者的横向缩缝应连通。

普通混凝土面板基础薄弱的自由边缘、接缝为未设传力杆的平缝、主线与匝道相接处或与其他类型路面相接处,可在面层边缘的下部配置钢筋。例如,选用2根直径12~16mm螺纹钢筋,置于面层底面之上部1/4板厚处并不小于50mm,间距为100mm,钢筋两端向上弯起。其边缘钢筋布置如图4.4-2所示。

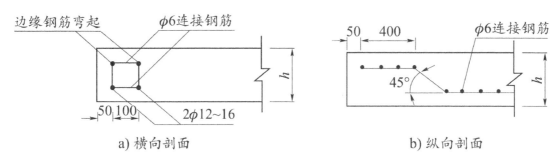

图4.4-2　边缘钢筋布置(尺寸单位:mm)

承受极重、特重或重交通的水泥混凝土面层的胀缝、施工缝和自由边的角隅以及承受极重交通的水泥混凝土面层缩缝的角隅,宜配置角隅钢筋。例如,选用2根直径为12~16mm的螺纹钢筋,置于面层上部,距顶面不小于50mm,距边缘为100mm,角隅钢筋布置如图4.4-3所示。

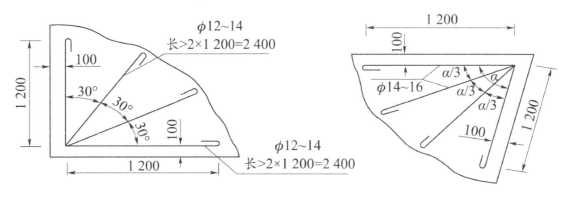

图4.4-3　角隅钢筋布置(尺寸单位:mm)

当混凝土面层下有箱形构造物横向穿越,其顶面至混凝土面层底面的间距小于800mm时,在构造物顶宽及两侧各$1.5H+1.5$m且不小于4m的范围内,混凝土面层内应布设双层钢筋网,上下层钢筋网应分别设置在距面层顶面和底面1/4~1/3厚度处,如图4.4-4所示。

当构造物顶面至面层底面的距离在800~1 600mm时,应在上述长度范围内的混凝土面层中布设单层钢筋网。钢筋网应设置在距顶面1/4~1/3厚度处,如图4.4-5所示。钢筋直径宜为120mm,纵向钢筋间距宜为100mm,横向钢筋间距宜为200mm。配筋混凝土面层与相邻混凝土面层之间应设置设传力杆的缩缝。

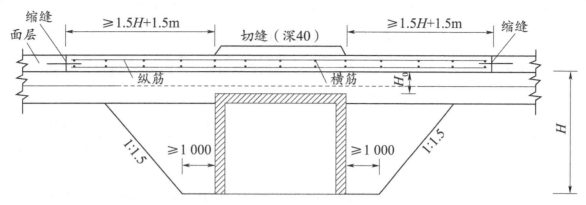

图 4.4-4 箱形构造物横穿公路处的面层配筋($H_0 < 800$mm)(H、H_0 单位:m;尺寸单位:mm)
H-面层底面到构造物底面的距离;H_0-面层底面到构造物顶面的距离

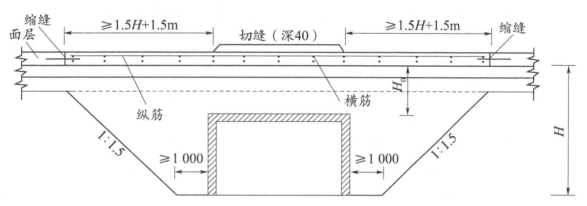

图 4.4-5 箱形构造物横穿公路处的面层配筋($H_0 = 800 \sim 1\,600$mm)(H、H_0 单位:m;尺寸单位:mm)
H-面层底面到构造物底面的距离;H_0-面层底面到构造物顶面的距离

当混凝土面层下有圆形管状构造物横向穿越,其顶面至面层底面的距离小于 1 200mm 时,在构造物两侧各 $1.5H + 1.5$m 且不小于 4m 的范围内,混凝土面层内应布设单层钢筋网,钢筋网应设置在距面层顶面 $1/4 \sim 1/3$ 厚度处,如图 4.4-6 所示。钢筋尺寸和间距及传力杆接缝设置同前。

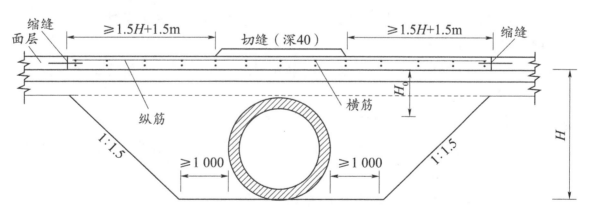

图 4.4-6 圆形构造物横穿公路处的面层配筋($H_0 < 1\,200$mm)(H、H_0 单位:m;尺寸单位:mm)
H-面层底面到构造物底面的距离;H_0-面层底面到构造物顶面的距离

1. 钢筋混凝土面层配筋

钢筋混凝土面层纵向和横向钢筋宜采用相同或相近的直径,直径差不应大于 4mm。钢筋最小直径和最大间距应符合表 4.4-1 的规定。钢筋的最小间距宜为集料最大粒径的 2 倍。

钢筋最小直径和最大间距(mm) 表 4.4-1

钢筋类型	最小直径	纵向钢筋最大间距	横向钢筋最大间距
光圆钢筋	8	150	300
螺纹钢筋	12	350	600

钢筋布置应符合下列要求：

(1)纵向钢筋应设在面层顶面下 1/3~1/2 厚度范围内,在不影响施工的情况下宜设在接近面层顶面下 1/3 厚度处。

(2)横向钢筋应位于纵向钢筋之下。

(3)纵向钢筋的搭接长度宜大于 35 倍钢筋直径,搭接位置应错开,各搭接端连线与纵向钢筋的夹角应小于 600。

(4)边缘钢筋至纵缝或自由边的距离宜为 100~150mm。

2.连续配筋混凝土面层配筋

(1)连续配筋混凝土面层的纵向配筋量应按下述要求确定：

①纵向钢筋埋置深度处的裂缝缝隙平均宽度不大于 0.5mm。

②横向裂缝的平均间距不大于 1.8m。

③钢筋所承受的拉应力不超过其屈服强度。

④满足上述要求所需的纵向配筋率,中等交通荷载等级宜为 0.6%~0.7%,重交通荷载等级宜为 0.7%~0.8%,特重交通荷载等级宜为 0.8%~0.9%,极重交通荷载等级宜为 0.9%~1.0%。冰冻地区路面的配筋率宜高于一般地区 0.1%。

⑤当连续配筋混凝土用于复合式面层的下面层时,其纵向配筋率可降低 0.1%。

⑥横向钢筋的用量应满足施工时固定和保持纵向钢筋位置的要求。

⑦连续配筋混凝土面层的纵向和横向钢筋均应采用螺纹钢筋,直径宜为 12~20mm。

⑧为防止钢筋可能受到较严重腐蚀,宜在钢筋外涂环氧树脂等防腐材料。

(2)钢筋布置应符合下列要求：

①纵向钢筋距面层顶面不应小于 90mm,最大深度不应大于 1/2 面层厚度,在不影响施工的情况下宜接近 90mm。

②纵向钢筋的间距不应大于 250mm,不小于集料最大粒径的 2.5 倍。

③纵向钢筋的焊接长度宜不小于 10 倍(单面焊)或 5 倍(双面焊)钢筋直径,焊接位置应错开,各焊接端连线与纵向钢筋的夹角应小于 60°。

④边缘钢筋至纵缝或自由边的距离宜为 100~150mm。

⑤横向钢筋应位于纵向钢筋之下;横向钢筋间距宜为 300~600mm,直径大时取大值。

⑥横向钢筋宜斜向设置,其与纵向钢筋的夹角可取 60°。

⑦相邻车道之间或车道与硬路肩之间的纵向接缝内,必须设置拉杆。该拉杆可用加长的横向钢筋代替。

(二) 接缝

水泥混凝土路面面层由一定厚度的混凝土板组成,具有热胀冷缩的性质;长期承受气候、温度变化影响,它会产生不同程度的膨胀和收缩。如果混凝土板在设计和施工时,不设置必要的胀缝,在温度变化影响下,水泥混凝土板在高温情况下发生膨胀会隆起,在低温情况下发生收缩会引起板内拉应力过大被拉断,从而产生许多不规则的裂缝,随着裂缝的扩大,就会使整个路面破坏。为了保证混凝土路面板使用品质,防止温度变化引起过大的胀缩应力,防止温差使板产生过大的翘曲应力,防止不均匀的土基沉陷引起板的开裂,应在水泥混凝土路面板纵向和横向两个方向设置接缝,把整个面板分成为若干矩形板块。混凝土板分块与接缝如图 4.4-7 所示。

图 4.4-7 混凝土板分块与接缝

1. 接缝的分类

(1) 根据平面位置分类

混凝土板的接缝根据平面位置可分为横向接缝和纵向接缝两种形式。

横向接缝(简称横缝)是在水泥混凝土路面板上设置的与公路中线垂直或接近垂直的缝。

纵向接缝(简称纵缝)是在水泥混凝土路面板上设置的平行于公路中线的缝。

接缝设计应符合以下规定:

①普通水泥混凝土、钢筋混凝土、碾压混凝土和钢纤维混凝土面层板的平面布局宜采用矩形分块,其纵向接缝和横向接缝应垂直相交,纵缝两侧的横缝不得相互错位。

②纵向接缝的间距(板宽)宜在 3.0~4.5m 范围内选用。

③横向接缝的间距(板长)应按面层类型和厚度选定:

a. 普通水泥混凝土面层宜为 4~6m,面层板的长宽比不宜超过 1.35,平面面积不宜大于 $25m^2$。

b. 碾压混凝土或钢纤维混凝土面层宜为 6~10m。

c. 钢筋混凝土面层宜为 6~15m,面层板的长宽比不宜超过 2.5,平面面积不宜大于 $45m^2$。

(2) 根据功能分类

混凝土板的接缝根据功能可分为胀缝、缩缝和施工缝三种形式。

胀缝是在水泥混凝土面板上设置的横缝。其作用是使混凝土板在温度升高时能自由延伸,应采用真缝。胀缝一般设置在接近桥梁或其他固定构筑物处,或与柔性路面接触处,或板厚改变处,或小半径平曲线和凹形竖曲线纵坡变换处,其他地方宜尽量不设或少设胀缝。胀缝间距一般为 100~200m,可根据施工温度、混凝土集料的膨胀性并结合当地经验确定。在夏季施工,板厚大于 20cm 时可不设胀缝。

缩缝是在水泥混凝土面板上设置的横缝。其作用是使混凝土板在温度降低时不会因为收缩而产生不规则的裂缝。一般采用假缝。

施工缝是当一次铺筑宽度小于路面设计宽度时,或当混凝土浇筑作业中断时间超过混凝土初凝时间时,或每天施工结束,为施工需要而设置的接缝。

(3)根据不同构造分类

混凝土板的接缝根据不同构造还可分为真缝和假缝两种形式。

真缝是在水泥混凝土路面板的整个厚度上断开的缝,又称为平缝。胀缝和施工缝均为真缝。

假缝是在水泥混凝土路面板上不贯通整个板厚的缝。假缝缝深仅为板厚的 1/4 ~ 1/5,下部混凝土仍连在一起;当混凝土板收缩时,板体沿假缝自然断裂,断缝为犬牙状,可保持传递部分荷载的作用。缩缝一般采用假缝形式。

2. 拉杆与传力杆

拉杆是沿水泥混凝土面板的纵缝每隔一定距离在板厚中央布置的螺纹钢筋。其作用是防止路面板块错动和纵缝间隙扩大。纵向接缝的拉杆间距与接缝形式、水泥板厚度、接缝到自由边的距离、钢筋等级有关。

传力杆是沿水泥混凝土路面板胀缝,每隔一定距离在板厚中央布置的光圆钢筋,其一端固定在一侧板内,另一端可以在邻侧板内滑动。其作用是在两块路面板之间传递行车荷载和防止错台。传力杆以上长度的表面涂敷沥青膜,外面再套 0.4mm 厚的聚乙烯膜。杆的一端配有金属套,内留 30mm 空隙,填充纱头或泡沫塑料;配有金属套的杆端在相邻板内交错布置。传力杆应在基层预定位置上设置钢筋支架予以固定,钢筋支架不仅是胀缝施工的需求,而且起到增强胀缝两侧抗拉强度、抵抗拉应力破坏的作用。

拉杆、传力杆平面图和工程实例图如图 4.4-8 所示。

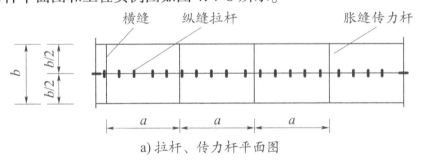

a)拉杆、传力杆平面图

b)传力杆

c)拉杆

图 4.4-8 传力杆、拉杆平面图和工程实例图

3. 接缝的构造

(1) 纵向接缝的构造

①纵向接缝的布设应视路面总宽度、行车道及硬路肩宽度以及施工铺筑宽度而定：

a. 当一次铺筑宽度小于路面宽度时，应设置纵向施工缝。纵向施工缝应采用设拉杆平缝形式，上部应锯切槽口，深度宜为30~40mm，宽度宜为3~8mm，槽内应灌塞填缝料。纵向施工缝构造示意图如图4.4-9b)所示。

b. 当一次铺筑宽度大于4.5m时，应设置纵向缩缝。纵向缩缝应采用设拉杆假缝形式，锯切的槽口深度应大于施工缝的槽口深度；采用粒料基层时，槽口深度应为板厚的1/3；采用半刚性基层时，槽口深度应为板厚的2/5。纵向横缝构造示意图如图4.4-9a)所示。

c. 当碾压混凝土面层一次摊铺宽度大于7.5m时，应设置纵向缩缝，其构造示意图如图4.4-9a)所示；当钢纤维混凝土面层在摊铺宽度小于7.5m时，可不设纵向缩缝。

d. 行车道路面与混凝土硬路肩之间的纵向接缝必须设置拉杆。

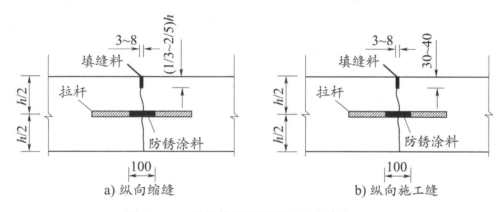

图4.4-9 纵缝构造示意图(尺寸单位：mm)

②纵缝应与路线中线平行。在路面等宽的路段内或路面变宽路段的等宽部分，纵缝的间距和形式应保持一致。路面变宽段的加宽部分与等宽部分之间，应以纵向施工缝隔开。加宽板在变宽段起终点处的宽度不应小于1m。

③拉杆应采用螺纹钢筋，设在板厚中央，并应对拉杆中部100mm范围内进行防锈处理。拉杆直径、长度和间距可参照表4.4-2选用。在施工布设时，拉杆间距应根据横向接缝的实际位置予以调整，最外侧的拉杆距横向接缝的距离不得小于100mm。

拉杆直径、长度和间距　　　　　　　　　　　　　　　　　　　　　表4.4-2

面层厚度 (mm)	到自由边或未设拉杆纵缝的距离(m)					
	3.00	3.50	3.75	4.50	6.00	7.50
200~250	14×700×900	14×700×800	14×700×700	14×700×600	14×700×500	14×700×400
≥260	16×800×800	16×800×700	16×800×600	16×800×500	16×800×400	16×800×300

注：拉杆尺寸表示方法为直径×长度×间距，单位为mm。

④连续配筋混凝土面层的纵缝拉杆可由板内横向钢筋延伸穿过接缝代替。

(2) 横向接缝的构造

①每日施工结束或因临时原因中断施工时，必须设置横向施工缝，其位置宜选在缩缝或

胀缝处。设置在缩缝处的施工缝,应采用加传力杆的平缝形式。横向施工缝构造示意图如图 4.4-10 所示;设置在胀缝处的施工缝,其构造应与胀缝相同。

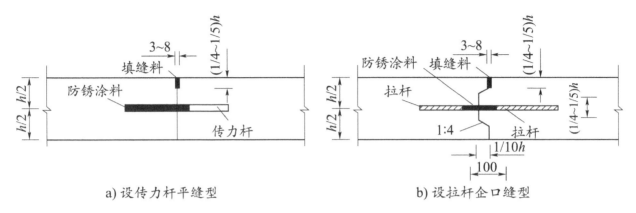

图 4.4-10　横向施工缝构造示意图(尺寸单位:mm)

②横向缩缝可等间距或变间距布置,应采用假缝形式。极重、特重和重交通荷载公路的横向缩缝,中等和轻交通荷载公路邻近胀缝或自由端部的 3 条横向缩缝,收费广场的横向缩缝,应采用设传力杆假缝形式,其构造示意图如图 4.4-11a)所示。其他情况可采用不设传力杆假缝形式,其构造示意图如图 4.4-11b)所示。传力杆的设置不应妨碍相邻混凝土板的自由伸缩,钢筋表面应作防锈处理。

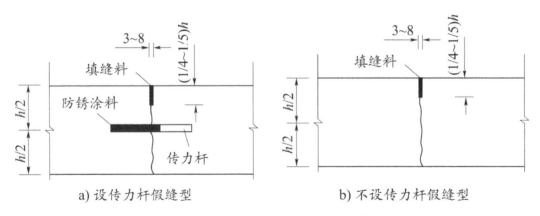

图 4.4-11　横向缩缝构造示意图(尺寸单位:mm)

③横向缩缝顶部应锯切槽口,设置传力杆时槽口深度宜为面层厚度的 1/4 ~ 1/3,不设置传力杆时槽口深度宜为面层厚度的 1/5 ~ 1/4。槽口宽度应根据施工条件、填缝料性能等因素而定,宽度宜为 3 ~ 8mm,槽内应填塞填缝料。二级及二级以下公路的槽口可一次锯切成型。高速公路和一级公路槽口宜二次锯切成型,在第一次锯切缝的上部宜增设宽 7 ~ 10mm 的浅槽口,槽口下部应设置背衬垫条,上部应用填缝料灌填,其构造示意图如图 4.4-12 所示。

④在邻近桥梁或其他固定构造物处,或者与其他道路相交处,应设置横向胀缝。胀缝条数应根据膨胀量大小设置。胀缝宽宜为 20 ~ 25mm,缝内应设置填缝板和可滑动的传力杆。胀缝的构造示意图如图 4.4-13 所示。

⑤传力杆应采用光圆钢筋。横向缩缝传力杆的尺寸、间距和要求与胀缝相同,可按表 4.4-3 选用。最外侧传力杆距纵向接缝或自由边的距离宜为 150 ~ 250mm。

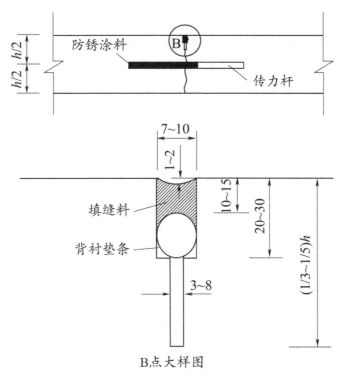

图 4.4-12　二次锯切槽口构造示意图(尺寸单位:mm)

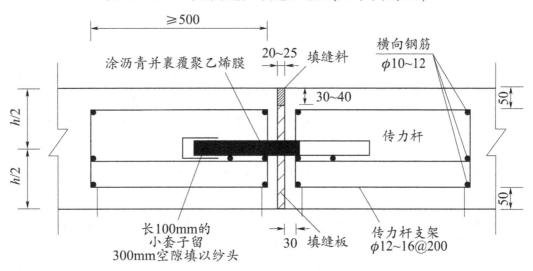

图 4.4-13　胀缝构造示意图(尺寸单位:mm)

传力杆尺寸和间距(mm)　　　　　表 4.4-3

面层厚度	传力杆直径	传力杆最小长度	传力杆最大间距
220	28	400	300
240	30	400	300
260	32	450	300
280	32~34	450	300
≥300	34~36	500	300

当两条道路正交时,各条道路宜保持本身纵缝的连贯,而相交路段内各条道路的横缝位置应按相对道路的纵缝间距作相应变动,保证两条道路的纵横缝垂直相交,互不错位。当两

条道路斜交时,主要道路宜保持纵缝的连贯,而相交路段内的横缝位置应按次要道路的纵缝间距作相应变动,保证与次要道路的纵缝相连接。相交道路弯道加宽部分的接缝布置,应不出现或少出现错缝和锐角板;当出现错缝、锐角板时,宜加设防裂钢筋和角隅补强钢筋。

在次要道路弯道加宽段起终点断面处的横向接缝,应采用胀缝形式。在膨胀量大时,应在直线段连续布置 2~3 条胀缝。

当混凝土路面与桥涵、通道及隧道等固定构造物相衔接的胀缝无法设置传力杆时,可在毗邻构造物的板端部内配置双层钢筋网;或在长度为 6~10 倍板厚的范围内逐渐将板厚增加 20%。邻近构造物胀缝构造示意图如图 4.4-14 所示。

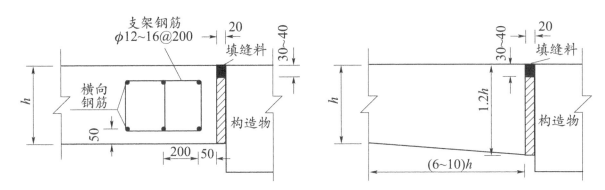

图 4.4-14 邻近构造物胀缝构造示意图(尺寸单位:mm)

混凝土路面与桥梁相接应符合以下规定:

①当桥头设有搭板时,应在搭板与混凝土面层板之间设置长 6~10m 的钢筋混凝土面层过渡板。过渡板与搭板间的横缝采用设拉杆平缝形式,过渡板与混凝土面层板间的横缝采用设传力杆胀缝形式。在膨胀量大时,应连续设置 2~3 条传力杆胀缝。当桥梁为斜交时,钢筋混凝土板的锐角部分应采用钢筋网补强。

②当桥头未设搭板时,宜在混凝土面层与桥台之间设置长 10~15m 的钢筋混凝土面层板;或设置由混凝土预制块面层或沥青面层铺筑的过渡段,其长度应不小于 8m。

当混凝土路面与沥青路面相接时,应设置不小于 3m 的过渡段。过渡段的路面应采用两种路面呈阶梯状叠合布置,其下面铺设的变厚度混凝土过渡板的厚度不得小于 200mm,如图 4.4-15 所示。过渡板顶面应设横向拉槽,沥青层与过渡板之间应黏结良好。过渡板与混凝土面层板相接处的接缝内宜设置直径 25mm、长 700mm、间距 400mm 的拉杆。混凝土面层毗邻该接缝的 1~2 条横向接缝应采用胀缝形式。

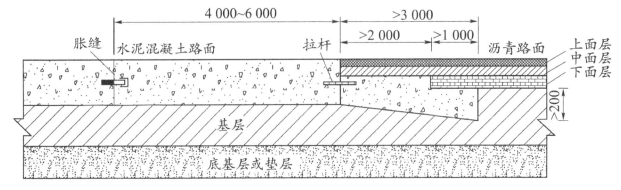

图 4.4-15 混凝土路面与沥青路面相接段的构造示意图(尺寸单位:mm)

连续配筋混凝土面层与其他类型路面或构造物相连接的端部,应设置锚固结构。端部锚固结构可采用钢筋混凝土地梁或宽翼缘工字钢梁接缝等形式。

①钢筋混凝土地梁依据路基土的强弱宜采用 3～5 个,梁宽为 400～600mm,梁高为 1 200～1 500mm,间距为 5 000～6 000mm;地梁与连续配筋混凝土面层应连成整体。钢筋混凝土地梁锚固构造示意图如图 4.4-16 所示。

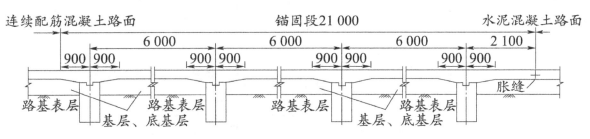

a) 锚固段的纵断图（地梁应贯穿路面全宽）

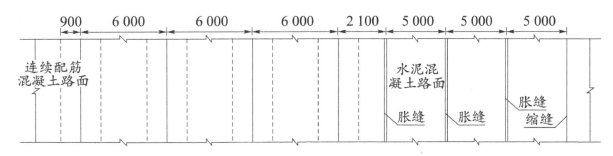

b) 锚固段与毗邻板的平面图

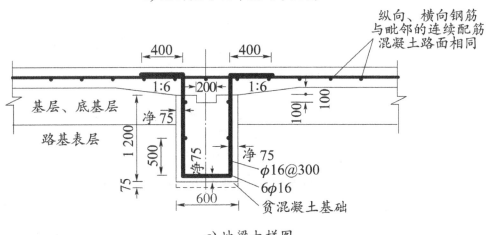

c) 地梁大样图

图 4.4-16　钢筋混凝土地梁锚固(尺寸单位:mm)

②宽翼缘工字钢梁的底部应锚入钢筋混凝土枕梁内,工字钢梁的尺寸、锚入深度应依据连续配筋混凝土路面厚度选择,枕梁宜长为 3 000mm、厚为 200mm;钢梁腹板与连续配筋混凝土面层端部间应填入胀缝材料。宽翼缘工字钢梁锚固构造示意图如图 4.4-17 所示。

(三) 接缝材料

接缝材料分为接缝板和填缝料两种。

接缝板多用于胀缝。胀缝接缝板应选用能适应混凝土板膨胀收缩、施工时不易变形、复原率高和耐久性好的材料。高速公路和一级公路宜选用泡沫橡胶板、沥青纤维板;其他等级公路也可选用木材类或纤维类板。

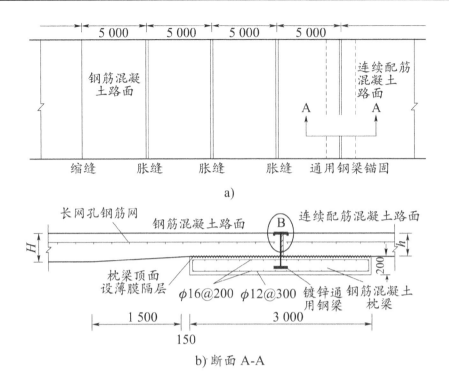

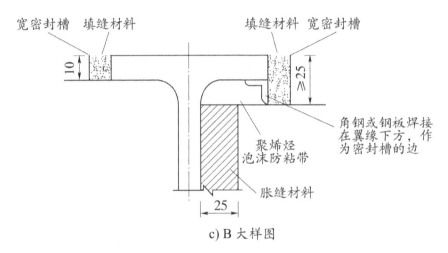

图 4.4-17 宽翼缘工字钢梁锚固示意图(尺寸单位:mm)

胀缝接缝板质量应符合《公路水泥混凝土路面施工技术细则》(JTG/T F30—2014)规定,见表4.4-4。

胀缝接缝板质量标准 表 4.4-4

试验项目	胀缝接缝板种类			检验方法
	浸油木板	塑胶板、橡胶(泡沫)板	沥青纤维板	
压缩应力(MPa)	5.0~20.0	0.2~0.6	2.0~10.0	现行《公路水泥混凝土路面接缝材料》(JT/T 203)
弹性复原率(%)	55	90	65	
挤出量(mm)	5.5	5.0	3.0	
弯曲荷载(N)	100~400	0~50	5~40	

注:1. 浸油木板在加工时应风干、去除结疤并用木材填实,浸渍时间不应小于4h。

2. 各种接缝板的厚度应为(20~25)mm±2mm。

填缝料的质量和发挥效果对水泥混凝土路面正常使用和结构寿命至关重要。填缝料应选用与混凝土接缝槽壁黏结力强、回弹性好、适应混凝土板收缩、不溶于水、不渗水、高温时不挤出或不流淌、抗嵌入能力强(有一定抵抗砂石嵌入的能力)、耐老化龟裂、负温拉伸量大、低温时不脆裂、便于施工操作的材料。

填缝料的作用：

（1）防止路面水渗入路基。路面水沿缝渗入路基,将使路基强度降低,混凝土面板在交通荷载作用下发生开裂。

（2）防止杂物、砂石落入接缝。杂质落入就会使接缝失去胀缩功能,接缝处混凝土就会被挤坏。

水泥混凝土路面的填缝料主要有：常温施工式、加热施工式、预制密封条三种类型。其中,常温施工式填缝料主要有聚氨酯类、硅酮类、聚硫类等；加热施工式填缝料主要有沥青类、沥青橡胶类等。国内外使用经验和研究结果都表明,无论是低温抗裂性,还是抗老化性能,常温施工式填缝料的性能一般优于加热施工式填缝料,而预制密封条仅适用于停车(场)带、站台等低速路段。

高速公路、一级公路胀缝板宜采用塑胶板、橡胶(泡沫)板或沥青纤维板；其他等级公路也可采用浸油木板。

测评模块

请结合本单元的学习,完成以下习题。

一、选择题

1. 水泥混凝土路面是以水泥混凝土作面层的路面,按材料及组成不同可分为（　　）。
   A. 素混凝土路面
   B. 钢筋混凝土路面
   C. 钢纤维混凝土路面
   D. 装配式混凝土路面
   E. 混凝土小块铺筑

2. 水泥混凝土面板表面必须采用（　　）等方法做表面构造,构造深度应满足相关规范规定的要求。
   A. 拉毛　　　　B. 拉槽　　　　C. 压槽　　　　D. 刻槽

3. 真缝是在水泥混凝土路面板的整个厚度上断开的缝隙,以下属于真缝的有（　　）。
   A. 胀缝　　　　B. 缩缝　　　　C. 施工缝　　　　D. 接缝

二、填空题

1. 水泥混凝土路面是_____,又称_____。
2. 水泥混凝土路面通常由_____、_____和_____构成。
3. 承受极重、特重或重交通的水泥混凝土面层的胀缝、施工缝和自由边的角隅以及承受极重交通的水泥混凝土面层缩缝的角隅,宜配置_____。

4. 配筋混凝土面层与相邻混凝土面层之间应设置设传力杆的_____。

5. 相邻车道之间或车道与硬路肩之间的纵向接缝内,必须设置_____。

三、判断题

1. 素混凝土路面指混凝土板只在接缝区和局部范围配置钢筋,其余部位均不配钢筋的混凝土路面。（　　）

2. 连续配筋混凝土面层的纵缝拉杆可由板内纵向钢筋延伸穿过接缝代替。（　　）

3. 水泥混凝土面板填缝料分接缝板和填缝料两种。（　　）

4. 在临近桥梁或其他固定构造物处,或者与其他道路相交处,应设置横向缩缝。（　　）

5. 每日施工结束或因临时原因中断施工时,必须设置横向施工缝,其位置宜选在缩缝或胀缝处。（　　）

单元4.4　测评答案

 **技能训练**

技能训练4.4"水泥混凝土路面接缝施工"见本书配套训练册。

模块 5

桥涵工程

素质目标

1. 培养团队协助、信息收集、善于沟通以及运用知识解决实际问题的能力,为发展职业能力奠定良好的基础。

2. 结合中国桥梁发展成就,厚植爱党、爱国、爱社会主义情感,培养自豪感,弘扬中华优秀传统文化,坚定"四个自信"。

3. 结合对桥涵工程的技能学习,融合遵纪守法、诚实守信、爱岗敬业、爱护环境教育,培养认真、谨慎、负责的工作习惯,增强工作安全意识,践行实事求是的路桥工匠精神。

知识目标

1. 掌握桥梁的概念。
2. 掌握桥梁的结构组成。
3. 掌握桥梁的常见类型及其特点。
4. 了解梁桥、拱桥、刚架桥、悬索桥的受力特点。
5. 了解梁桥上部结构的构造与钢筋布置以及桥面系构造。
6. 了解梁桥下部结构的构造、类型、作用。
7. 了解拱桥的结构构造。
8. 掌握涵洞的概念。
9. 掌握涵洞的组成、类型及其特点。
10. 了解涵洞洞身、洞口建筑的构造情况。

技能目标

1. 能区分桥梁的常见类型。
2. 能描述几种常见桥梁的特点。
3. 能描述梁桥上、下部结构的组成。
4. 能描述梁桥的钢筋布置的特点,能绘制及识读梁桥钢筋布置图。
5. 能描述拱桥的特点与构造组成,能识读拱桥构造图。
6. 能描述涵洞的组成、类型及其特点。
7. 能识读涵洞洞身、洞口建筑的构造图。

课时建议

24 学时。

单元 5.1 桥梁知识认知

学习引导

桥梁是指供公路、铁路、渠道、管线、行人等跨越河流、山谷、线路或其他障碍时所修建的具有承载能力的架空建筑物。桥梁具有里程不长、难度大、造价高、工期长等特点。桥梁是公路工程中的关键节点,是城市立体交通的主要构成,也是交通运输中的重要组成部分。它在工程规模上占道路总造价的 10% ~ 20%。桥梁是一个国家或地区经济实力、科学技术、生产力发展等综合国力的体现,是社会发展的标志性建筑。

涵洞是为宣泄地面水流(包括小河沟)而设置的横穿路基的小型排水构造物。根据《公路桥涵设计通用规范》(JTG D60—2015)规定,凡单孔标准跨径 $L_k<5m$(圆管涵和箱涵不论管径或跨径大小、孔数多少)的构造物均称为涵洞。有些涵洞可用作通道,供行人或车辆通过。由于涵洞构造简单、造价低,在公路工程中数量较多,其工程量占公路工程比重较大,是公路工程中必不可少的组成部分。

本单元的学习重点是桥梁的组成与常见类型,学习难点是各种桥梁的受力特点。

知识模块

一、桥梁发展史

(一) 我国古代桥梁建设的成就

我国是世界文明古国之一,历史文化悠久。我国建造桥梁已有 4 000 多年的历史,在世界桥梁建筑史上写下了光辉灿烂的篇章。早在公元纪元初期,梁、悬索、拱三大桥梁体系我国就已形成。

我国建造浮桥历史悠久。根据史料记载,在距今约 3 000 年的周文王时期,就已在宽阔的渭河上架设大型浮桥,这是我国建设最早的浮桥。

梁桥是我国出现最早的桥梁,早在原始社会,我国就有了独木桥,以及由数根圆木拼成的木梁桥。天然石料是大自然赋予人类最早的、强度高且经久耐用的建筑材料,几千年来修建的古代桥梁也以石桥居多。在秦汉时期我国就开始修建石梁桥。世界上尚存最长、工程最艰巨的石梁桥是位于福建泉州的万安桥(图 5.1-1),也称洛阳桥,建于 1053—1059 年,全长 1 106m,是我国第一座濒临海湾的石梁桥。最令人惊奇的是 1240 年建造的福建漳州虎渡桥,这座石梁桥总长约 335m,有的石梁长达 23.7m,每根宽 1.7m、高 1.9m,重达 200 多吨,都是利用潮水涨落浮运架设的,足以证明我国古代加工和安装桥梁的高超技术。

悬索桥,又称为吊桥,它主要是用藤或竹制成的绳索、铁链等架设而成。我国是世界上最早有悬索桥的国家,藤、竹吊桥距今已有 3 000 年的历史,比西方早了近千年。我国保留至今比较完整的悬索桥是 1706 年建成的净跨径 100 m、宽 2.8 m 的四川泸定县大渡河铁索桥(又称泸定桥,图 5.1-2)和 1803 年建成的跨径约 61 m、全长 340 余米的四川灌县安澜竹索桥。

图 5.1-1　泉州万安桥

我国在东汉中期已经修建拱桥,距今已有 1 800 多年的历史。我国古代修建石拱桥的技术驰名中外,具有浓厚的民族特色。举世闻名的河北赵县赵州桥(又名安济桥,图 5.1-3)是我国古代石拱桥的杰出代表。它建于隋代大业年间(605—618 年),由著名匠师李春设计建造,桥身全长 50.83 m,净跨径 37.02 m,拱脚宽 9.6 m,矢高 7.23 m,是一座空腹式圆弧形石拱桥,距今已有 1 400 年的历史。1991 年,赵州桥被美国土木工程师学会选定为世界第十二处"国际土木工程历史古迹"。

图 5.1-2　泸定大渡河铁索桥　　　　　图 5.1-3　赵州桥

此外,始建于 1189 年的北京永定河上的卢沟桥、建于公元 1736—1795 年的北京颐和园内的玉带桥、苏州枫桥等,都是我国古代石拱桥的杰出代表。

(二)我国现代桥梁建设的成就

中华人民共和国成立前,我国桥梁事业呈落后状态,大部分桥梁都是由外国商人承建的,中国仅仅只是业主单位。值得一提的是,建成于 1937 年,由中国桥梁专家茅以升主持全部结构设计,跨径为 37.02 m 的杭州钱塘江大桥,是中国自行设计、建造的第一座双层铁路、公路两用桥,它是我国梁桥史上的一个里程碑。

中华人民共和国成立后,我国桥梁建设取得了迅速发展。1957 年 10 月 15 日,我国第一座长江大桥——武汉长江大桥(图 5.1-4)建成,是在长江上修建的第一座公铁两用钢桁架梁桥,桥身为 3×128 m 三联连续桥梁,全长 1 670 m,桥面宽 18 m,全长 1 690 m,结束了我国万里长江无桥的历史。

1969 年建成的南京长江大桥(图 5.1-5)是一座 3×160 m 的钢桁架梁桥,它是我国长江上第一座自行设计、制造、施工的双层式铁路、公路两用桥,并使用国产高强钢材的现代大型桥梁。南京长江大桥是我国建设长江大桥的一个重要里程碑。

图5.1-4　武汉长江大桥　　　　　　　　　图5.1-5　南京长江大桥

1997年建成的九江长江大桥(图5.1-6)是20世纪90年代中期长江上规模最大的公铁两用钢梁桥。它是继武汉长江大桥、南京长江大桥后我国建桥史上的又一个里程碑。2001年建成的南京长江二桥北汊大桥,主跨675m,是预应力混凝土连续梁桥。

在拱桥方面,1972年在四川丰都县建成的单跨石拱桥——九溪沟大桥(图5.1-7),主跨116m。它是当时世界上跨径最大的石拱桥,保持纪录18年之久。

图5.1-6　九江长江大桥　　　　　　　　　图5.1-7　丰都九溪沟大桥

1989年在重庆建成的主跨200m的涪陵乌江大桥(图5.1-8),是一座用中国独创的转体施工建成的特大跨钢筋混凝土箱形拱桥。

1997年5月竣工通车的重庆万州长江大桥(图5.1-9),主跨420m,是当时世界上跨径最大的钢筋混凝土拱桥,在中国土木工程学会2004年第16届年会上入选首届《全国十佳桥梁》,名列拱桥首位。

2003年6月28日建成通车、主跨550m的上海卢浦大桥(图5.1-10),它所采用的全焊接技术是世界钢结构桥梁发展的最新技术。

平南三桥(图5.1-11)是广西壮族自治区荔浦至玉林高速公路平南北互通连接线上跨越浔江的一座特大桥,全长1 035m,主跨575m,(超越朝天门长江大桥,主跨552m),中承式钢管混凝土拱桥。它是目前世界最大跨径的拱桥,被誉为同类型桥梁"世界第一跨"。

图 5.1-8　涪陵乌江大桥

图 5.1-9　万州长江大桥

图 5.1-10　上海卢浦大桥

图 5.1-11　平南三桥

目前,我国建成的斜拉桥有 100 多座,大跨径混凝土斜拉桥的数量位居世界第一。1991 年建成的上海南浦大桥,主跨 423m,钢混凝土斜拉桥,拉开了我国开始修建 400m 以上大跨径斜拉桥的序幕。2008 年 5 月 1 日建成通车的杭州湾跨海大桥(图 5.1-12),全长 36km,它是一座双塔钢箱梁钢筋混凝土斜拉桥。

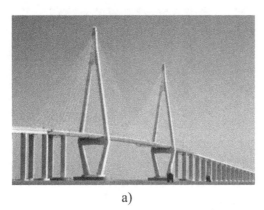
　　　　　a)

　　　　　b)

图 5.1-12　杭州湾跨海大桥

2008 年 6 月 30 日建成通车的江苏苏通长江公路大桥(图 5.1-13),主跨 1 088m,主塔高 300.4m,斜拉索长度达到 577m,群桩基础尺寸为世界最大规模,创造当时四项世界之最(最大主跨、最深基础、最高桥塔、最长拉索)。

2011 年 6 月 30 日建成通车的青岛胶州湾大桥(图 5.1-14),全长 36.48km,是我国自行设计、施工、建造的特大跨海大桥。

a) b)

图 5.1-13 苏通长江公路大桥

图 5.1-14 胶州湾大桥

2018年10月24日建成通车的港珠澳大桥(图5.1-15),全长55km,集桥梁、隧道和人工岛于一体,难度之大,被誉为桥梁界的"珠穆朗玛峰"。它是目前世界上已建成的最长的跨海大桥。

图 5.1-15 港珠澳大桥

悬索桥是世界上跨径最大的桥型。2005年4月30日建成通车、主跨1 490m的江苏润扬长江公路大桥(图5.1-16),是中国第一座大跨径的组合型桥梁。1999年10月建成通车、主跨1 385m的江阴长江公路大桥,是连接江苏省泰州市与无锡市的交通要道,也是连接江南与江北的咽喉。1997年建成通车、主跨1 377m的青马大桥(图5.1-17),是公铁双用钢箱梁悬索桥,是香港特别行政区连接大屿山、香港国际机场及市区的干线公路的主要组成部分。

（三）世界桥梁建筑的现状

纵观国外桥梁建设发展的历史,对于促进和发展现代桥梁有深远影响的是继意大利文艺复兴后 18 世纪在英国、法国和其他西欧国家兴起的工业革命。它既推动了工业的发展,也促进了桥梁建筑技术方面空前的发展。

图 5.1-16　润扬长江公路大桥

图 5.1-17　青马大桥

18 世纪 70 年代之前,世界桥梁仅为木、石料结构的百米内小跨桥梁。1855 年后,法国建造了第一批应用水泥砂浆砌筑的石拱桥。较著名的石拱桥是瑞典 1946 年建成的绥依纳松特桥,跨径为 155m。

英国于 1890 年建成主跨达 521m 的福斯桥(图 5.1-18),是 19 世纪末 20 世纪初世界桥跨最大的桥梁。

美国于 1931 年建成的乔治·华盛顿桥主跨 1 067m,首先突破 1 000m 大关。

现在位居世界同类桥梁前列的著名桥梁包括如下。

美国于 1937 年建成、主跨 1 280m 的金门大桥(图 5.1-19),是世界著名的桥梁之一,是近代桥梁工程的一项奇迹。

图 5.1-18　福斯桥

图 5.1-19　金门大桥

南斯拉夫于 1980 年建成的 KRK 大桥(图 5.1-20),由 390m + 244m 两座钢筋混凝土上承式拱桥组成。拱桥的宽度与跨径之比仅为 1/30,异常纤细,这是该桥的一个设计特点。

英国于 1981 年 7 月建成主跨 1 410m 的亨伯桥(图 5.1-21),是世界著名的大跨径悬索桥。

日本于 1998 年 4 月 5 日建成主跨 1 991m 的明石海峡大桥(图 5.1-22),首次采用

1 800MPa级超高强钢丝,使主缆直径缩小并简化了连接构造,首创悬索桥主缆。它是第一座用顶推法施工的跨谷悬索桥,由著名的法国埃菲尔集团公司承建。

图 5.1-20 KRK 大桥

图 5.1-21 亨伯桥　　　　　图 5.1-22 明石海峡大桥

日本于1999年建成的多多罗大桥(图5.1-23),主梁为钢箱梁,主跨达890m,是当时世界上最长的斜拉桥。

俄罗斯于2012年建成主跨1 104m的跨海大桥——跨东博斯鲁斯海峡大桥(图5.1-24),主桥墩高320m,总长3.1km。

图 5.1-23 多多罗大桥　　　　图 5.1-24 跨东博斯鲁斯海峡大桥

二、桥梁基本组成

桥梁由上部结构、下部结构、支座和附属结构组成。

(一)梁桥的基本组成

图 5.1-25 为梁桥的基本组成。

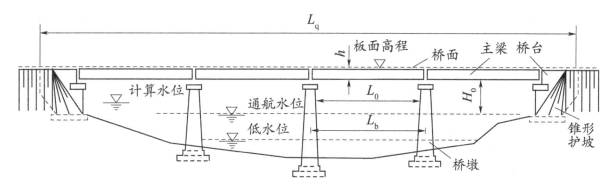

图 5.1-25 梁桥的基本组成

1. 上部结构

上部结构,又称桥跨结构,是路线中断时跨越障碍(如河流、山谷、线路等)的结构物。上部结构包括主梁和桥面系。其作用是承受车辆荷载,并通过支座将荷载传给墩台。

2. 下部结构

下部结构,是修建在地基上,用来支承上部结构并向下传递荷载的建筑物。下部结构包括桥墩、桥台和基础。桥台设在桥跨结构的两端,如果单跨不能满足要求,则需要在两桥台之间设置桥墩。桥梁墩台除了起支承和传递荷载的作用外,桥墩还承受风压力、流水压力、冰压力和船舶撞击等荷载;桥台与路堤衔接,起到抵御路堤的土压力、防止路堤填土滑坡和塌落等作用。基础位于结构的最下部,将上面的荷载传到地基,往往深埋于水下地基中,属于隐蔽工程。基础是桥梁施工中难度较大的一个部分,也是确保桥梁安全使用的关键部分。

3. 支座

通常会在桥跨结构与桥梁墩台的支承处设置的传力装置,称为支座。支座不仅要传递荷载,还要保证桥跨结构在荷载、温度变化或其他因素作用下能产生一定的位移。

4. 附属构造物

除了基本结构以外,桥梁还有一些附属构造物,包括桥台两侧翼墙、锥形护坡、修筑护岸、设置导流结构物等。附属构造物主要是为保护桥墩、桥台、桥头路基所修筑的。

(二) 拱桥的基本组成

图 5.1-26 为拱桥的基本组成。

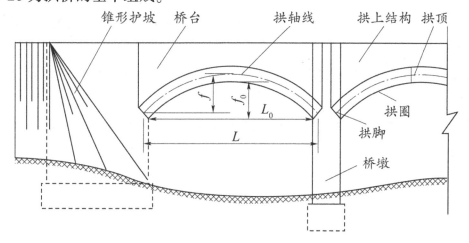

图 5.1-26 拱桥的基本组成

拱桥的组成与梁桥大致相同,不同的是:拱桥无须设置支座,上部结构主要包括主拱圈和桥面系。

三、桥梁主要尺寸

桥梁的主要尺寸包括长度尺寸、高度尺寸和宽度尺寸。

(一)梁桥主要尺寸

1. 长度尺寸

(1)净跨径。对于梁桥,净跨径是指设计洪水位上相邻两个桥墩(桥台)之间的净距;对于拱桥,净跨径是指每孔拱跨两个拱脚截面最低点之间的水平距离。净跨径用 L_0 表示。

(2)计算跨径。对于有支座的梁桥,计算跨径是指桥跨结构相邻两个支座中心之间的距离;对于拱桥,计算跨径是指两个相邻拱脚截面形心点之间的水平距离。计算跨径用 L 表示。因为拱圈(拱肋)各截面形心点的连线称为拱轴线,所以计算跨径也指拱轴线两个端点之间的水平距离。

(3)标准跨径。对于梁桥、板桥,标准跨径是以两个桥墩中线之间桥中心线长度或桥墩中线与桥台台背前缘线之间桥中心线长度为准;对于拱桥、涵洞,标准跨径是以净跨径为准。标准跨径用 L_b 表示。按照《公路桥涵设计通用规范》(JTG D60—2015)规定,当标准设计或新建桥涵的跨径在50m及以下时,宜采用标准化跨径。采用标准化跨径的桥涵宜采用装配式结构及机械化、工厂化施工。桥涵标准跨径共有21种,分别为0.75m、1.0m、1.25m、1.5m、2.0m、2.5m、3.0m、4.0m、5.0m、6.0m、8.0m、10m、13m、16m、20m、25m、30m、35m、40m、45m、50m。

(4)总跨径。总跨径是指多孔桥梁中各孔净跨径的总和,也称桥跨孔径。总跨径用 $\sum L_0$ 表示。总跨径它反映了桥下宜泄洪水的能力。

(5)桥梁全长(简称桥长)。对于有桥台的桥梁,桥梁全长是指两岸桥台侧墙或八字墙尾端间的距离;对于无桥台的桥梁,桥梁全长为桥面系长度。桥梁全长用 L_q 表示。

(6)多孔跨径总长。梁桥为多孔标准跨径总和;拱桥为两岸桥台内拱脚截面最低点(起拱线)之间的水平距离;其他形式桥梁为桥面系行车道长度。多孔跨径总长用 L_d 表示。

2. 高度尺寸

(1)桥梁高度。桥梁高度(简称桥高)是指桥面与低水位之间的高差,或桥面与桥下线路路面之间的距离;用 H 表示。

(2)桥梁建筑高度。桥梁建筑高度是指桥上行车路面(轨顶)高程至桥跨结构最下缘之间的垂直距离;用 h 表示。

(3)桥梁容许建筑高度。桥梁容许建筑高度是指桥面高程与桥下通航或排洪必需的净空高度之差;用 $h_{容}$ 表示。

(4)桥下净空高度。桥下净空高度是指桥跨结构最下缘至设计洪水位或设计通航水位之间的垂直距离;用 H_0 表示。

3. 宽度尺寸

(1)桥面净空。桥面净空是指为保证车辆、行人的安全而在桥面上保留一定的空间。该空间边缘间的横向限界(垂直于行车方向)就称为桥面净空。它包括净宽度和净高度,与所在公路的建筑限界相同。

(2)桥下净空。桥下净空是指为满足桥下通航(行车、行人)的需要,对上部结构底缘以下规定的空间限界。桥下净空应根据计算水位(设计水位计入壅水、浪高等)或最高流冰水位加安全高度确定。

(二)拱桥尺寸

(1)净矢高。从拱顶截面下缘至过起拱线的水平线间的垂直距离,称为净矢高(f_0)。

(2)计算矢高。从拱顶截面形心至过拱脚截面形心的水平线间的垂直距离,称为计算矢高(f)。

(3)矢跨比。计算矢高与计算跨径之比(f/L),称为拱圈的矢跨比(又称拱矢度)。它是反映拱桥受力特性的一个重要指标。

四、桥梁主要分类

桥梁的种类多种多样,常见的分类方法,主要是根据桥梁的受力体系、桥梁的长度和跨径、行车道位置、桥跨结构所采用的材料等来划分的。

(一)根据桥梁的受力体系划分

桥梁结构的基本受力体系主要有梁式、拱式、刚架式、悬吊式四种。由两种或两种以上的基本体系组合而成的,称为组合体系。因此,根据受力体系划分,桥梁主要有以下几种。

1. 梁桥

梁桥是一种在竖向荷载作用下无水平反力的结构。其主要承重结构是梁(板)。梁(板)主要承受弯矩,墩台只承受竖向压力。梁桥具有自重大、跨越能力小等特点,梁桥多用于中小跨径桥梁,其所用材料主要是钢筋混凝土和预应力混凝土。梁桥如图5.1-27所示。

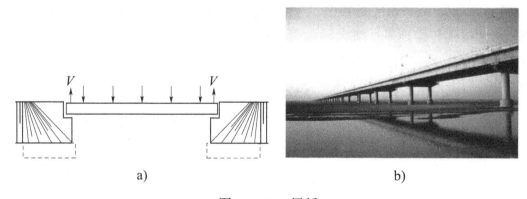

图 5.1-27 梁桥

2. 拱桥

拱桥的主要承重结构是拱圈或拱肋。在竖向荷载作用下,拱圈或拱肋主要承受压力,也承受弯矩;墩台处除承受竖向压力和弯矩外,还承受水平推力。拱桥具有跨越能力较大,造型美观,施工比较困难等特点。拱桥适用于几十米到几百米的大中跨径的桥梁,其所用材料主要是圬工(砖、石、混凝土)和钢筋混凝土。拱桥如图 5.1-28 所示。

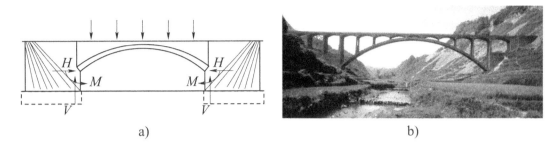

图 5.1-28　拱桥

3. 刚架桥

刚架桥的主要承重结构是上部结构的梁(板)与下部结构的立柱或横墙结合在一起的刚架结构。在竖向荷载作用下,主梁受弯,墩柱受压,柱脚处产生竖向反力、水平反力和弯矩。这种受力情况介于梁和拱之间。刚架桥适用于中、小跨径桥梁,其所用材料主要是钢筋混凝土。刚架桥如图 5.1-29 所示。

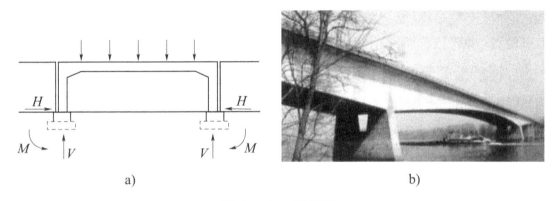

图 5.1-29　刚架桥

4. 悬索桥

悬索桥(又称为吊桥),主要承重结构是悬挂在两边塔架上的强大缆索,如图 5.1-30 所示。在竖向荷载作用下,缆索只承受拉力。荷载由加劲梁经过吊杆传递给缆索,再通过主缆索到塔架,通过锚碇传给地基。墩台除承受竖向反力外,还承受水平推力。悬索桥是有水平反力(推力)的结构,具有很大的跨越能力,也是目前世界上最大跨径的桥型,对动荷载要求较高。悬索桥适用于大型及特大型桥梁,其所用材料主要是混凝土、钢材、预应力钢索。

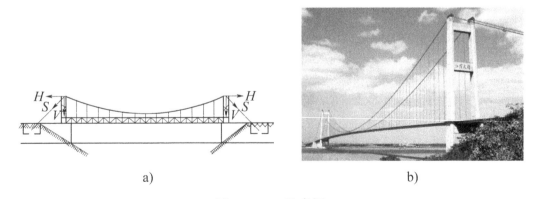

图 5.1-30　悬索桥

5.组合体系桥

组合体系桥梁由两种以上不同受力体系结构所组成,两种以上体系均为主要承重结构,互相联系,共同受力。图5.1-31为梁拱组合的系杆拱桥,图5.1-32为拉索和梁组合的斜拉桥。斜拉桥由索塔、主缆索和主梁组成。

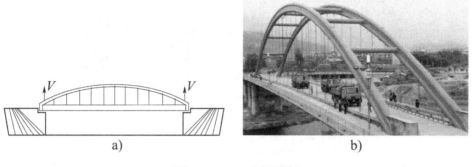

图 5.1-31 系杆拱桥

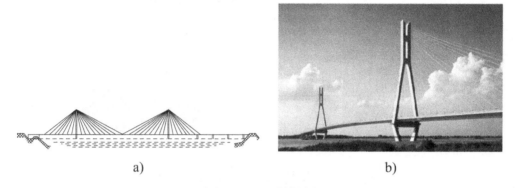

图 5.1-32 斜拉桥

(二)根据桥梁的长度和跨径划分

按照《公路桥涵设计通用规范》(JTG D60—2015)规定,根据桥梁的长度和跨径划分,桥梁可以分为特大桥、大桥、中桥、小桥和涵洞。桥梁涵洞分类见表5.1-1。

桥梁涵洞分类 表5.1-1

桥梁分类	多孔跨径总长 L_d(m)	单孔标准跨径 L_b(m)
特大桥	$L_d > 1\,000$	$L_b > 150$
大桥	$100 \leq L_d \leq 1\,000$	$40 \leq L_b \leq 150$
中桥	$30 < L_d < 100$	$20 \leq L_b < 40$
小桥	$8 \leq L_d \leq 30$	$5 \leq L_b < 20$
涵洞	—	$L_b < 5$

注:管涵及箱涵不论管径或跨径大小、孔数多少,均称为涵洞。

(三)根据行车道的位置划分

根据行车道位置的不同划分,桥梁可以分为上承式桥、中承式桥和下承式桥。行车道布置在主要承重结构之上的桥,称为上承式桥,如图5.1-33a)所示;行车道布置在主要承重结构中间的桥,称为中承式桥,如图5.1-33b)所示;行车道布置在主要承重结构之下的桥,称为下承式桥,如图5.1-33c)所示。上承式桥主要修建在山岭区,中承式桥、下承式桥主要修建在平原地区或城镇地区。

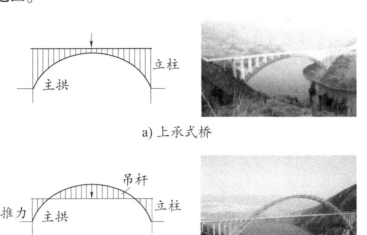

图 5.1-33　拱桥(根据行车道位置划分)

(四) 根据上部结构所用材料划分

根据上部结构所用材料划分,桥梁可分为木桥、钢筋混凝土桥、预应力混凝土桥、圬工桥(包括砖桥、石桥、混凝土桥)、钢桥。

(五) 根据用途划分

根据使用用途划分,桥梁可分为公路桥、铁路桥、公路铁路两用桥、农用桥、人行桥、运水桥(渡槽)。

(六) 根据跨越障碍的性质划分

根据跨越障碍的性质划分,桥梁可分为跨河桥、跨线桥、高架桥、栈桥。

(七) 根据特殊使用条件划分

根据特殊使用条件划分,桥梁可分为浮桥、漫水桥、开启桥。

(八) 根据使用年限划分

根据使用年限划分,桥梁可分为永久性桥梁、临时性桥。

测评模块

请结合本单元的学习,完成以下习题。

一、选择题

1. 对于设支座的桥梁,其计算跨径为(　　)。
   A. 上、下部结构的相交面之中心间的水平距离
   B. 相邻两个支座中心之间的水平距离
   C. 计算水位线上相邻两墩、台内缘之间的水平距离
   D. 两桥墩中线间距离

2. 桥梁建筑高度 h 是指(　　)。
   A. 桥上行车路面(轨顶)高程至桥墩(台)基础底面间的距离
   B. 桥上行车路面(轨顶)高程至桥墩(台)帽顶面间距离
   C. 桥上行车路面(轨顶)高程至桥跨结构最下缘之间的距离
   D. 桥面上栏杆柱上端至上部结构最低边缘间的距离

3. 梁式桥的主要承重构件是(　　)。
   A. 梁(板)　　　B. 拱圈　　　C. 柔性缆索　　　D. 刚性缆索

4. 拱式桥的受力特点主要为(　　)。
   A. 在竖向荷载作用下拱圈承压、支承处有水平推力
   B. 竖向荷载从梁经过系杆传递到缆索,再到两端锚锭
   C. 主梁受弯,在竖向荷载作用下无水平反力
   D. 竖向荷载从梁传递到拉索,再传到索塔

5. 桥梁按长度和跨径分类可分为(　　)。
   A. 梁式桥、拱式桥、斜拉桥、悬索桥、刚架桥
   B. 上承式桥、中承式桥、下承式桥
   C. 特大桥、大桥、中桥、小桥、涵洞
   D. 木桥、钢桥、圬工桥、钢筋混凝土桥、预应力钢筋混凝土桥

二、填空题

1. 桥梁通常由_____、_____、_____、_____组成。
2. 桥梁上部结构主要包括_____、_____。
3. 桥梁支座的作用是_____,同时保证结构的自由变形,使结构的受力情况与计算图相符。
4. 按承重构件的受力情况,桥梁可分为_____、_____、_____、_____、_____五种。
5. 按行车道的位置,桥梁可分为_____、_____和_____。

三、判断题

1. 梁式桥受力特点是主梁受扭,在竖向荷载作用下无水平反力。(　　)
2. 刚架桥是一种桥跨结构和墩、台结构整体相连的桥梁,墩柱与主梁共同受力。(　　)

3. 拱式桥的标准跨径是指两桥墩中线间距离或桥墩中线与台背前缘间距。　　（　）
4. 从拱顶截面形心至相邻两拱脚截面形心之连线的垂直距离称为矢跨比。　　（　）
5. 根据主要承重结构所用的材料来划分,桥梁有木桥、钢桥、圬工桥(包括砖、石、混凝土桥)、钢筋混凝土桥和预应力钢筋混凝土桥。　　（　）

单元5.1　测评答案

技能训练5.1"桥梁类型分析"见本书配套训练册。

单元5.2　梁　　桥

梁桥是将受弯的梁或板作为主要承重结构的桥梁。其特点是构造简单,施工方便,造价低,维修容易,设计理论与施工技术都比较成熟;当跨径增大时,结构自重随之增大,跨越能力减小。

本单元的学习重点是梁桥上部结构、下部结构的结构组成,学习难点是梁桥上部结构、下部结构的构造特点与钢筋布置,以及桥面系构造。

知识模块

一、梁桥上部构造

(一) 梁桥的分类

梁桥的分类可以按承重结构的静力体系、承重结构的横截面形式、有无预应力、施工方法来划分。

1. 根据承重结构的静力体系划分

根据承重结构的静力体系的不同划分,梁桥可以分为简支梁桥、悬臂梁桥和连续梁桥三种,如图5.2-1所示。

(1) 简支梁桥

简支梁桥属于静定结构,其主梁依靠两个支点支承在相邻两个桥墩上,如图5.2-1a)所示。其特点是构造简单,施工方便,相邻桥孔各自单独受力,可以将承重结构设计成标准跨径,便于工厂规范化施工,但随着跨径的增大,结构自重也增大,跨越能力小。简支梁桥适用于20m以下的桥梁。简支梁桥如图5.2-2所示。

(2) 悬臂梁桥

悬臂梁桥属于静定结构,承重结构一端或两端在支点向外悬出,如图5.2-1b)所示。其特点是支点截面产生负弯矩,从而减小跨中的正弯矩,但容易产生裂缝,行车舒适性不如连续梁桥,目前较少采用。悬臂梁桥的跨越能力比简支梁桥大。悬臂梁桥适用于40~50m的桥梁。(图5.2-3)。

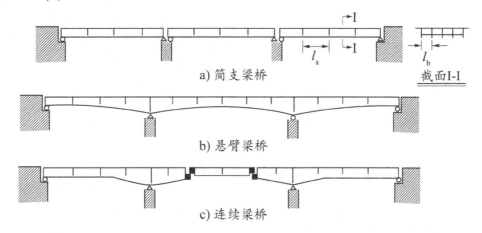

图5.2-1 梁桥按承重结构的静力体系划分

图5.2-2 简支梁桥

图5.2-3 悬臂梁桥

(3)连续梁桥

连续梁桥属于超静定结构,主梁不间断地连续跨越几个桥墩而形成承重结构,如图5.2-1c)所示。其特点是在荷载作用下,支点截面产生负弯矩从而大大减小跨中的正弯矩,跨越能力大,节省材料用量。通常将3~5孔做成一联,在一联内没有桥面接缝,行车舒适,但温度变化、支座变位会产生附加内力,需修建在良好的地基上。连续梁桥适用于60~70m的桥梁。(图5.2-4)。

图5.2-4 连续梁桥

2.根据承重结构的横截面形式划分

根据承重结构的横截面形式划分,梁桥可以分为板桥、肋式梁桥和箱形梁桥三种。

(1)板桥

板桥的主要承重结构是矩形的钢筋混凝土板或预应力混凝土板,如图5.2-5所示。其特点是构造简单、施工方便、建筑高度小。但从力学性能方面来看,位于受拉区的混凝土不但不能充分发挥作用,反而增大了结构重力,当板的跨径稍大时,就显得不经济。因此,钢筋混凝土简支实心板桥的跨径只用于5~8m,空心板桥的跨径用到8~13m,预应力混凝土简支空心板桥的跨径用到13~20m。

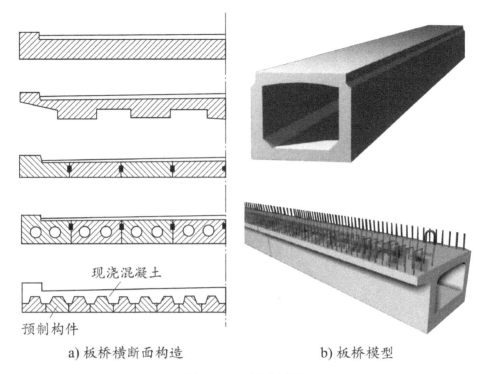

图 5.2-5 板式梁桥

(2)肋式梁桥

肋式梁桥的主要承重结构是梁肋(腹板)与翼板(桥面板)结合在一起的肋梁,如图 5.2-6 所示。其特点是受拉区混凝土得到很大程度的挖空,减轻了结构的重力,跨越能力增大。肋式梁桥的横截面又分为 T 形和 Π 形,常见的是 T 形梁。钢筋混凝土简支肋式梁桥的常用跨径为 10~16m,预应力混凝土简支肋式梁桥的常用跨径为 25~50m。

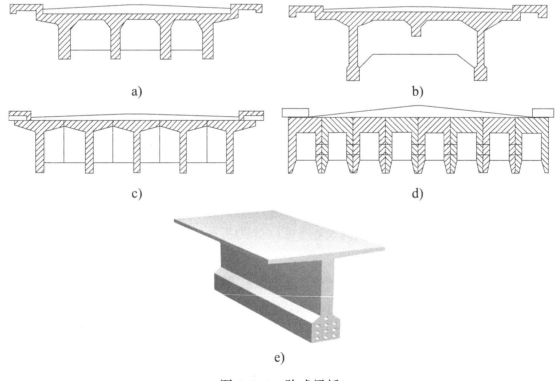

图 5.2-6 肋式梁桥

(3) 箱形梁桥

箱形梁桥的主要承重结构是一个或多个封闭的薄壁箱形截面梁,如图 5.2-7 所示。其特点是箱形梁因底板能承受较大压力,既能承受正弯矩,也能承受负弯矩。同时,箱形梁整体受力性能好,抗弯抗扭刚度大,箱壁可以做得很薄,能有效地减轻重力。箱形梁的截面高度常采用变高度,在支点处较高,在跨中处较矮。箱形梁桥适用于 30m 以上较大跨径的悬臂梁桥、连续梁桥、预应力混凝土简支梁桥和斜拉桥,对于普通钢筋混凝土简支梁桥则不宜采用。

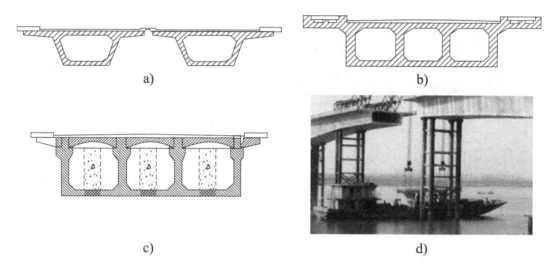

图 5.2-7 箱形梁桥

3. 根据有无预应力划分

根据有无预应力划分,梁桥可以分为钢筋混凝土梁桥和预应力混凝土梁桥。

(1) 钢筋混凝土梁桥

钢筋混凝土梁桥,又称普通钢筋混凝土梁桥,其特点是砂石集料可以就地取材,结构构造简单,承重结构可采用工厂规范化施工,适用范围广,不受基础条件限制。与钢桥相比,钢材用量与养护费用少,但结构自重大,跨径较小,耐久性差,不能充分使用钢材。

(2) 预应力混凝土梁桥

预应力混凝土梁桥,又称预应力钢筋混凝土梁桥,其承重结构采用高强钢筋的预拉力,使混凝土在承载前预先受压。其特点是能够合理地采用高强钢材和高强混凝土,节省钢材用量,减轻结构自重,增大跨越能力,提高结构的承载能力、抗裂性,增强结构的刚度和耐久性。但其施工工艺较复杂,质量要求较高,需要专门的预应力张拉设备。预应力混凝土又分为全预应力混凝土(在运营阶段不出现拉应力)和部分预应力混凝土(在运营阶段有拉应力但不出现裂缝或控制裂缝在容许宽度范围内)两种。

4. 根据施工方法划分

根据施工方法不同划分,梁桥可以分为整体式梁桥、装配式梁桥和组合式梁桥。

(1) 整体式梁桥

整体式梁桥建桥的全部工作都在施工现场进行,由于全桥在纵向和横向都是现场整体浇筑,如图 5.2-8 所示。其特点是整体性好,可以根据需要做成各种外形。但施工进度慢,需要耗费较多的支架和模板材料。

(2）装配式梁桥

装配式梁桥的上部结构在工厂或工地预制场分块预制,再运到现场吊装就位,然后在接头处将构件连接成整体,如图5.2-9所示。装配式梁桥的预制构件质量易于保证,而且能与下部工程同时施工,加快了施工进度,并且能节约支架和模板材料。

图5.2-8 整体现浇梁桥

图5.2-9 预制装配梁桥

（3）组合式梁桥

作为承重结构的梁或板,一部分采用预制安装,另一部分采用就地浇筑。预制安装部分可作为现浇部分的模板和支架,现浇部分的混凝土则将预制部分结合成整体,共同承受结构自重和汽车荷载,如图5.2-10所示。

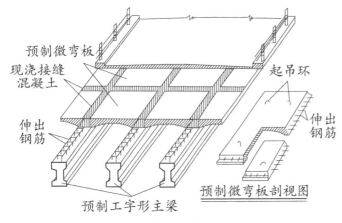

a) 组合式梁桥概貌

b) 先预制安装波纹钢腹板,再在上面现浇混凝土结合成整体

图5.2-10 组合式梁桥

组合式梁桥与装配式梁桥相比,预制构件的重力显著减小,便于运输和安装。但是组合式梁桥施工工序较多,桥上现浇混凝土的工作量较大,而且预制部分的结构在施工过程中要单独承受桥面现浇混凝土的重力,所以总的材料用量要比装配式梁桥多。

（二）实心板桥

实心板桥具有形状简单,施工方便,建筑高度小,施工质量易于保证等优点,其跨径通常不超过8m。实心板桥如图5.2-11所示。

（三）空心板桥

由于空心板比同跨径的实心板重量小,运输安装方便,而建筑高度又比同跨径的T形梁小,目前使用较广。

图 5.2-11 实心板桥

图 5.2-12 为空心板截面的几种常用开孔形式。图 5.2-13 为空心板桥。

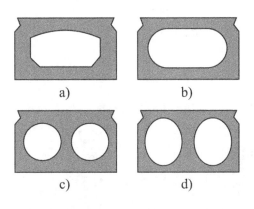

图 5.2-12 空心板截面的几种常用开孔形式

图 5.2-13 空心板桥

当空心板桥采用预制安装的方法进行施工时,构件之间的横向连接方式有如下两种。

1. 企口混凝土铰连接

企口混凝土铰的连接形式有圆形、菱形和漏斗形三种,如图 5.2-14 所示。它是在块件安装就位后,在企口缝内用 C30~C40 小石子混凝土填筑密实而成的。

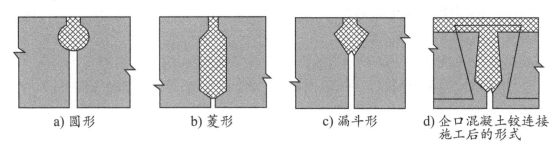

图 5.2-14 企口混凝土铰连接

2. 钢板焊接连接

钢板焊接连接是用一块钢盖板 N_1 焊在相邻两构件的预埋钢板 N_2 上,如图 5.2-15 所示。连接构造的纵向中距通常为 0.8~1.50m,根据受力特点,在跨中部分布置较密,向两端支点处逐渐减疏。

(四)斜交板桥

为顺应公路线性要求,桥梁轴线与水流方向的交角不按 90°布置的桥梁称为斜交板桥,如图5.2-16所示。

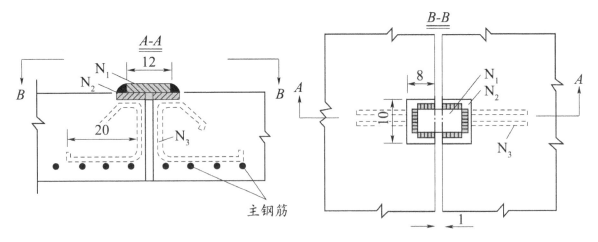

图 5.2-15　钢板焊接连接(尺寸单位:cm)

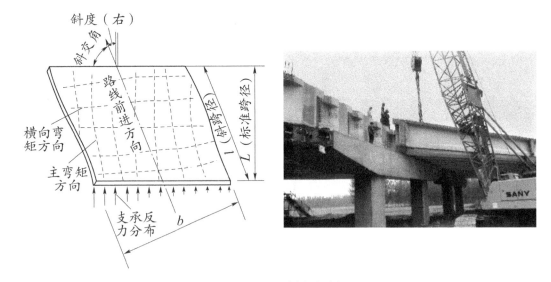

图 5.2-16　斜交板桥

斜交板桥的受力特点如下：

(1)最大主弯矩方向如图5.2-16左图上的受力分析所示。

(2)在钝角处有垂直于钝角平分线的负弯矩，它随斜度的增大而增加。

(3)支承反力从钝角处向锐角处逐渐减小，因此，锐角有向上翘起的倾向，同时存在相当大的扭矩。

(五)T形梁桥

根据施工方法划分，T形梁桥有整体式和装配式两种。整体式T形梁桥由于施工进度慢，工业化程度低，需要耗费大量的支架和模板材料，目前较少使用。下文主要以装配式T形梁桥为例介绍梁桥上部构造。

图5.2-17为典型的装配式T形简支梁桥示意图，其上部构造由主梁(由梁肋、翼板组成)、横隔梁(板)、桥面系及支座等部分组成。将几片T形截面的主梁并列在一起拼接，顶部翼板构成行车道板，在横隔梁(板)与翼板的边缘用钢板焊接连成整体，使作用在行车道板上的局部荷载分布给各片主梁共同承受。

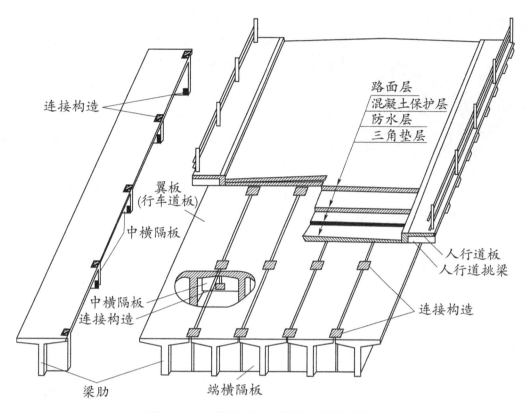

图 5.2-17　装配式 T 形简支梁桥示意图

1. 主梁

装配式 T 形梁桥主梁如图 5.2-18 所示。主梁是上部结构的主要承重结构。每片主梁都是预制的独立构件,通过钢板焊接连接在一起。主梁的翼板宜做成变厚度,它既是主梁的一部分,又联合构成桥面板,共同承受荷载。主梁的两端用支座支承在桥梁墩台上。

装配式 T 形梁桥主梁内的钢筋,分为纵向受力钢筋、斜钢筋、箍筋、架立钢筋和横向分布钢筋等。装配式 T 形梁桥主梁梁肋钢筋如图 5.2-19 所示。

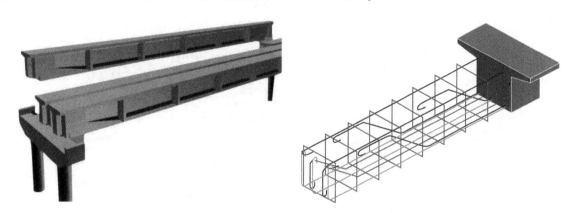

图 5.2-18　装配式 T 形梁桥主梁　　图 5.2-19　装配式 T 形梁桥主梁梁肋钢筋

（1）纵向受力钢筋：一般布置在梁肋的下缘,用于抵抗拉力。

（2）斜钢筋：由纵向受力钢筋在靠近梁体端部逐渐弯起,部分抵抗拉力,部分抵抗剪力,增强梁体的抗剪强度。

（3）箍筋：箍在纵向受力钢筋、斜钢筋和架立钢筋的外面,增强主梁的抗剪强度。

（4）架立钢筋：设在梁肋的上缘,与纵向受力钢筋、斜钢筋、箍筋形成钢筋骨架。

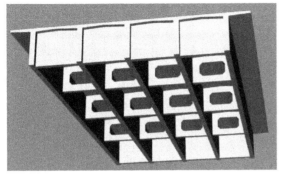

图 5.2-20 横隔梁

(5)横向分布钢筋:设在箍筋的外面,防止梁肋侧面因混凝土收缩等原因引起裂缝。

2. 横隔梁

如图 5.2-20 所示,装配式 T 形梁桥一般在跨中和四分之一的支点处各设一道横隔梁,设在端部的端横隔梁是封闭的,设在中间的中横隔梁为减轻自重通常是挖空的。横隔梁在装配式 T 形梁桥中的作用是保证各根主梁相互连成整体,共同承受荷载作用。横隔梁的刚度越大,桥梁的整体性能就越好,在荷载作用下各主梁就能更好地共同受力。

3. 主梁的横向连接

主梁常用的横向连接方法有以下两种:

(1)钢板焊接连接。钢板焊接连接是指在横隔梁上下、翼板边缘进行钢板焊接,也称干接头,如图 5.2-21a)所示。

(2)混凝土连接。混凝土连接是指在横隔梁上下伸出连接钢筋,并进行钢筋焊接,现浇接头混凝土,也称湿接头,如图 5.2-21b)所示。图 5.2-22 为混凝土连接前、连接后的工程实例图。

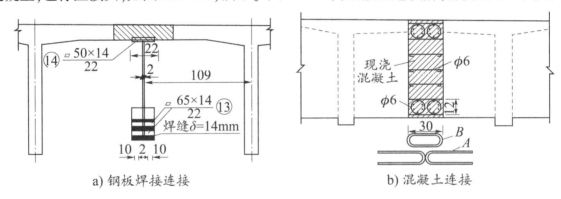

a) 钢板焊接连接　　　　b) 混凝土连接

图 5.2-21　主梁横向连接示意图(尺寸单位:cm)

a)　　　　b)

图 5.2-22　混凝土连接前、连接后的工程实例图

(六)预应力混凝土梁桥

对于装配式 T 形梁桥,当桥梁跨径大于 20m 时,采用预应力混凝土结构更合理。目前,预应力混凝土 T 形简支梁桥的跨径已达到 65m。其主梁内钢筋包括预应力钢筋、非预应力钢筋(箍筋、水平纵向防裂钢筋、锚固端加固钢筋网、力筋定位钢筋网、架立钢筋等)。

预应力混凝土T形梁的梁肋下端做成马蹄形,以便适应预应力钢筋布置的要求和满足承受压应力的要求,如图5.2-23所示。

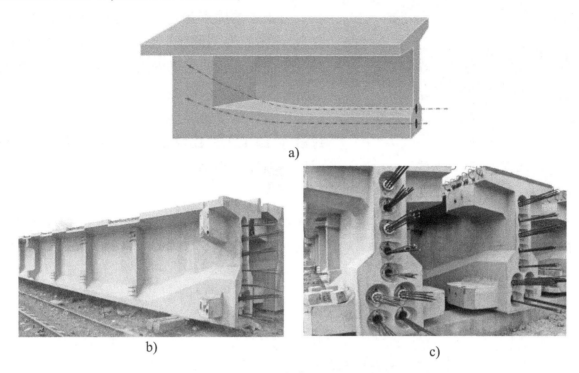

图 5.2-23 预应力混凝土 T 形梁

预应力混凝土结构施工采用先张法和后张法。

1. 先张法

先张法是指先张拉钢筋后浇筑构件混凝土的施工方法。施工时,先在张拉台座上按设计规定的张拉力张拉预应力筋,并用夹具临时锚固,再浇筑构件混凝土,待混凝土达到要求强度(一般不低于设计强度的80%)后放张(将夹具松开或将预应力筋剪断),通过预应力筋与混凝土之间的黏结作用将预应力筋的回缩力传递给混凝土,使混凝土获得预压应力,如图5.2-24所示。

图 5.2-24 先张法

先张法的优点是施工工序简单,预应力筋靠黏结力自锚,不必耗费特制的锚具,而临时固定所用的夹具可以重复使用。在批量生产时,先张法构件比较经济,质量也比较稳定。

先张法的缺点是一般只适用于生产直线配筋的中小型构件,而且需配备庞大的张拉台座,同时构件尺寸大,起重、运输也不方便。

2. 后张法

后张法是指先浇筑构件混凝土,待混凝土结硬后再张拉预应力筋的施工方法。施工时,先浇筑构件混凝土,并在其中预留穿束孔道(设套管),待混凝土达到要求强度(一般不低于设计强度的80%)后,将预应力筋穿入预留孔道内,将千斤顶支承于混凝土构件端部,张拉预应力筋,使构件同时受到反向压缩;待张拉到控制拉力后,立即用锚具将预应力筋锚固于混凝土中,使混凝土获得并保持其预压应力。之后,在预留孔道内压注水泥浆,保护预应力

图 5.2-25 后张法

筋不致锈蚀,并使预应力筋与混凝土黏结成为整体,最后浇筑梁端封头混凝土,如图 5.2-25 所示。

后张法的优点是通过锚具来传递和保持预加应力,不需要专门的张拉台座,便于在现场施工,可以张拉曲线形预应力筋的大型和重型构件,目前在公路桥梁上得到广泛应用。

后张法的缺点是需要预留孔道、穿束、压浆和封锚等,施工工艺比较复杂,并且耗费的锚具和预埋件等增加了用钢量和总造价。

(七)桥面系

桥面系是指桥梁直接与车辆、行人等接触的部分,它对主梁起保护作用。桥面系通常包括桥面铺装、排水设施、伸缩缝装置、人行道或安全带、路缘石、栏杆(防撞护栏)和灯柱等。桥面系横断面如图 5.2-26 所示。

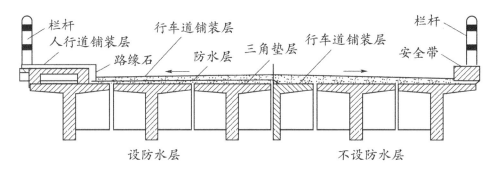

图 5.2-26 桥面系横断面

1. 桥面铺装

桥面铺装也称为行车道铺装,是指在桥面板上行车荷载直接作用的部分,如图 5.2-27 所示。其作用是保护桥面板不受车辆轮胎的直接磨耗,防止主梁受到雨水侵蚀,并分布车辆的集中荷载作用。

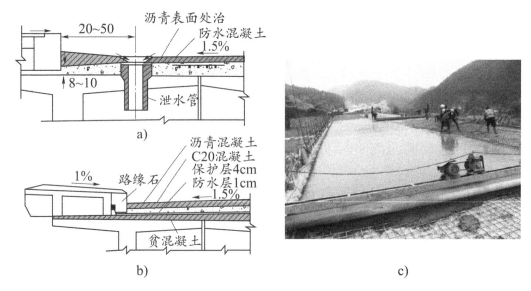

图 5.2-27 桥面铺装(尺寸单位:cm)

桥面铺装宜采用水泥混凝土或沥青混凝土。水泥混凝土铺装的特点是造价低,耐磨性好,但养护期长。沥青混凝土铺装的特点是重量轻,维修养护方便,但易变形。桥面铺装的结构形式应与所在公路路面相协调,并根据情况确定是否设置防水层。具体如下:

(1)不设防水层时,可直接在桥面板上铺筑5~8cm的普通水泥混凝土或沥青混凝土铺装层。铺装层混凝土一般与桥面板混凝土的等级相同或略高,在铺筑时要求具有较好的密实度。

(2)位于非冰冻地区的桥梁需作适当防水时,可直接在桥面板上铺筑8~10cm厚的防水混凝土作为铺装层,在其上面再铺筑2cm厚的沥青表面处治作为可修补的磨耗层,以延长使用年限。

(3)在防水程度要求高或在桥面板位于结构受拉区而可能出现裂缝的桥梁上,可采用带有贴式防水层的水泥混凝土或沥青混凝土。

2. 排水设施

钢筋混凝土结构长期受雨水侵蚀会产生裂缝,钢筋也会锈蚀。因此,为防止雨水滞积于桥面并渗入梁体而影响桥梁的耐久性,除了在桥面铺装设置防水层外,还应设置泄水管,将桥上的雨水迅速排出桥外,如图5.2-27所示。通常,当桥面纵坡大于2%而桥长小于50m时,桥上可以不设泄水管,只在桥头引道两侧设置流水槽即可;当桥面纵坡大于2%而桥长大于50m时,宜在桥上每隔12~15m设置一个泄水管;当桥面纵坡小于2%时,则应每隔6~8m设置一个泄水管。设置时,可以沿行车道两侧左右对称排列,也可交错排列。泄水管的材料常采用金属(铸铁)、钢筋混凝土、塑料。

对于跨越一般河流的桥梁,桥面水流入泄水管后可以直接向下排放;对于一些跨径小、不设人行道的小桥,可在行车道两侧的安全带或护栏下设置横向泄水管,将桥面水排向桥外,如图5.2-28所示。

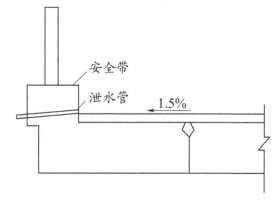

图5.2-28 横向泄水管布置

3. 伸缩缝装置

为了保证桥跨结构因活载作用、温度变化、混凝土收缩与徐变等引起的纵向变形而自由地变形,在主梁之间、桥跨结构两端与桥台背墙之间设置横向伸缩缝。桥面伸缩缝应具有自由伸缩、使车辆平稳通过、良好的密水性和排水性、防止垃圾渗入等作用。常用的伸缩缝装置有梳齿板式伸缩缝装置(图5.2-29)、橡胶伸缩缝装置(图5.2-30)、模数式伸缩缝装置(图5.2-31)、无缝式伸缩缝装置(TST弹塑体伸缩缝装置)(图5.2-32)等。

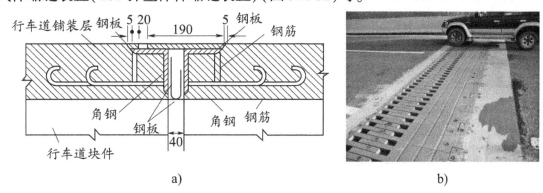

图5.2-29 梳齿板式伸缩缝装置(尺寸单位:mm)

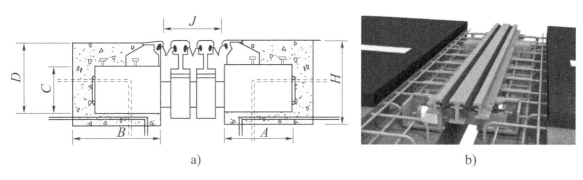

图 5.2-30 橡胶伸缩缝装置

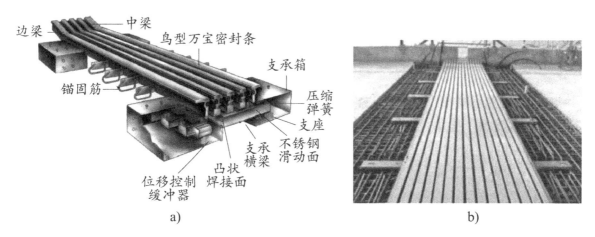

图 5.2-31 模数式伸缩缝装置

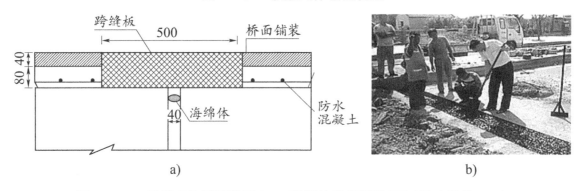

图 5.2-32 无缝式伸缩缝装置(TST 弹塑体伸缩缝装置)(尺寸单位:mm)

4. 人行道或安全带

人行道设置在桥面的两侧,将行人与行车道分开,专供行人使用。根据施工方法划分,人行道可分为就地浇筑式和预制装配式两种;根据安装在桥上的形式划分,人行道可分为搁置式和悬臂式两种,如图 5.2-33 所示。

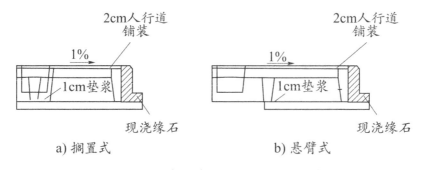

图 5.2-33 人行道(根据在桥上的设置形式划分)

在行人稀少的地区可不设人行道,直接在行车道边缘设置高出行车道的带状构造物——安全带,如图 5.2-34 所示。

5. 栏杆(防撞护栏)

栏杆(防撞护栏)是桥梁上的一种安全设施,如图 5.2-35 所示。规范规定,公路与城市道路的桥梁上均须设置栏杆(防撞护栏)。栏杆给人一种视觉上的安全感,可以保障行人的安全,但不能抵挡机动车辆的撞击;防撞护栏既能保障行人的安全,又能抵挡车辆的冲撞,使车辆不致冲出桥外。

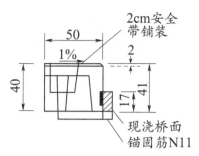

图 5.2-34 安全带(尺寸单位:cm)

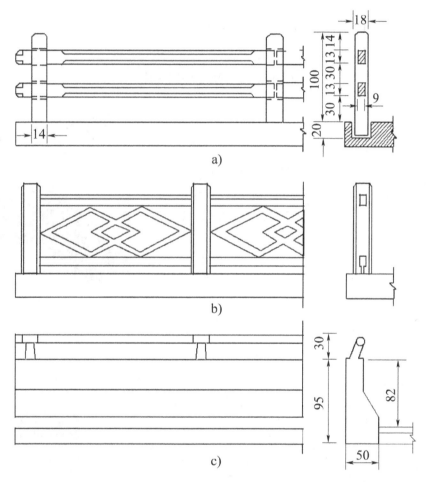

图 5.2-35 栏杆(尺寸单位:cm)

(八)支座

支座设置在桥梁的桥跨结构与墩台之间。支座的作用包括如下:

(1)将桥跨结构的所有荷载传递到墩台上。

(2)保证桥跨结构在可变作用、温度变化、混凝土收缩和徐变等因素作用下产生一定的位移,以使桥梁上、下部结构的实际受力情况符合结构的静力图式。

梁桥的支座根据作用可分为固定支座和活动支座两种。简支梁桥的支座布置在每跨的两端,一端为固定支座,另一端为活动支座。悬臂梁桥的锚固跨在一端设置固定支座,另一端设置活动支座。连续梁桥应在每联中的一个桥墩(桥台)上设置固定支座,其余墩台上均设置活动支座。

目前我国常用的支座类型有简易垫层支座(图 5.2-36)、普通板式橡胶支座(图 5.2-37)、盆式橡胶支座(图 5.2-38)和球型钢支座(图 5.2-39)等。

图 5.2-36 简易垫层支座

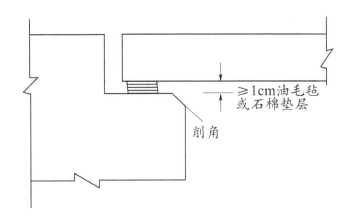

图 5.2-37 普通板式橡胶支座

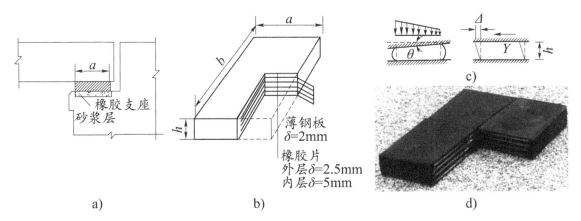

图 5.2-38 盆式橡胶支座(尺寸单位:mm)

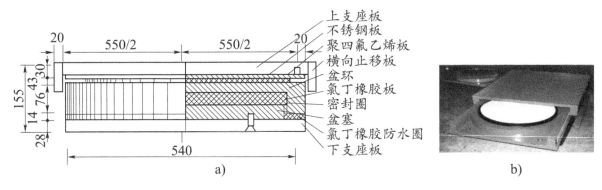

图 5.2-39 球型钢支座

二、梁桥下部构造

(一) 桥梁墩台的作用和类型

桥梁墩台是桥墩与桥台的合称,是桥梁结构的重要组成部分,它承担桥梁上部结构的所有荷载,并将荷载传递给地基,起到"承上启下"的作用,如图 5.2-40 所示。因此,桥梁墩台必须具有足够的强度、刚度和稳定性,而且要求地基有足够的承载力和抗变形能力。

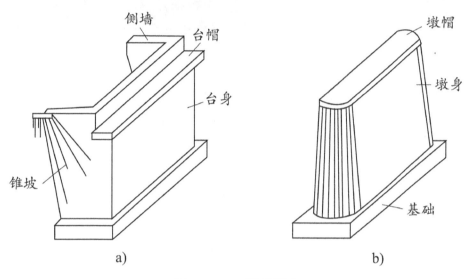

图 5.2-40 桥梁墩台

桥墩是指多跨桥梁中的中间支承结构物。它除了承受上部结构的所有荷载之外,还要承受风压力、流水压力、冰压力和船只或漂流物的撞击力。桥墩主要由墩帽、墩身和基础三部分组成。

桥台位于桥梁的两端,是衔接桥梁与两岸线路路堤的构造物。它除了承受上部结构的荷载之外,还能挡土护岸,承受台背填土及填土上车辆荷载所产生的附加侧压力。桥台主要由台帽、台身和基础三部分组成。

梁桥桥墩按其构造可分为实体桥墩、空心桥墩、桩柱式桥墩、柔性排架墩和框架式桥墩五种。

1. 实体桥墩

实体桥墩是一种实体结构的桥墩,如图 5.2-41 所示。实体桥墩可分为重力式桥墩与轻型桥墩两种。实体桥墩可采用钢筋混凝土、片石混凝土、浆砌块石等材料修筑。实体桥墩主要适用于地基良好的桥梁。

(1) 重力式桥墩

重力式桥墩是一种实体结构,它主要依靠自身重力(包括上部结构重力)来平衡外力,从而保证桥墩的强度和稳定,如图 5.2-42 所示。重力式桥墩的特点是自重大,刚度大,防撞能力强,但是阻水面积大。重力式桥墩适用于修建在地基承载能力较大、覆盖层较薄、基岩埋深较浅的地基上。

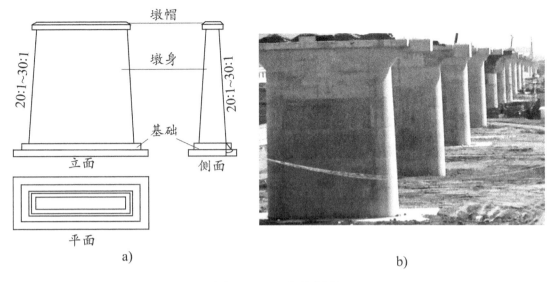

图 5.2-41 实体桥墩

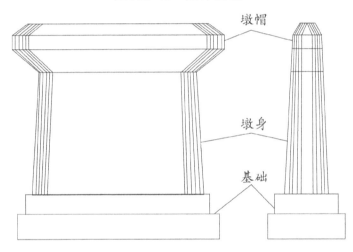

图 5.2-42 重力式桥墩

重力式桥墩由墩帽、墩身和基础三部分组成。

①墩帽。

墩帽是桥墩顶端的传力部分,它通过支座支承上部结构,并将相邻两孔桥上的恒载和活载传递到墩身上。因此,墩帽的强度要求较高,一般采用 C20 以上强度等级的混凝土制成。另外,在一些桥面较宽、墩身较高的桥梁中,为了节省墩身及基础的圬工体积,通常利用挑出的悬臂或托盘来缩短墩身的横向宽度,即四周向外挑出墩身 5~10cm 作为滴水(檐口),可采用 C20 或 C25 钢筋混凝土,如图 5.2-43 所示。

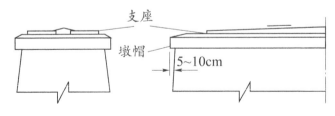

图 5.2-43 墩帽构造

梁桥墩帽的平面尺寸必须满足结构支座布置的要求。为避免支座过于靠近支座边缘,造成应力集中,提高混凝土的局部承压能力,支座边缘到墩身边缘的距离应不小于规定的最小距离。

对于大跨径的桥梁,需在墩顶上设置钢筋混凝土支承垫石(图 5.2-44),支座应放置在支承垫石上。

②墩身。

墩身是桥墩的主体,可以用钢筋混凝土、片石混凝土等材料修筑,也可以用石料或混凝土预制块砌筑。对小跨径桥,重力式桥墩墩身的顶宽不宜小于 0.8m;对中跨径桥,重力式桥墩墩身的顶宽不宜小于 1m;对大跨径桥,重力式桥墩墩身的顶宽根据上部结构类型而定。墩身侧坡一般采用 20∶1 ~ 30∶1,小跨径桥也可以采用直坡。墩身平面形状常做成圆端形或尖端形。在有强烈流水或大量漂浮物的河道上,桥墩的迎水端应做成尖端形或圆端破冰棱体。破冰棱体可以用强度较高的石料砌筑,也可以用高强度等级的混凝土铺以钢板或角钢加固。

③基础。

基础是位于墩身与地基之间的传力结构。以天然地基上的刚性扩大基础为例,一般采用 C20 以上的混凝土或 MU30 以上的浆砌片石砌筑,其平面尺寸应较墩身底面尺寸略大,四周各放大 0.25 ~ 0.75m。在竖向荷载作用的基础上可以做成单层的,也可以做成 2 ~ 3 层台阶式的,每层厚度一般不超过 1m。

(2)轻型桥墩

为了减小地基的应力,可考虑采用轻型桥墩,如图 5.2-45 所示。轻型桥墩的特点是体积小,自重小,但抗冲击能力差。轻型桥墩可采用混凝土、钢筋混凝土、浆砌块石等材料修筑。轻型桥墩主要适用于地基良好的中、小跨径桥梁。

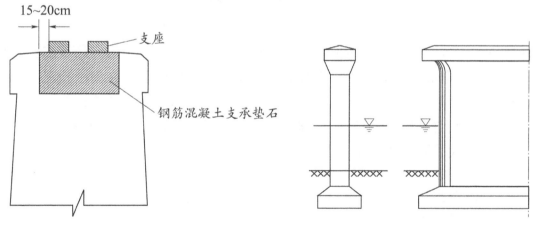

图 5.2-44　墩帽支承垫石　　　　图 5.2-45　轻型桥墩

①墩帽。

墩帽用混凝土浇筑,厚度不小于 30cm。

②墩身。

墩身用混凝土或浆砌块石做成,宽度(顺桥向)不小于 60cm;墩身为直立,不设侧坡,两头做成圆端形。

③基础。

基础采用 C25 以上的混凝土或 MU40 以上浆砌片石做成,其平面尺寸较墩身底面尺寸略大 20cm。基础多做成单层式的,其厚度在 50cm 左右。

2. 空心桥墩

空心桥墩是指内部结构部分或全部挖空的桥墩。根据挖空的形式划分,空心桥墩可分为部分镂空桥墩和薄壁空心桥墩两种,如图5.2-46所示。空心桥墩可采用钢筋混凝土修筑。空心桥墩可节省材料,减轻桥墩自重,降低了对地基的强度要求,主要适用于高桥。

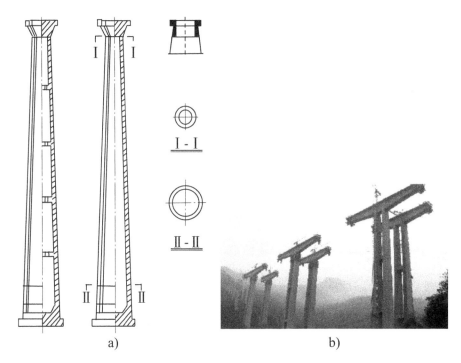

图5.2-46 空心桥墩

3. 桩柱式桥墩

桩柱式桥墩由分离的两根或多根桩、立柱、柱顶盖梁及横系梁组成,是目前公路桥梁中广泛采用的一种桥墩形式,如图5.2-47所示。桩柱式桥墩常配合钻孔灌注桩基础采用钢筋混凝土进行修筑。桩柱式桥墩形式有独柱式、双柱式、哑铃式、混合多柱式等。桩柱式桥墩的特点是外形美观,自重较轻,节省材料,施工方便。桩柱式桥墩适用于跨径小于30m、墩高小于20m、宽度较大的城市桥梁和立交桥。

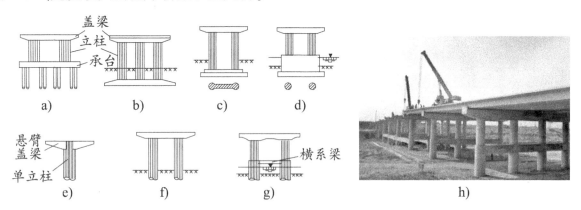

图5.2-47 桩柱式桥墩

桩柱式桥墩一般分为柱和桩两部分。在地面以上或柱桩连接处以上称为柱,在地面以下称为桩。为了增加桩柱的横向刚度,在桩柱之间设置横系梁。

4. 柔性排架墩

柔性排架墩由成排打入的钢筋混凝土桩,顶端连以钢筋混凝土盖梁而成,如图5.2-48

所示。柔性排架墩可采用预制的钢筋混凝土方桩,盖梁采用矩形截面。其特点是节省材料,施工简便,能工业化施工,但用钢量较大,使用高度和承载能力受到限制,目前很少使用。柔性排架墩适用于墩高小于5m、跨径小于13m的桥梁。

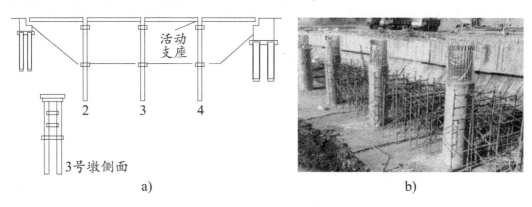

图 5.2-48　柔性排架墩

5. 框架式桥墩

框架式桥墩采用钢筋混凝土或预应力混凝土等构件组成平面框架代替墩身,支承上部结构,可根据需要做成双层或多层,如图 5.2-49 所示。常见的框架式桥墩有 V 形桥墩、Y 形桥墩、X 形桥墩等。其特点是造型美观、轻巧,缩短了主梁的跨径,提高了桥梁的跨越能力,但结构构造比较复杂,且施工复杂。

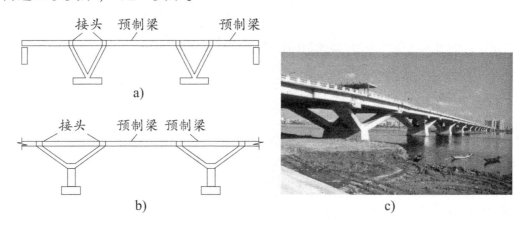

图 5.2-49　V 形桥墩和 Y 形桥墩

(二) 桥台构造

桥台根据构造形式可分为重力式桥台、轻型桥台、埋置式桥台、框架式桥台和组合式桥台五种。

1. 重力式桥台

重力式桥台主要依靠自身重力来平衡台后的填土压力。台身多数采用石砌圬工、现浇混凝土修筑。台身按构造形式可分为 U 形、八字形、一字形等,常用的是 U 形。

重力式 U 形桥台由台帽、台身(前墙和侧墙)和基础三部分组成,如图 5.2-50 所示。重力式 U 形桥台的特点是构造简单,基础底面面积大,应力小,但圬工体积大,桥台内填土容易积水,结冰后易发生冻胀,使桥台结构产生裂缝。

侧墙用来连接路堤并抵挡路堤填土向两侧的压力,当其尺寸满足规范要求时,可按 U 形整体截面验算截面强度,否则按独立挡土墙验算。侧墙长度可根据锥形护坡长度确定,侧墙后端应伸入路堤锥坡内75cm,以防路基填土松坍。

两个侧墙间应填以渗透性较好的土,桥台后应设防水层,并将积水引向设于桥台后横穿路堤的盲沟内,如图5.2-50c)所示。

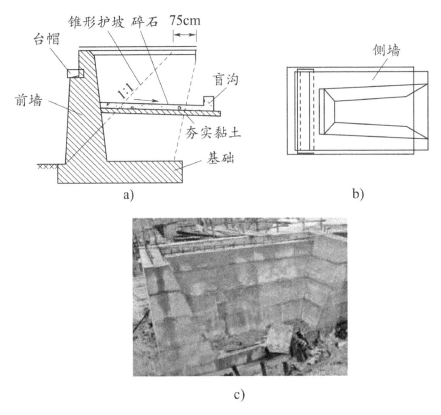

图5.2-50 重力式U形桥台

桥台两侧设有锥形护坡,锥形的坡度一般由纵向(顺路堤方向)为1:1逐渐变至横向为1:1.5,以便和路堤边坡一致。锥坡的平面形状为1/4椭圆。锥坡用土夯筑而成,其表面用片石砌筑。锥坡下缘一般与桥台前墙的下缘相齐。

重力式U形桥台适用于填土高度为8~10m的中等以上跨径桥梁。

2. 轻型桥台

钢筋混凝土轻型桥台的特点是利用钢筋混凝土结构的抗弯能力来减小圬工体积而使桥台轻型化,但是用钢量大。轻型桥台分为薄壁式轻型桥台(图5.2-51)和支撑梁式轻型桥台(图5.2-52)两种。

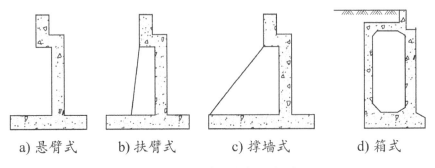

图5.2-51 薄壁式轻型桥台

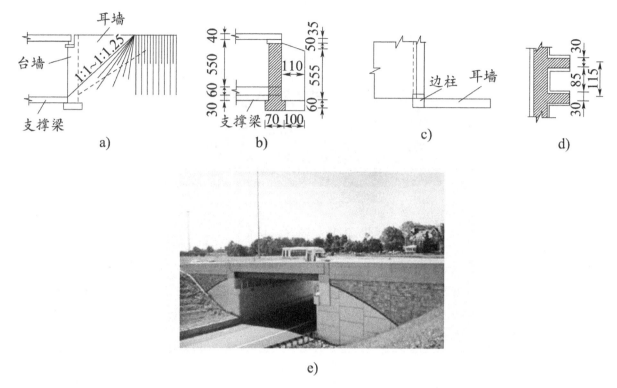

图 5.2-52 支撑梁式轻型桥台(尺寸单位:cm)

坞工轻型桥台的特点是构造简单,不用或少用钢材,施工方便。其适用于单跨或少跨(不超过三跨),跨径在13m以下、桥长20m以下的小跨径桥梁。台帽用混凝土浇筑,厚度不小于30cm。当填土高度较高或跨径较大时,宜采用有台背的台帽。

3. 埋置式桥台

埋置式桥台台身大部分都埋置于台前锥形护坡(溜坡)内,利用台前锥坡填土抵消部分台后填土压力,不需另设翼墙,仅由台帽两端的耳墙与路堤衔接,如图5.2-53所示。埋置式桥台的特点是所受土压力减小,桥台体积也相应减少。埋置式桥台适用于桥头为浅滩、溜坡受冲刷较小、填土高度在10m以下的中等跨径的多跨桥梁。

台身采用坞工实体,台帽及耳墙采用钢筋混凝土材料。台身常做成向后倾斜,这样可减小台后土压力和基底合力偏心距,但施工时应注意桥台前后均匀填土,以防倾倒。如图5.2-53b)~d)所示,这三种桥台比重力式桥台轻巧,能节省大量坞工材料。

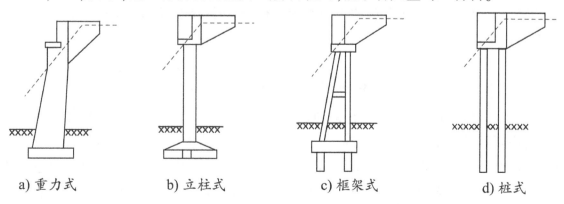

图 5.2-53

e) 实例图

图 5.2-53　埋置式桥台

4. 框架式桥台

框架式桥台是一种在横桥向呈框架式结构的桩基础轻型桥台,如图 5.2-54 所示。它埋置于土中,所受土压力较小。框架式桥台适用于地基承载力较低、台身较高、跨径较大的桥梁。

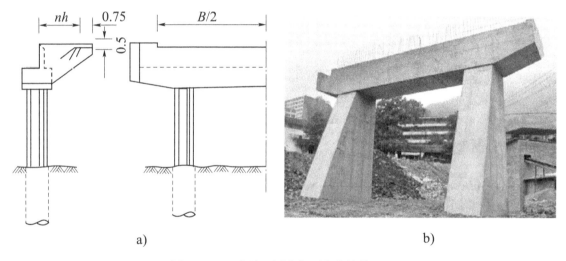

图 5.2-54　框架式桥台(尺寸单位:m)

5. 组合式桥台

组合式桥台由台身和后座两部分组成。为了使桥台轻型化,桥台本身主要承受桥跨结构传来的竖向力和水平力,而台后的土压力由其他结构来承受,形成组合式桥台。常用的组合式桥台有以下两种。

(1) 锚定(拉)板式桥台

锚定(拉)板式桥台有分离式和结合式两种,如图 5.2-55 所示。

其中,分离式锚定(拉)板式桥台构造图如图 5.2-55a)所示。其台身与锚定板、挡土结构分离,台身承受桥跨结构传来的竖向力和水平力,挡土结构承受土压力。

结合式锚定(拉)板式桥台构造图如图 5.2-55b)所示。挡土结构与台身结合在一起,台身兼做立柱和挡土板,作用在台身上的所有水平力假定均由锚定板的抗拔力来平衡,台身仅受竖向力。

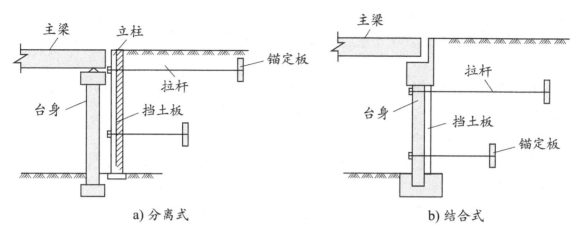

图 5.2-55 锚定(拉)板式桥台

结合式锚定(拉)板式桥台较分离式锚定(拉)板式桥台的特点是结构简单,施工方便,工程量小,但受力不明确,若设计计算中台顶位移量的选取不准确,将影响施工和运营。

（2）框架组合式桥台

框架组合式桥台由前后柱式桥台用梁刚性结合的形式,梁的长度可根据具体地形进行调整,如图 5.2-56 所示。

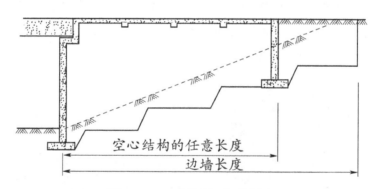

图 5.2-56 框架组合式桥台

（三）基础

任何建筑物都建造在一定的地层(岩层或土层)上,基础是指结构物直接与地层相接触的部分。基础直接承受桥梁结构物的全部荷载,并将荷载传递给地基。地基则是位于基础下方,承受由基础传来荷载的那一部分地层。地基与基础如图 5.2-57 所示。基础在各种荷载下会产生附加的应力和变形,因此,为了保证桥梁结构的安全和正常使用,要求基础具有足够的强度、刚度和稳定性。

地基分为天然地基和人工地基。未经过人工处理就可以满足建筑物承载要求的地基称为天然地基。如果天然地基的承载力不足,需要经过人工加固或处理后才能满足承载力要求并使用的地基,称为人工地基。

基础根据埋置深度的不同分为浅基础和深基础。一般将埋置深度在 5m 以内的基础称为

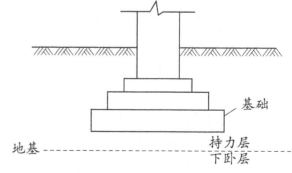

图 5.2-57 地基与基础

浅基础;将埋置深度大于5m的基础称为深基础。有些基础埋置在土中的深度虽小,不足5m,但在水下较深处,这种基础称为深水基础。深水基础在设计、施工时仍需按照深基础考虑。

公路桥梁或人工构造物常采用天然地基上的浅基础形式,但需要使用深基础时常采用桩基础和沉井基础。

1. 天然地基上的浅基础

根据受力条件不同,天然地基上的浅基础分为刚性基础和柔性基础两种。

(1)刚性基础

受力后不发生挠曲变形的基础称为刚性基础。其特点是能承受较大的荷载,抗压强度大,稳定性好,施工方便,但自重较大。刚性基础可采用水泥混凝土、片石混凝土或浆砌片石等材料修筑。刚性基础内不配置受力钢筋。

(2)柔性基础

受力后容许发生较大挠曲变形的基础称为柔性基础。其特点是整体性能好,抗弯刚度较大,通常采用钢筋混凝土浇筑。

桥梁工程中,为了满足地基强度要求,一般将刚性基础的平面尺寸做得比墩台底面的尺寸大一些,这种基础称为刚性扩大基础,如图5.2-58所示。基础的平面形状为矩形,每边扩大0.2~0.5m。基础的厚度一般为1~2m,当基础较厚时,可沿竖向做成台阶式,每层厚度相同,既能减少基础自重,又能节省材料。

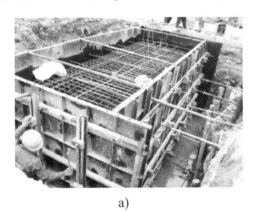

a) 　　　　　　　　　　　　　　b)

图5.2-58 刚性扩大基础施工

2. 桩基础

桩基础是指由若干根埋入土中的桩和连接桩顶的承台组成,它是公路桥梁中广泛使用的一种深基础。桩基础是一种具有一定刚度和抗弯能力的传力构件,可将承台以上结构的荷载,通过承台,由桩身传到较深的地层(地基持力层)或桩周的土体。因此,桩基础具有承载能力大、稳定性好、沉降量小而均匀、施工简单、节省材料等特点。桩基础适用于下列情况:

(1)荷载较大、地基土层中软弱层较厚、承载力较高的土层埋置较深。

(2)河道不稳定,河床冲刷深度较大。

(3)结构物对不均匀沉降敏感或需要较小沉降。

(4)施工水位或地下水位较高的情况。图5.2-59为桩基础施工。

图 5.2-59 桩基础施工

根据承台位置高低划分,桩基础可分为高桩承台基础和低桩承台基础;根据传力方式划分,桩基础可分为端承桩和摩擦桩;根据施工方法划分,桩基础可分为沉入桩、灌注桩和管柱基础。我国公路桥梁的桩基础广泛采用灌注桩,即在桩孔位置钻(挖)成孔,放置钢筋骨架,然后灌注水下混凝土而成的桩。

3. 沉井基础

沉井基础是一种井筒状的结构物,通常用混凝土或钢筋混凝土制作,如图 5.2-60 所示。它是用井筒作为围水结构,一边在井内挖土,一边依靠自身重量克服井壁摩阻力下沉至设计高程,然后用混凝土封底,并用砂砾石或低强度等级混凝土回填,最后加封顶盖而成的桥梁墩台基础。沉井主要由井壁、刃脚、隔墙(如内墙)、井孔(如取土孔)、凹槽、封底和盖板(顶板)等部分组成,如图 5.2-61 所示。

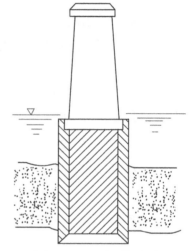

图 5.2-60 沉井基础

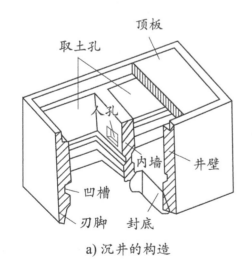

a) 沉井的构造　　　　　　b) 沉井施工

图 5.2-61 沉井

沉井基础的特点是埋置深度很大,整体性好,稳定性好,有较大的承载面积,能承受较大的垂直荷载和水平荷载,施工技术和机械设备简单,但是工期较长,在大型桥梁中应用广泛。沉井基础适用于下列情况:①上部荷载较大,地基表层承载力较小,持力层较深(距地面 8 ~ 30m);②在山区河流中,土质较好但冲刷大,或河中有较大卵石,不宜采用桩基础施工;③岩层表面较平坦且覆盖层较薄,河水较深。

根据使用材料划分,沉井基础可分为混凝土沉井、钢筋混凝土沉井和钢沉井三种;根据平面形状划分,沉井基础可分为圆形沉井、矩形沉井和圆端形沉井三种;根据立面形状划分,沉井基础可分为柱形沉井、锥形沉井和阶梯形沉井三种;根据施工方法划分,沉井基础可分为就地制造下沉的沉井和浮运沉井两种。

测评模块

请结合本单元的学习,完成以下习题。

一、填空题

1. 梁桥根据承重结构的横截面形式,可分为_____、_____和_____。
2. 斜交桥的斜交角是指桥梁的轴线与_____的交角(锐角)。
3. 装配式钢筋混凝土 T 形梁桥的主梁内的钢筋包括_____、_____、_____和横向分布钢筋。
4. 装配式钢筋混凝土 T 形梁桥桥面板的横向连接方法,分为用_____刚性连接、用_____铰接连接两种。
5. 桥面系通常包括_____、_____、_____、_____、_____等。
6. 桥墩根据其构造可分为_____、_____、_____、_____等。

二、选择题

1. 某简支梁桥标准跨径 $L_b = 13\text{m}$,则该桥上部结构横截面可采用(　　),板厚可选用(　　)。
   A. 空心板,70cm　　B. 实心板,70cm　　C. T 形梁,90cm　　D. A 和 C 均可以
2. 组合式梁桥与装配式梁桥相比,其优点主要体现在(　　)。
   A. 预制构件的重力可以显著减小,且便于运输和安装
   B. 施工工序较少,桥上现浇混凝土的工作量较小
   C. 材料用量较少,造价低
   D. 施工进度快,节约支架和模板材料
3. 钢筋混凝土行车道板内主钢筋可以不弯起,也可以弯起;当弯起时要注意,通过支点的不弯起钢筋,每米板宽内不少于(　　),截面积也不得少于主钢筋截面积的1/4。
   A. 2 根　　　　B. 3 根　　　　C. 4 根　　　　D. 5 根
4. 装配式预应力混凝土简支 T 形梁的梁肋下端做成马蹄形截面,其目的是(　　)。
   A. 便于布置预应力钢筋　　　B. 增加梁的稳定性
   C. 承受梁跨中较大的正弯矩　　D. 增强构件美观
5. 混凝土预加应力的方法主要有(　　)。
   A. 先张法和后张法　　　　　　B. 前张法和后张法

C. 强拉法和强压法　　　　　　　　D. 直线法和曲线法

6. 后张法预应力混凝土施工是利用(　　)进行预应力钢筋的张拉。
   A. 构件本身作为张拉台座　　　　B. 临时设置的张拉台座
   C. 模板支架作为张拉台座　　　　D. 预制场永久性的张拉台座

7. 桥面铺装的作用主要是(　　)。
   A. 将上部构造的荷载传递到墩台上,同时保证结构的自由变形
   B. 满足桥梁的变形要求
   C. 保护行车道板不受车辆轮胎的直接磨耗,防止主梁受到雨水侵蚀,扩散车辆轮胎的集中力
   D. 分隔车辆和行人,保证道路畅通

8. 当气温变化时,梁的长度也随之变化,因此在梁与梁之间、梁与桥台之间应设置(　　)。
   A. 桥面铺装　　　B. 伸缩缝装置　　　C. 栏杆　　　D. 安全带

9. 橡胶伸缩缝所以在钢筋混凝土梁桥中得到广泛应用,主要原因是(　　)。
   A. 能承受汽车较大的冲击力　　　B. 能满足变形和防水要求
   C. 价格相当低廉　　　　　　　　D. 制作工艺易为群众掌握

10. 下列关于实体重力式桥墩说法有误的一项是(　　)。
    A. 实体重力式桥墩主要靠自身的重力平衡外力,从而保证桥墩的强度和稳定
    B. 实体重力式桥墩自身刚度较小,防撞能力较差
    C. 实体重力式桥墩适合于修建在地基承载力较高、覆盖层较薄、基岩埋身较浅的地基上
    D. 实体式重力桥墩一般由墩帽、墩身和基础三部分组成

11. 桩柱式桥墩一般分为两部分,在地面以下的称为(　　)。
    A. 基础　　　　B. 柱　　　　C. 梁　　　　D. 桩

12. 下列关于重力式U形桥台说法有误的一项是(　　)。
    A. 重力式U形桥台主要依靠自重来平衡外荷载
    B. 重力式U形桥台由台身、台帽、基础与两侧的翼墙组成
    C. 重力式U形桥台台身多数由块石、片石混凝土或混凝土等圬工材料建造
    D. 重力式U形桥台台帽的作用是连接路堤,承受土压力

13. 台身埋在锥形护坡中,只露出台帽,并且仅由台帽两端的耳墙与路堤衔接的桥台,称为(　　)。
    A. 轻型桥台　　　B. 埋置式桥台　　　C. 框架式桥台　　　D. 组合式桥台

三、判断题

1. 在一座桥梁施工中,不同部位但强度等级相同的混凝土均可采用同一配合比。(　　)

2. 钢筋混凝土简支实心板桥的适用跨径远大于预应力混凝土简支空心板桥的适用跨径。(　　)

3. 箱形梁因底板能承受较大压力,因此,它不仅能承受正弯矩,而且能承受负弯矩。
（　　）

4. 为适应悬臂梁和连续梁的受力情况,箱形梁的截面高度绝对不得采用变高度。
（　　）

5. 横隔梁在装配式梁桥中起着连接主梁的作用,它的刚度越小,桥梁的整体性越好。
（　　）

6. 装配式梁桥横向联结采用混凝土连接是在横隔梁上下伸长连接钢筋,并进行主钢筋焊接,现浇接头混凝土。（　　）

7. 预应力筋的张拉操作方法与配用的锚具和千斤顶的类型有关。（　　）

8. 先张法施工的主要内容包括预留孔道、预应力钢筋的制作、预应力筋的张拉、孔道压浆和封端。（　　）

9. 用后张法张拉预应力筋时,曲线预应力筋或长度大于25m的直线预应力筋,宜在预应力筋两端张拉。（　　）

10. 用后张法对结构或构件施工时,能将千斤顶或其他张拉设备的张拉力传递到预应力筋的临时性锚固装置称锚具。（　　）

11. 桥梁墩台又称桥梁的下部结构,它主要由墩(台)帽、墩(台)身和基础三部分组成。
（　　）

12. 空心桥墩主要靠自身的重力(包括桥跨结构重力)平衡外力,从而保证桥墩的强度和稳定。（　　）

13. 采用柱式桥墩和桩式桥墩这两种类型的桥墩,不仅能减轻桥墩墩身自重、节约圬工材料,而且外形也很美观。（　　）

单元5.2　测评答案

 技能训练

技能训练5.2"装配式简支T形梁桥梁肋内钢筋施工分析"见本书配套训练册。

单元5.3　拱　　桥

学习引导

拱桥是我国历史悠久、使用广泛的一种桥梁结构。拱桥外形美观,造型多样,经久耐用。拱桥和梁桥相比,不仅外形(主要承重结构的形状)不同,而且受力不同。其区别在于:梁式结构在竖向荷载作用下,支承处仅仅产生竖向支承反力;而拱式结构在竖向荷载作用下,支承处不仅产生竖向反力和弯矩,而且还产生水平推力。

本单元的学习重点是拱桥上部结构、下部结构的结构组成,学习难点是拱桥上部结构、下部结构的构造特点与钢筋布置。

知识模块

一、拱桥的特点

拱桥的主要优点:

(1)跨越能力大。

(2)能充分做到就地取材,降低造价,并且与钢桥和钢筋混凝土梁桥相比,可以节省大量的钢材和水泥。

(3)耐久性好,养护及维修费用少,承载力强。

(4)外形美观。

(5)构造较简单,尤其是圬工拱桥,有利于普及和广泛采用。

拱桥的主要缺点:

(1)自重大,相应水平推力也较大,增加了下部结构的工程量,对地基条件要求高。

(2)对于多孔连续拱桥,为了防止其中一孔破坏而影响全桥,需要采取特殊的措施,如设置单向推力墩以承受不平衡的推力。

(3)在平原地区修建拱桥,由于建筑高度较大,既使桥两岸接线的工程量增大,也使桥面纵坡加大,对行车不利。

(4)圬工拱桥施工需要劳动力较多,建桥工期较长等。

二、拱桥的分类

拱桥的形式多种多样,构造各有差异,可以根据不同的方式将拱桥分为各种类型。

(一)根据主拱圈所使用的建筑材料划分

根据主拱圈(拱肋、拱箱)所使用的建筑材料划分,拱桥可分为圬工拱桥、钢筋混凝土拱桥和钢拱桥三种。

(二)根据拱上建筑形式划分

根据拱上建筑形式划分,拱桥可分为实腹式拱桥和空腹式拱桥两种。

实腹式拱桥的特点是构造比较简单,施工方便,但重力大,它常用于跨径在20m以下的拱桥,如图5.3-1所示。

空腹式拱桥的特点是圬工体积小,桥形美观,可以增大泄洪能力,但施工不如实腹式拱桥简单,它常用于25m以上的拱桥,如图5.3-2所示。

(三)根据主拱圈采用的拱轴线形式划分

根据主拱圈采用的拱轴线形式划分,拱桥可分为圆弧线拱桥、抛物线拱桥和悬链线拱桥三种。

在施工方面,圆弧拱桥比抛物线拱桥和悬链线拱桥简单;在力学性能方面,悬链线拱桥比圆弧拱桥受力好;而对于大跨径拱桥,为了改善拱圈受力,可以采用高次抛物线拱桥。

图 5.3-1　实腹式拱桥

图 5.3-2　空腹式拱桥

(四) 根据结构受力体系划分

根据结构受力体系划分,拱桥分为简单体系拱桥、组合体系拱桥和拱片桥三种。

1. 简单体系拱桥

简单体系拱桥是指上承式拱桥的拱上建筑或中、下承式拱桥的拱下悬吊(统称为行车道系结构),不参与主拱一起承受荷载;桥上的全部荷载由主拱单独承受,主拱是桥跨结构的主要承重构件,拱的水平推力直接由墩台或基础承受。根据主拱圈的静力特点,简单体系拱桥又可以分为三铰拱、两铰拱和无铰拱三种形式,如图 5.3-3 所示。

a) 三铰拱　　　　b) 两铰拱　　　　c) 无铰拱

图 5.3-3　简单体系拱桥

(1) 三铰拱。三铰拱属于外部静定结构。主拱圈一般不采用三铰拱,三铰拱常用于公路空腹式拱桥拱上建筑的边腹拱。

(2) 两铰拱。两铰拱属于外部一次超静定结构。由于取消了拱顶铰,使结构整体刚度较三铰拱大。

(3) 无铰拱。无铰拱属于外部三次超静定结构。在自重及外荷载作用下,无铰拱的拱内弯矩分布比两铰拱、三铰拱均匀,材料用量省。无铰拱的特点是结构的刚度大、构造简单、施工方便、维护费用低,因此其在实际中使用最广泛。

2. 组合体系拱桥

组合体系拱桥是将行车系结构与主拱圈按不同的构造方式构成一个整体,共同承受荷载。根据不同的组合方式和受力特点划分,组合体系拱桥又分为无推力的组合体系拱桥和有推力的组合体系拱桥两类。

(1) 无推力的组合体系拱:拱的推力由系杆承受,墩台不承受水平推力。根据拱肋和系杆刚度的大小及吊杆的布置形式无推力的组合体系拱可以分为系杆拱、蓝格尔拱、洛泽拱、尼尔森系杆拱、尼尔森蓝格尔拱、尼尔森洛泽拱,如图 5.3-4 所示。

(2) 有推力的组合体系拱:没有系杆,由单独的梁和拱共同受力,拱的推力仍由墩台承受。根据梁和拱的刚度大小有推力的组合体系拱可分为倒蓝格尔拱和倒洛泽拱,如图 5.3-5 所示。

3. 拱片桥

上边缘与桥面纵向平行,下边缘是拱形的有推力的结构,称为拱片。拱片是拱片桥的主要承重结构,如图 5.3-6 所示。在拱片桥中,行车道系与拱肋刚性连成一整体,共同承受荷载,所以拱片桥仅适用于上承式桥梁。

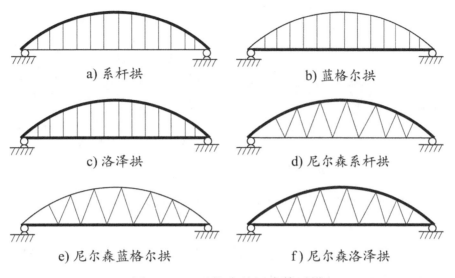

图 5.3-4 无推力的组合体系拱

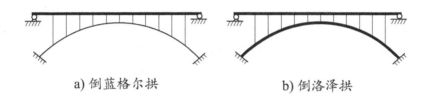

图 5.3-5 有推力的组合体系拱

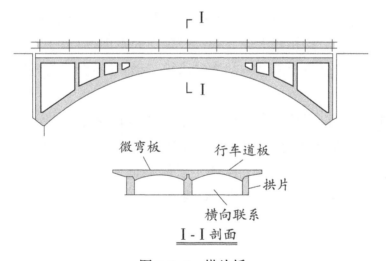

图 5.3-6 拱片桥

根据桥梁宽度不同,拱片桥由两片以上的拱片组成,并用横向联系将各拱片连成整体,行车道板支承在拱片上。拱片桥可以做成无铰拱、两铰拱或三铰拱,它的推力由墩台承受。

(五)根据行车道的位置划分

根据行车道位置的不同划分,拱桥可以分为上承式拱桥、中承式拱桥和下承式拱桥三种。行车道布置在主要承重结构之上的桥,称为上承式拱桥;行车道布置在主要承重结构中间的桥,称为中承式拱桥;行车道布置在主要承重结构之下的桥,称为下承式拱桥。

(六)根据主拱圈截面形式划分

根据主拱圈截面形式划分,拱桥可分为板拱桥、肋拱桥、双曲拱桥和箱形拱桥四种,如图 5.3-7 所示。

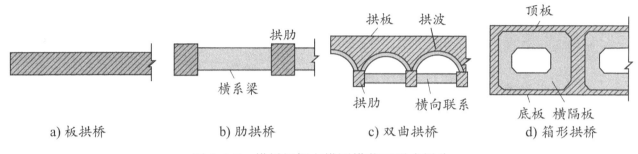

图 5.3-7 拱桥根据主拱圈横截面形式划分

1. 板拱桥

板拱桥的特点是采用矩形截面,构造简单,施工方便,使用广泛。但材料用量多,结构自重大。板拱桥通常只在地基条件好的中、小跨径圬工拱桥中采用。

2. 肋拱桥

在板拱桥的基础上,将板拱划分成两条或多条,形成分离的、高度较大的拱肋,肋与肋之间由横系梁相连,这就形成了肋拱桥。与板拱桥相比,肋拱桥节省了材料用量,从而大大减轻了结构自重,提高了承载能力。肋拱桥多用于较大跨径的拱桥。

3. 双曲拱桥

双曲拱桥的拱圈横截面是由一个或多个小拱组成,因为主拱圈在纵向及横向均呈曲线形,所以称为双曲拱桥。与板拱桥相比,双曲拱桥可以节省材料、减小结构重力,特别是其预制部件分得细,吊装重量小,在公路桥梁上曾获得过较广泛的应用,但由于其组合截面施工程序多,整体性能较差,易开裂,会诱发上部结构的突然垮塌,目前已很少采用,只用在低等级公路中。

4. 箱形拱桥

箱形拱桥的箱形截面外形与板拱桥的相似,由于截面被挖空,所以节省很多材料,截面抗弯、抗扭刚度较大,主拱圈横向整体性和结构稳定性好,截面应力比较均匀。箱形拱桥适用于无支架施工,是大跨径钢筋混凝土拱桥主拱圈截面的基本形式。箱形截面施工比较复杂,因此,跨径在 50m 以上的拱桥应采用箱形截面。

三、主拱圈构造

主拱圈是拱桥的主要承重结构,用于承受主拱圈以上所有荷载,并将其传递给墩台和基础。

(一)板拱

板拱桥是指主拱圈采用矩形实体截面的拱桥。常用的板拱有等截面圆弧拱、等截面或变截面的悬链线拱以及其他拱轴形式的拱。根据主拱圈所采用的材料不同,板拱分为石板拱、混凝土板拱、钢筋混凝土板拱等。板拱结构多采用无铰拱,也可以做成两铰拱、三铰拱。

拱根据石料规格石板又可以分为料石拱、块石拱、片石拱三种。用于砌筑拱圈的石料,要求是未经风化的,强度等级不低于 M40。对于大、中跨径拱桥,拱圈砌筑所用砂浆的强度等级不低于 M10；对于小跨径拱桥，拱圈砌筑所用砂浆的强度等级不低于 M7.5。图 5.3-8 所示石拱桥为都安红渡桥。

图 5.3-8　石拱桥（都安红渡桥）

根据拱圈的受力特点和需要，拱圈砌筑应满足下列构造要求：

（1）错缝。避免因存在通缝而降低砌体的抗剪强度和削弱整体性。

（2）限制砌缝宽度。拱石砌缝不能太宽，因砂浆强度比拱石低得多，砌缝太宽必将影响砌体强度和整体性，如图 5.3-9 所示。

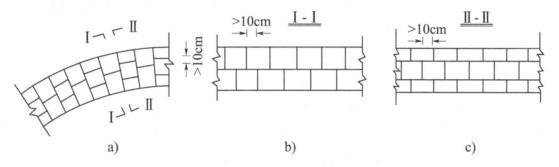

图 5.3-9　拱石砌缝要求

（3）五角石。拱圈与墩台以及拱圈与空腹式拱上建筑的腹孔墩连接处，应采用特别的五角石［图 5.3-10a）］，以改善该处的受力状况。为了简化施工，目前常用现浇混凝土拱座及腹孔墩底梁［图 5.3-10b）］来代替制作复杂的五角石。

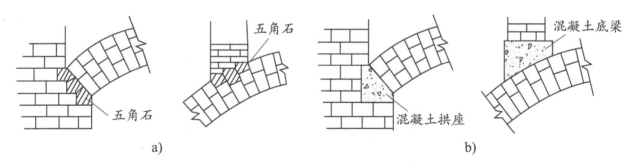

图 5.3-10　拱圈与墩台以及拱圈与腹孔墩连接

混凝土板拱用于缺乏合格天然石料的地区时，可先预制混凝土砌块，然后再砌筑而成。

钢筋混凝土板拱根据需求做成整体拱圈或分离式拱圈，可反复使用同一套较窄的拱架与模板进行施工，既能节省木材，也能节省一部分混凝土。因此，它具有板薄轻巧、表面整齐、外形美观、构造简单的特点。

（二）肋拱

肋拱是指用两条或多条分离的平行窄拱圈（拱肋）作为主拱圈的拱桥，在分离的拱肋之间，需设置足够数量和刚度的横系梁，以保证各拱肋的横向稳定性和整体性。肋拱可充分发挥钢筋等材料的优势，具有较好的经济性，现已在大、中型拱桥中广泛使用。肋拱桥如图 5.3-11 所示。

肋拱多为无铰拱，也可做成两铰拱。主拱圈主要采用混凝土、钢筋混凝土或石料来修筑。与板拱相比,肋拱减小了构件截面尺寸,节省了混凝土用量,减轻了结构自重,但用钢量较大,施工较复杂,工程量也随之增加。

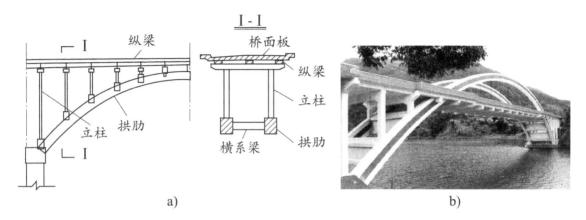

图 5.3-11 肋拱桥

拱肋是肋拱桥的主要承重结构,其肋数和间距以及拱肋的截面形式主要根据桥梁宽度、所用材料、施工方法与经济性等方面综合考虑决定。

根据跨径大小和载重等级,拱肋的截面形式可以选用实体矩形、工字形、箱形、管形等,如图 5.3-12 所示。其中,矩形截面具有构造简单、施工方便等优点,一般适用于中、小跨径的肋拱;工字形截面由于截面核心距比矩形截面大,具有更大的抗弯能力,适合于拱内弯矩更大的场合,因而常用于大、中跨径的肋拱桥;箱形截面肋拱的构造及特点与箱形拱基本相同;管形肋拱是指采用钢管混凝土结构作为拱肋的拱桥,一般有单管式、双管式(哑铃形)和四管式(梯形、矩形),如图 5.3-13 所示。

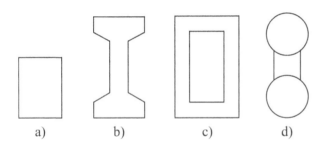

图 5.3-12 肋拱桥拱肋截面形式

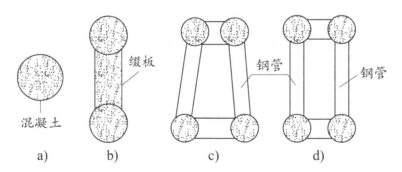

图 5.3-13 钢管混凝土拱肋形式

(三)双曲拱

双曲拱桥是指主拱圈横截面由一个或多个小拱组成,主拱圈在纵向、横向均呈曲线形的拱桥。主拱圈由拱肋、拱波、拱板和横向联系等组成,如图 5.3-14 所示。

双曲拱桥的特点是将主拱圈先"化整为零",再"集零为整",以适应无支架施工和无大型吊装设备的情况。施工时,先预制拱肋、拱波和横向联系,即"化整为零";然后吊装钢筋混凝土拱肋成拱,并与横向联系构件组成拱形框架,在拱肋间安装拱波,随后浇筑拱板混凝土,形成主拱圈,即"集零为整"。

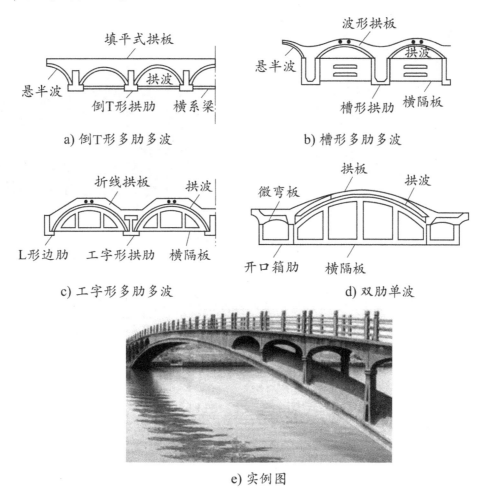

图 5.3-14 双曲拱桥

双曲拱从断面上看相当于肋板拱,由于它是由几部分按一定顺序组合而成,充分利用了预制装配的优点,可以不要拱架,节省材料,施工进度快,所耗费的钢材也不多,曾经得到广泛推广与采用。但是其截面受力复杂、整体性差,经多年的使用证明,该桥型容易出现较为严重的开裂,使其承载能力受到影响,存在安全隐患,目前新建拱桥已很少采用双曲拱。

(四) 箱形拱

箱形拱的主拱圈横截面是由一个(单箱室)或多个(多箱室)空心薄壁闭合箱组成,每个闭合箱由顶板(盖板)、底板、箱壁(侧板)、横隔板等组成,如图 5.3-15 所示。

无支架施工时,为了减小吊装重量,将主拱圈分为预制的箱肋和现浇混凝土两部分施工。其组合截面形式有以下几种:

(1) U 形肋多室箱组合截面(图 5.3-16)。将底板和箱壁预制成 U 形拱肋(内有横隔板),纵向分段吊装合龙后安装预制盖板,再现浇顶板及填缝混凝土,组成多室箱截面。

(2) 工字形肋多室箱组合截面(图 5.3-17)。这种截面是在工字形预制拱肋段(沿拱轴方向一定间距设置横隔板)吊装合龙后,相邻工字形肋翼缘板直接对接,并对连接钢板施焊后即形成拱圈截面。

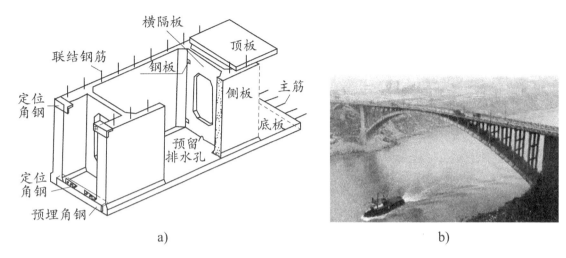

图 5.3-15 箱形拱桥

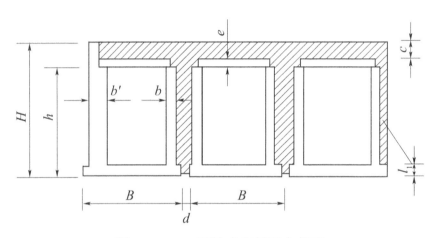

图 5.3-16 U形肋多室箱组合截面

H-拱圈总高度;B-预制拱箱宽度;h-预制拱箱高度;b-中间箱壁厚度;b'-边上箱壁厚度;l_1-底板厚度;e-盖板厚度;c-拱箱上现浇混凝土厚度;d-相邻两箱下缘间净空;阴影部分系现浇混凝土

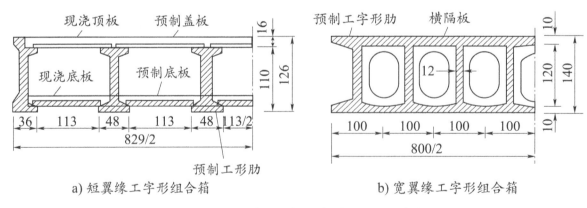

a) 短翼缘工字形组合箱   b) 宽翼缘工字形组合箱

图 5.3-17 工字形肋多室箱组合截面(尺寸单位:cm)

(3)闭合箱组合截面(图 5.3-18)。这种箱肋的特点是箱侧板、横隔板采用预制,然后在拱胎上安装箱底板侧模,组拼箱侧板和横隔板,现浇箱底板及侧板与横隔板接头,形成开口箱肋段,最后立模现浇箱顶板形成待吊装的闭合箱肋段[图 5.3-18a)]。为了加强块件之间的连接,在箱壁和横隔板四周预留环状剪力钢筋及连接钢筋[图 5.3-18b)]。各闭合箱肋吊装成功后,浇筑肋间填缝混凝土形成多室箱形截面,是目前箱形拱主要采用的截面形式。

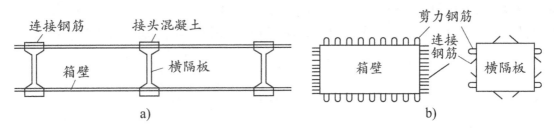

图 5.3-18 箱壁横隔板连接示意图

(4) 单箱多室截面(图 5.3-19)。这种截面外形为一箱,箱内具有多个室;它主要用于不能采用预制吊装的特大型拱桥。单箱多室截面拱的形成与施工方法有关。当采用转体施工时,截面可在拱胎(支架)上组装或现浇形成,在成拱和承载前拱箱已经形成;当采用悬臂施工时,可

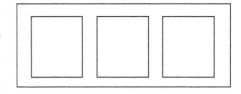

图 5.3-19 单箱多室截面

采用与悬臂浇筑梁桥相似的方法,在空中逐块浇筑并合龙,也可采用预制拼装成拱。

箱形拱的主要特点:

(1) 截面挖空率大,可取 50%~70%,与板拱相比,可节省大量圬工体积,减小重量。

(2) 箱形截面能较好地满足主拱圈各截面承受正、负弯矩的需要。

(3) 由于是闭合空心截面,抗弯和抗扭刚度大,拱圈的整体性好,应力分布较均匀。

(4) 单条拱肋刚度较大,稳定性较好,能单箱肋成拱,便于无支架吊装。

(5) 预制构件的精度要求较高,吊装设备较多,适用于大跨径拱桥的修建。

箱形截面是大跨径拱桥中比较经济、合理的截面形式,因此,特别适用于 50m 以上的大跨径钢筋混凝土拱桥。

四、拱上建筑

拱上建筑是指位于拱桥主拱圈之上,桥面系与主拱圈之间的填充物或传力构造物。根据拱上建筑的构造形式划分,拱桥可分为实腹式拱桥和空腹式拱桥两种。实腹式拱桥的特点是构造简单,施工方便,但填料的数量较多,增加结构自重,一般在小跨径圬工拱桥中采用;空腹式拱桥的特点是减轻结构自重,节省材料,承载能力大,美观轻巧,在大、中跨径,尤其矢高较大的拱桥中采用较多。

(一) 实腹式拱上建筑

实腹式拱上建筑由侧墙、拱腹填料、护拱、变形缝、防水层、泄水管、桥面系等部分组成,如图 5.3-20a)所示。下文简单介绍侧墙、拱腹填料和护拱。

1. 侧墙

侧墙砌筑在拱圈两侧。其作用是围护拱腹内的散粒填料,并承受车辆荷载和拱腹填料所产生的侧压力。通常采用浆砌块石、浆砌片石,若有特殊的美观要求,也可用料石镶面。混凝土和钢筋混凝土板拱可采用混凝土或轻型钢筋混凝土作侧墙。

2. 拱腹填料

拱腹填料起到填空、传力的作用。拱腹填料分为填充式和砌筑式两种。填充式拱腹

填料通常采用透水性好、土侧压力小的砾石、碎石、粗砂或卵石类黏土等材料,分层夯实,尽可能做到就地取材;砌筑式拱腹填料是在填料不易取得时,采用干砌圬工或浇筑贫混凝土。

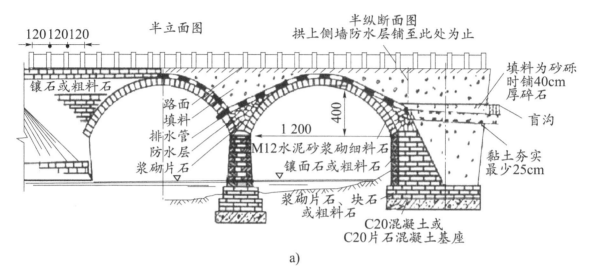

图 5.3-20 实腹式拱桥(尺寸单位:cm)

3. 护拱

护拱设于主拱圈拱脚处,以便加强拱脚段的拱圈,同时方便敷设防水层和排出积水。通常采用现浇混凝土或砌筑块石、片石等材料来修筑。

(二) 空腹式拱上建筑

空腹式拱上建筑除与实腹式拱上建筑有大致相同的构造外,还包含了腹孔和腹孔墩,如图 5.3-21 所示。

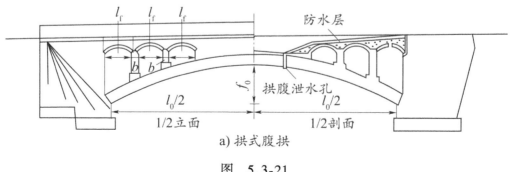

a) 拱式腹拱

图 5.3-21

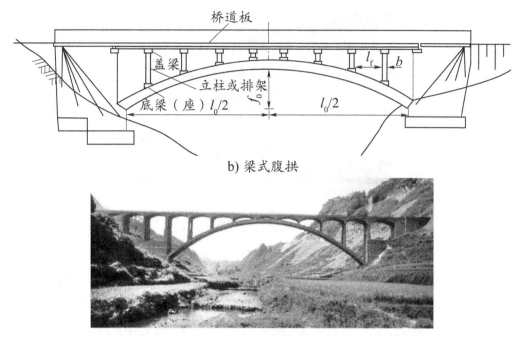

b) 梁式腹拱

c) 实例

图 5.3-21　空腹式拱上建筑

1. 腹孔

腹孔是修建在主拱圈上的多跨结构。腹孔可分为拱式腹孔和梁式腹孔两种。通常腹孔对称地布置在主拱圈两侧结构高度所容许的自拱脚向拱顶一定范围内(主拱跨径的 1/4 ~ 1/3),有部分空腹形式,也有全空腹形式。

在圬工拱桥中,为了节省材料,通常做成拱式腹孔,如图 5.3-22 所示。

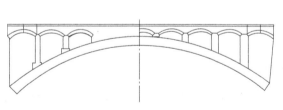 

a) 带实腹段的空腹拱　　b) 全空腹拱　　　　　　c) 实例图

图 5.3-22　拱式腹孔

在大跨径拱桥中,为减轻拱上建筑重量,使结构轻型美观,可采用梁式腹孔。梁式腹孔又分为简支、连续和框架式三种,如图 5.3-23 所示。

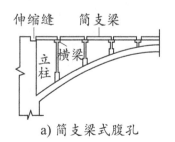 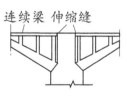 

a) 简支梁式腹孔　　　　b) 连续梁式腹孔　　　c) 框架式梁式腹孔

图　5.3-23

d) 实例图

图 5.3-23 梁式腹孔

2. 腹孔墩

腹孔墩是腹孔的支撑结构,由底梁、墩身和墩帽组成。腹孔墩可分为横墙式和立柱(排架)式两种。横墙式腹孔墩通常用石料、混凝土预制块砌筑或现浇混凝土做成实体墙。横墙式腹孔墩采用全圬工,自重大,为了节省圬工、减轻自重,便于检修人员的通行,可在横墙上挖孔,如图5.3-24a)所示。立柱(排架)式腹孔墩,是由立柱和盖梁组成的钢筋混凝土排架结构。为了使立柱传递给主拱圈的压力不至于过分集中,通常在立柱下面设置底梁,如图5.3-24b)所示。

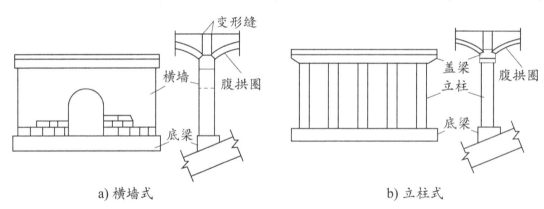

a) 横墙式　　　　　　　　　　b) 立柱式

图 5.3-24 腹孔墩

腹孔墩的侧面一般做成竖直的,便于施工。腹孔与墩台连接的两种做法:一是直接支承在墩台上,二是跨过墩顶,使桥墩两侧的腹孔相连,如图5.3-25所示。腹孔在拱上建筑需要设置伸缩缝或变形缝的地方应设铰(三铰或两铰),其余均为无铰拱。

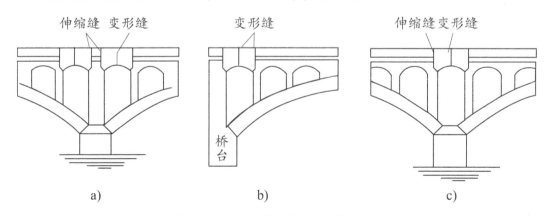

a)　　　　　　　　　b)　　　　　　　　　c)

图 5.3-25 腹拱与墩(台)的连接

五、伸缩缝和防水设施

拱桥桥面系构造与梁桥大致相同,这里主要介绍伸缩缝和防水设施。

(一)伸缩缝与变形缝

在各种荷载的长期作用下,主拱圈和拱上建筑部分结构变形可能会不规则地开裂,为了避免这种裂缝的产生,保证结构的安全使用和耐久性,通常在相对变形(位移或转角)较大的位置设置伸缩缝,在相对变形较小的地方设置变形缝。

实腹式拱上建筑的伸缩缝设在两个拱脚的上方,并应在横桥方向贯通全宽、侧墙的全高至人行道构造,如图5.3-26所示。

拱式拱上建筑的空腹式拱桥,一般将紧靠墩台的第一个腹拱圈做成三铰拱,并在靠墩台的腹拱铰上方的侧墙、人行道、栏杆上设置伸缩缝,在其余两腹拱铰上方的侧墙、人行道设置变形缝,如图5.3-27所示。

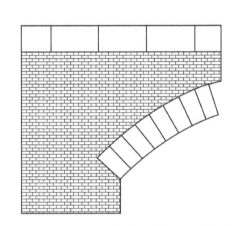
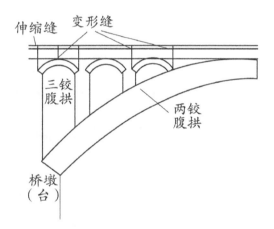

图5.3-26 实腹式拱上建筑的伸缩缝　　图5.3-27 拱式腹孔的伸缩缝与变形缝

梁式拱上建筑,通常是在桥台和墩顶立柱处设置标准伸缩缝。

伸缩缝通常做成直线形。在施工中,当变形量较小时,应采用锯末沥青按1∶1的质量比制成预制块嵌入砌体或埋入现浇混凝土,并在上面设置能活动而不透水的覆盖层;当变形量较大时,应采用成品伸缩缝。变形缝不留缝宽,可用干砌、油毛毡隔开,也可用低强度砂浆嵌入缝内。

(二)排水及防水

1. 桥面排水

桥面雨水对拱桥的耐久性有很大的影响。为便于及时排除积水,桥面应设置纵坡和横坡。行车道应根据不同的路面材料设置1.5%~3.0%的横坡(单幅桥为双向坡,双幅桥为单向坡),人行道则设置与行车道反向的1%横坡。桥面排水构造示意图如图5.3-28所示。拱桥桥面的纵向排水和梁桥相同。

除此以外,还应沿桥面两侧缘石边缘设置泄水管,排除渗入水。实腹式单孔桥可不设泄水管,积水沿防水层流至两个桥台后面的盲沟排出路堤;空腹式多孔拱桥(图5.3-29),在1/4跨径处设泄水管。泄水管常采用铸铁管、(钢筋)混凝土管、陶瓷(瓦)管或塑料管,内径一般为

60~100mm。泄水管应伸出结构表面50~100mm。

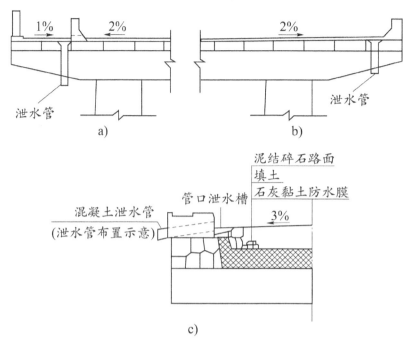

图 5.3-28 桥面排水构造示意图

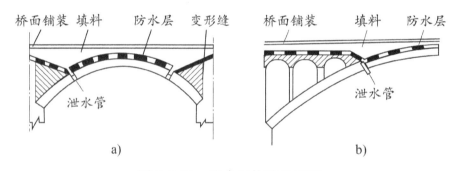

图 5.3-29 防水层构造示意图

2. 防水层

桥面积水如果不能及时排除,就会通过桥面铺装渗入拱腹内,降低结构的承载力。因此,除设置纵坡、横坡及泄水管外,桥面还应合理设置防水层。

在实腹式拱桥中,防水层应沿拱背护拱、侧墙铺设,如图5.3-29a)所示。

在空腹式拱桥中,带实腹段的拱式腹拱桥,防水层应沿腹拱上方和主拱圈跨中实腹段的拱背铺设,如图5.3-29b)所示。

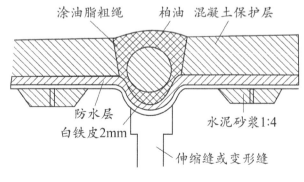

图 5.3-30 伸缩缝处的防水层

防水层在全桥范围内不宜断开,当通过伸缩缝或变形缝处时应妥善处理,使其既能防水又可以适应变形(图5.3-30)。防水层分为粘贴式和涂抹式两种。粘贴式防水层是由2~3层油毛毡与沥青胶交替贴铺而成,效果好,但造价高;涂抹式防水层采用沥青或柏油涂抹于砌体表面,施工简便,造价低,但效果差,适用于雨水较少的地区。

六、拱铰

拱铰的形式应根据铰所处的位置、作用、受力大小、使用材料等条件综合考虑。目前常用的有以下几种形式。

（一）弧形铰

弧形铰一般用钢筋混凝土、混凝土、石料等做成，如图 5.3-31 所示。弧形铰由两个具有不同半径弧形表面的块件组成，一个为凹面（半径为 R_2），一个为凸面（半径为 R_1），R_2 与 R_1 的比值常在 1.2~1.5 范围内取用。铰的宽度应等于构件的全宽，沿拱轴线的长度取为拱厚的 1.15~1.20 倍。弧形铰主要用于主拱圈的拱铰。

拱桥在采用转体方法施工时，为使桥体顺利转动，在拱脚需设置球面弧形铰。混凝土球面铰（图5.3-32）一般用C40混凝土制作，球面精度及光滑的关键在于及时打磨球面，同时特别注意预留在球铰正中的轴，必须与球面保持垂直。

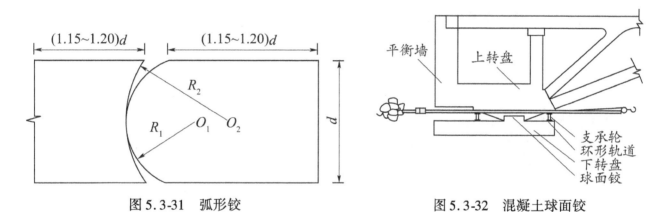

图 5.3-31　弧形铰　　　　图 5.3-32　混凝土球面铰

（二）铅垫铰

中小跨径的板拱或肋拱，可以采用铅垫铰，如图 5.3-33 所示。铅垫铰用厚度 15~20mm 的铅垫板外部包以锌、铜(10~20mm)薄片做成。垫板宽度为拱圈厚度的 1/4~1/3，在主拱圈的全部宽度上分段设置。铅垫铰也可用作临时铰。

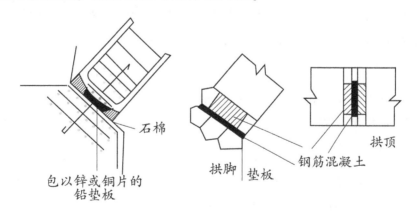

图 5.3-33　铅垫铰

（三）平铰

对空腹式的腹拱圈，由于跨径较小，可以采用构造简单的平铰，如图 5.3-34 所示。

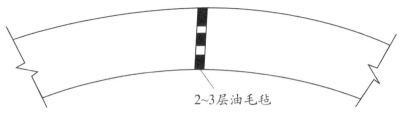

图 5.3-34　平铰

(四) 不完全铰

对于小跨径或轻型的拱圈以及空腹式拱桥的腹孔墩(柱)铰,目前常用不完全铰。图 5.3-35a)所示为小跨径拱圈的不完全铰。由于拱圈截面急剧减小,它保证了该截面的转动功能;在施工时拱圈不断开,使用时又能起铰的作用。图 5.3-35b)、c)所示为墩柱的不完全铰。

(五) 钢铰

钢铰通常做成理想铰,如图 5.3-36 所示。钢铰除用于少数有铰钢拱桥的永久性铰结构外,更多的是用于施工需要的临时铰。

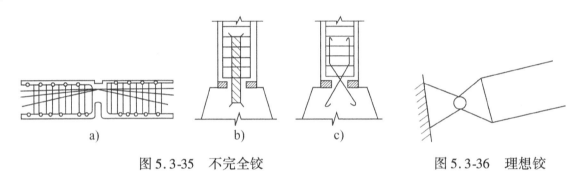

图 5.3-35　不完全铰　　　　　　图 5.3-36　理想铰

七、拱桥墩台

拱桥墩台的构造与梁桥大致相同,这里主要介绍几种特殊的拱桥桥墩。

(一) 重力式桥墩

拱桥重力式桥墩的形式基本上与梁桥重力式桥墩相仿,由墩帽、墩身、基础三部分组成。因为桥墩承受较大的水平推力,所以,拱桥重力式桥墩的宽度尺寸比梁桥重力式桥墩的大。

(二) 桩柱式桥墩

拱桥的桩柱式桥墩与梁桥的桩柱式桥墩基本相同,但在盖梁上要设置拱座用以支承拱圈。由于要承受较大的水平推力,柱和桩的直径比梁桥的大,根数也比梁桥的多。

(三) 单向推力墩

中小跨径拱桥可采用单向推力墩。由于拱桥受压,且拱脚截面是倾斜的,因此在单向推力墩上设置倾斜面,用于承托主拱圈的拱脚截面。

1. 普通柱墩加设斜撑及拉杆的单向推力墩

普通柱墩加设斜撑及拉杆的单向推力墩是在普通墩柱上对称增设一对预应力混凝土斜撑,如图 5.3-37a)所示。斜撑与柱墩接头只承受压力而不承受拉力。

2. 悬臂式单向推力墩

悬臂式单向推力墩是在桥墩的顺桥向双向挑出悬臂,如图 5.3-37b)所示。当单向推力出现时,可由另一侧拱座上竖向分力与悬臂长所构成的稳定力矩来平衡。

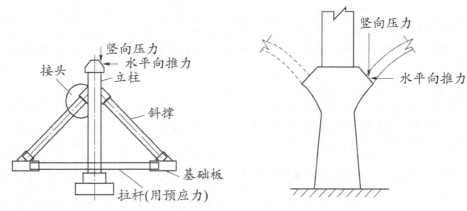

a) 普通柱墩加设斜撑及拉杆的单向推力墩　　b) 悬臂式单向推力

c) 实例图

图 5.3-37　单向推力墩

3. 实体单向推力墩

当桥墩较矮及单向推力不大时,只需加大实体墩身的尺寸即可。

测评模块

请结合本单元的学习,完成以下习题。

一、填空题

1. 用_____、_____或_____材料建造的拱桥称为圬工拱桥。
2. 根据拱上建筑形式划分,拱桥可分为_____和_____两种。
3. 根据主拱圈采用的拱轴线形式划分,拱桥可分为_____、_____和_____三种。
4. 根据主拱圈截面形式划分,拱桥可分为_____、_____、_____和_____四种。
5. 实腹式拱上建筑由_____、_____、_____、_____、_____和桥面系组成。

二、选择题

1. 拱桥主要承受(　　)。
   A. 剪力作用　　　　B. 拉力作用　　　　C. 压力作用　　　　D. 弯矩作用
2. 拱桥主要承重结构是(　　)。
   A. 主拱圈　　　　B. 拱背　　　　C. 拱腹　　　　D. 拱脚
3. 拱圈各横向截面的形心连线称为(　　)。
   A. 拱轴线　　　　B. 拱背　　　　C. 拱腹　　　　D. 拱脚
4. 在地基比较差的地区需要修建拱桥时,最好修建(　　)。
   A. 空腹式拱　　　　B. 无铰拱　　　　C. 两铰拱　　　　D. 三铰拱
5. (　　)设于主拱圈拱脚处,以便加强拱脚段的拱圈,同时方便敷设防水层和排出积水。
   A. 拱轴线　　　　B. 拱背　　　　C. 拱腹　　　　D. 护拱
6. 设置单向推力墩的目的是承受(　　)引起的单向推力,防止因一孔破坏导致全桥倒塌。
   A. 结构重力　　　　B. 车辆荷载　　　　C. 风压力　　　　D. 流水压力

三、判断题

1. 梁式桥在竖向荷载的作用下,支承处不仅产生竖向反力,而且产生水平推力。(　　)
2. 由于拱的截面应力分布远比梁的均匀,能较充分地发挥全截面材料的抗力性能。(　　)
3. 拱桥上部结构是由拱肋或拱圈(以下统称主拱圈)和拱上建筑两大部分组成。(　　)
4. 拱圈最高处横向截面称为拱脚,拱圈和墩台连接处的横向截面称为拱顶。(　　)
5. 起拱面与拱腹相交的直线称为起拱线。(　　)
6. 箱形拱桥的外形和板拱相似,因为截面挖空,使箱形的截面抵抗矩较相同材料用量的板拱大很多,所以节省材料。(　　)
7. 箱形截面是大跨径拱桥中比较经济、合理的截面形式,因此,它特别适用于20m以上的大跨径钢筋混凝土拱桥。(　　)
8. 钢管混凝土结构属于钢-混凝土组合结构中的一种形式,钢管混凝土主要用于以受拉为主的结构。(　　)
9. 劲性骨架混凝土拱桥跨越能力大,超载潜力大,施工方便,是一种极具发展前途的拱桥结构形式。(　　)
10. 在桥梁工程实践中,绝对合理的拱轴线是可以找到的。(　　)

 技能训练

技能训练5.3"实腹式拱桥构造分析"见本书配套训练册。

单元5.3　测评答案

单元 5.4 涵 洞

学习引导

涵洞是为宣泄地面水流(包括小河沟)而设置的横穿路基的小型排水构造物。其特点是构造简单,造价低,在公路工程中数量较多,工程量占公路工程比重较大。涵洞是公路工程中必不可少的组成部分。本单元的学习重点是涵洞的组成、类型,学习难点是涵洞洞身、洞口建筑的构造特点。

知识模块

一、涵洞的组成及分类

(一) 涵洞的组成

涵洞由洞身和洞口建筑两部分组成,如图 5.4-1 所示。

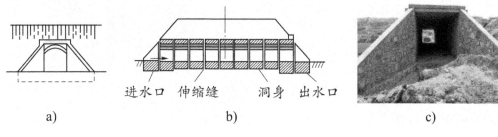

图 5.4-1 涵洞

洞身是涵洞的主要部分,是路堤下的过水通道,它主要承受涵洞上的活载压力和填土压力,要求具有一定的强度、刚度和稳定性。

洞口由进水口与出水口组成,连接着洞身与路基边坡,使水流能顺畅地通过洞身,并保证洞口周围的路基边坡不受冲刷,因而需对涵底和进出水口河床一定范围内进行加固铺砌;必要时还需要加设调治构造物和消能设施。进水口起束水导流的作用,出水口起散水防冲的作用。

(二) 涵洞的分类

涵洞的类型有很多种,主要按以下几种方法分类。

1. 根据建筑材料划分

根据建筑材料划分,涵洞可以分为圬工涵、钢筋混凝土涵和波纹钢管(板)涵三类。

(1)圬工涵。圬工涵有砖涵、石涵、素混凝土涵等。砖涵便于就地取材,节省钢筋;石涵经久耐用,造价、养护费用低,但跨径小;素混凝土涵便于预制,但损坏后养护较困难。

(2)钢筋混凝土涵。钢筋混凝土涵的涵身坚固,经久耐用,养护费用少,但造价较高;适用于石料缺乏或软土地基地区。

(3)波纹钢管(板)涵。波纹钢管(板)涵对地基要求较低,变形适应性强,结构受力合理,但需要进行防腐抗磨蚀处理。

2. 根据洞顶填土高度划分

根据洞顶填土高度划分,涵洞可以分为明涵和暗涵两类。

(1)明涵。明涵是指洞顶不填土或填土小于0.5m的涵洞如图5.4-2所示。明涵适用于低路堤、浅沟渠。

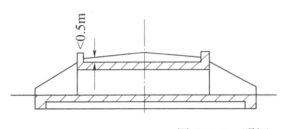 

图5.4-2 明涵

(2)暗涵。暗涵是指洞顶有填土且填土厚度大于或等于0.5m的涵洞,如图5.4-3所示。暗涵适用于高路堤、深沟渠。

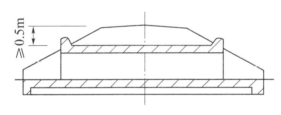 

图5.4-3 暗涵

3. 根据构造形式划分

根据构造形式划分,涵洞可分为管涵、盖板涵、拱涵和箱涵四种。

(1)管涵。管涵主要由管身、基础、接缝及防水层组成。圆管涵是农村公路路基排水中最常用的涵洞结构类型,如图5.4-4所示。管涵管径一般为0.5~1.5m。管涵两端仅需设端墙,不需设墩台,具有受力情况和适应基础的性能较好,圬工数量少,造价低,但在低路堤上使用会受到限制等特点。管涵主要适用于填土高度较大的小跨径暗涵。

图5.4-4 圆管涵

(2)盖板涵。盖板涵主要由盖板、涵台、基础、洞身铺底、伸缩缝及防水层等部分组成,如图5.4-5所示。其特点是构造简单,维修方便,施工技术简单,泄水能力较大,跨径小时用石盖板,跨径大时用钢筋混凝土盖板。盖板涵适用于一般路堤的暗涵或低路堤的明涵。

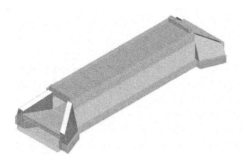 

图 5.4-5　盖板涵

(3)拱涵。拱涵主要由拱圈、护拱、拱上侧圈、涵台、基础、铺底、沉降缝及排水设施等组成,如图 5.4-6 所示。其特点是采用拱形顶板,利用拱结构良好的抗压性能,跨径和承载能力较大,砌筑技术容易掌握,但自重大,施工工序多。拱涵适用于跨越深沟或高路堤的涵洞。

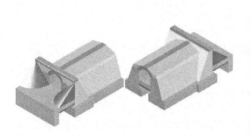 

图 5.4-6　拱涵

(4)箱涵。箱涵主要由钢筋混凝土涵身、翼墙、基础、变形缝等部分组成,如图 5.4-7 所示。箱涵是一种广泛应用于市政给排水工程和道路工程的结构形式。箱涵为整体闭合式钢筋混凝土框架结构,具有良好的整体性及抗震性,但用钢量大,施工复杂,造价高等特点。一般情况下较少采用箱涵仅适用于软土地基的涵洞。

图 5.4-7　箱涵

4.根据水力性质划分

水流通过涵洞的水流深度不同,直接影响涵洞过水的水力状态,从而产生不同涵洞水力计算的图式。因此,根据涵洞过水的水力性质不同,涵洞可分为以下几种:

(1)无压力式涵洞。入口处水深小于洞口高度,洞内水流均具有自由水面;涵洞宜设计成无压力式的,如图 5.4-8a)所示。新建涵洞应采用无压力式涵洞。

(2)半压力式涵洞。入口处水深大于洞口高度,水流仅在进水口处充满洞口,其他部分均具有自由水面,如图 5.4-8b)所示。

（3）压力式涵洞。入口处水深大于洞口高度，在涵洞全长范围内都充满水流，无自由水面，如图5.4-8c)所示。

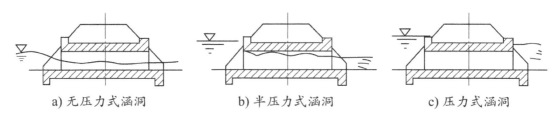

图5.4-8　涵洞按水力性能划分

（4）倒虹吸管涵。其进出水口设置竖井，涵洞内全部充满水流，如图5.4-9所示。倒虹吸管涵是公路工程中较为特殊的构造物，适用于路堑挖方高度不能满足设置渡槽的净空要求时的灌溉渠道。

5. 根据施工方法划分

根据施工方法划分，涵洞可分为以下几种：

（1）装配式涵洞是指先分段预制好涵身，然后运送到施工点再逐节安装起来的涵洞。

（2）现浇涵洞是指在施工点安装模板，直接浇筑混凝土而成的涵洞。

图5.4-9　倒虹吸管涵

（3）顶进涵洞是指先将涵身分段预制，然后用千斤顶、滑板等设备将其逐节交替顶进施工点的涵洞。一般在铁路路基中才使用顶进法。

二、涵洞构造

（一）洞身

洞身通常由承重结构（如拱圈、盖板等）、涵台、基础以及防水层、伸缩缝等部分组成。洞身是涵洞的主要组成部分，设在路基填土下面它是路堤下的过水通道，承受涵洞上的活载压力和填土压力。由于荷载分布不均及基底土壤性质不同引起的不均匀沉陷，会导致涵洞断裂，因此需要将涵洞沿洞身长度方向分为若干段，每隔4～6m应设置一道沉降缝，基础也同时分开。沉降缝内填塞沥青麻絮或沥青木板，除此处理外，压力式涵洞还需要在缝隙背面用水泥砂浆涂抹，再在全部拱圈或盖板顶面及涵台外侧填筑15cm厚的胶泥防水层。

为了便于排水，涵洞的洞底应设置适当的纵坡，一般为0.4%～5%，特别是圆管涵的纵坡不宜大于3%，以免管壁受急流冲刷而产生断裂。当洞底纵坡大于5%时，其涵底宜每隔3～5m设置消能横隔墙或将基础做成阶梯形；当洞底纵坡大于10%时，洞身及基础均应分段做成阶梯形，前后两节涵洞盖板或拱圈的搭接高度不应小于其厚度的1/4，如图5.4-10所示。

一般情况下，同一个涵洞的洞身截面不变，但为了充分发挥洞身截面的泄水能力，有时在涵洞进口处采用提高节。因为圆形不便于设置，所以圆管涵不采用提高节。

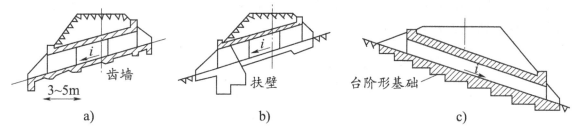

图 5.4-10 斜坡涵洞

1. 圆管涵

圆管涵洞身由分段的圆管节和支撑管节的基础(基础垫层)、接缝组成,如图 5.4-11 所示。

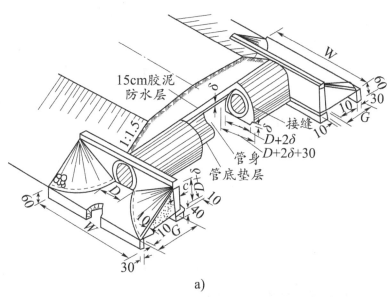

图 5.4-11 圆管涵洞身(尺寸单位:cm)

(1)圆管涵的管身通常由钢筋混凝土构成,管径一般有 0.5m、0.75m、1m、1.25m 和 1.5m、2m 等。管径的大小根据排水要求选择,多采用预制安装,通常在工厂预制成长 1m 的管节,运到施工现场安装。

(2)圆管涵的基础类型可根据基底土质而定。当基底为软弱地基时,应采用混凝土或浆砌片石基础;当基底为砂砾、卵石、碎石及密实均匀的黏土或砂土地基时,应采用砂砾垫层基础。圆管涵基础如图 5.4-12 所示。

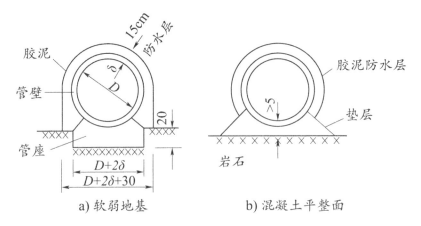

图 5.4-12　圆管涵基础(尺寸单位:cm)

(3)圆管涵多采用预制拼装施工,为防圆管接头漏水,应作接缝处防水处理,其形式包括如下:

①平口接头缝有 3 种形式,如图 5.4-13 所示。

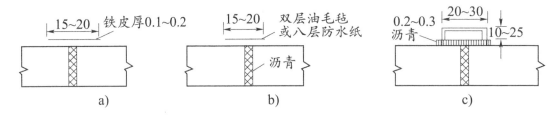

图 5.4-13　平口接头缝(尺寸单位:cm)

②企口接头缝有 3 种形式,如图 5.4-14 所示。

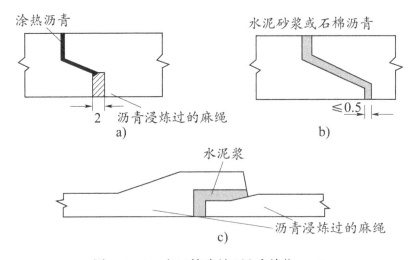

图 5.4-14　企口接头缝(尺寸单位:cm)

2. 盖板涵

盖板涵洞身由盖板、涵台(墩)、基础、洞底铺砌、伸缩缝及防水层等部分组成,如图 5.4-15 所示。下文主要介绍盖板、涵台(墩)、基础。

(1)盖板是涵洞的承重结构部分,有石盖板和钢筋混凝土盖板两种。当跨径较小且洞顶有一定填土高度时,可采用石盖板,其厚度为 15~40cm;当跨径较大或缺乏石料地区时,可采用钢筋混凝土盖板,其厚度为 15~30cm。圬工涵台(墩)身内侧(临水面)采用垂直面,外侧采用斜坡或垂直面,底部与基础结合成整体,顶面可做成平面,也可做成 L 形,使之在支承盖板的同时,能够借助盖板的支撑作用来加强涵台的稳定。

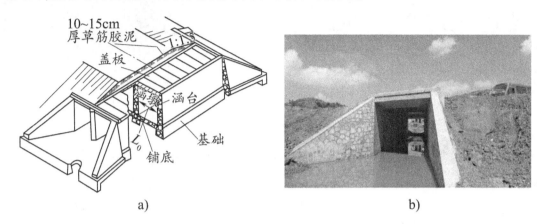

图 5.4-15　盖板涵洞身

(2)涵台(墩)一般用浆砌块、片石构成,也可采用现浇片石混凝土。砂浆强度等级为 M2.5 或 M5。其下部用砂浆与基础结成整体,如图 5.4-16a)所示。钢筋混凝土盖板涵的上部做成台(墩)帽,如图 5.4-16b)所示。

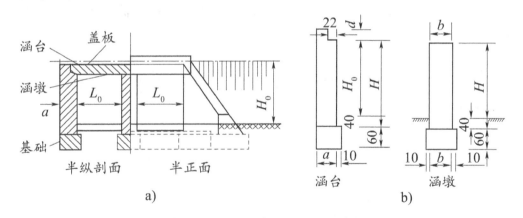

图 5.4-16　盖板涵涵台(墩)(尺寸单位:cm)

(3)基础可随地基土不同而采用整体式基础或分离式基础。基础厚度一般为 60cm。

盖板涵的过水能力比圆管涵大,与同孔径的拱涵接近,其施工工期比拱涵短,但用钢量比拱涵多,对地基承载力的要求比拱涵低。因此,当涵洞设在要求通过较大的泄水量,地质条件较差,路堤高度较小的地方时,常采用盖板涵,且常采用明涵。在公路工程中,盖板涵孔径有 0.75m、1.0m、1.5m、2.0m、2.5m、3.0m、4.0m 的标准设计图供选用。

3. 拱涵

拱涵洞身由拱圈、涵台、护拱、拱上侧墙、拱涵基底等部分组成,如图 5.4-17 所示。

(1)拱圈是拱涵的承重部分,横截面形式有半圆形、圆弧形和卵形,常采用等截面的圆弧形,矢跨比常采用 1/3~1/4。砌筑拱圈的材料可用砖、石、混凝土预制块等。拱涵的常用跨径为 1.0m、1.5m、2.0m、2.5m、3.0m、4.0m、5.0m,对应拱圈厚度为 25~35cm。

(2)涵台(墩)是支撑拱圈并传递荷载至地基的圬工结构物,采用内侧垂直的梯形断面。

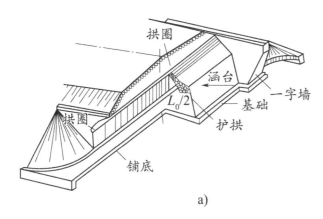

图 5.4-17 石拱涵洞身

(3)护拱主要用于保护拱圈,防止荷载冲击。其高度一般为矢高的一半。

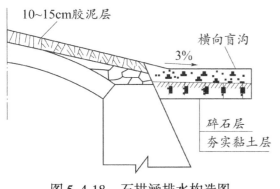

图 5.4-18 石拱涵排水构造图

(4)拱上侧墙、铺底多用 M5 或 M2.5 砂浆砌片石构成,流水以下部分用 M5 砂浆。

(5)拱涵基底包括基础、铺底、沉降缝、防水及排水设施等部分,按土质情况不同有分离式和整体式两种。对于跨径大于 2m 的涵洞,宜采用分离式基础;对于小跨径、卵形涵及松软地基上的拱涵,宜采用整体式基础。石拱涵排水构造图如图 5.4-18 所示。

4. 箱涵

箱涵为整体闭合式钢筋混凝土框架结构,由钢筋混凝土涵身、翼墙、基础、变形缝等部分组成,如图 5.4-19 所示。

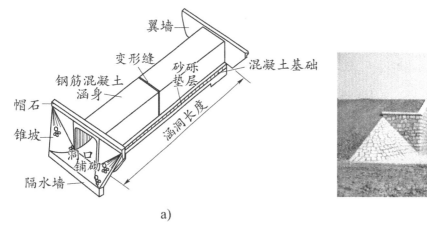

图 5.4-19 钢筋混凝土箱涵洞身

(1)涵身由钢筋混凝土构成,洞身断面一般为长方形或正方形。常用跨径为 2.0m、2.5m、3.0m、4.0m、5.0m。箱涵壁厚一般为 220~350mm,内壁面 4 个折角处往往做成 45°的斜面,尺寸为 5cm×5cm,便于施工脱模。

(2)翼墙主要用于洞身与进出口锥坡的连接,支挡路基填土。壁厚一般为 300~400mm。当采用八字墙洞口时,可不作翼墙。

(3) 基础一般为双层结构。上层为混凝土结构,厚 100mm,下层为砂砾石垫层,厚度为 400～700mm。

(4) 变形缝设在洞身中部,同基础变形缝设置一道。在顶、底板的上面和侧墙的外面设置 40mm×60mm 的槽口。过水不设油毛毡,填塞沥青麻絮再灌热沥青。

(二) 洞口建筑

洞口建筑由进水口、出水口两部分组成。其作用是使涵洞与路基衔接平顺,保持水流顺畅;同时要确保路基边坡稳定,使之免受水流冲刷。此外,还需要对涵洞洞身底面及进出口底面进行加固铺砌。

涵洞与路线的相交形式分为正交涵洞和斜交涵洞两种。当涵洞纵轴线方向与路线纵轴线方向相互垂直时,称为正交涵洞;当涵洞纵轴线方向与路线纵轴线方向相互不垂直时,称为斜交涵洞。常用的斜交角有 75°、60°、45°。

1. 正交涵洞的洞口建筑

涵洞洞口类型很多,有八字式洞口、直墙式洞口、锥坡式洞口、扭坡式洞口、端墙式洞口、走廊式洞口、平头式洞口、流线型洞口、跌水井等,其中八字式洞口、端墙式洞口、跌水井是常用的形式,平头式洞口、走廊式洞口则较少采用。

(1) 八字式洞口

八字式洞口是由端墙与洞口两侧张开成八字形的翼墙组成,翼墙左右对称,如图 5.4-20 所示。翼墙敞开角(一边翼墙的迎水面与涵洞轴线之间的夹角)一般按 30°设置。翼墙的墙身高度随路堤的边坡而变。墙身可用块石、片石砌筑,有条件时也可用料石或混凝土镶面。八字式翼墙由于工程量小,水力条件好,施工简单,造价低,是最常用的洞口形式;适用于河沟平坦顺直,无明显沟槽,且沟底与涵底高差变化不大的情况。

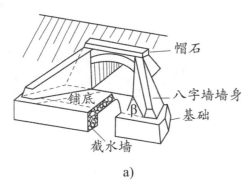

a) b)

图 5.4-20 八字式洞口

有时为了缩短翼墙长度,减少墙身圬工数量并使涵洞与沟槽顺接,可将翼墙末端做成矮墙的嵌入式八字墙,如图 5.4-21 所示。

当翼墙敞开角为 0°时,八字墙墙身与公路中线垂直,称为直墙式洞口,如图 5.4-22 所示。直墙式洞口翼墙短且洞口铺砌少,较为经济,适用于需集纳和扩散水流或仅疏通两侧农田灌溉的情况。

(2) 端墙式洞口

端墙式洞口,又称为一字墙式洞口,是指在洞口端部修一垂直于洞身并与洞身等高的矮墙,用于挡住路堤边坡填土,如图 5.4-23 所示。墙前洞口两侧砌筑片石锥坡护坡。端墙式洞口构造简单,但水力条件不好,适用于沟床稳定、土质坚实的河沟、流速较小的人工渠道及不易受冲刷影响的岩石河沟上。图 5.4-23a)、b)在沟床稳定、土质坚实情况下采用;图 5.4-23c)用于洞口有人工渠道或不受冲刷影响的岩石河沟上,为改善水力条件可在沟底设置小锥坡构成;图 5.4-23d)、e)仅在洞口路基边坡设直立式挡墙时才采用。

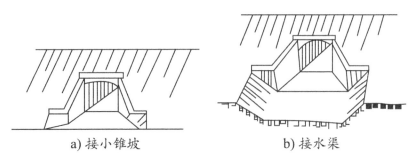

a) 接小锥坡　　　　b) 接水渠　　　　c) 实例图

图 5.4-21　嵌入式八字墙

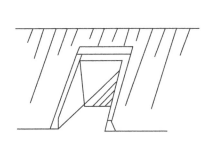

图 5.4-22　直墙式洞口

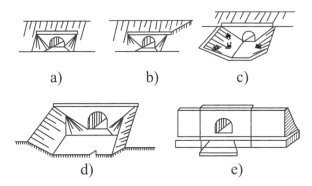

图 5.4-23　端墙式洞口

端墙配锥形护坡洞口是最常用的一种洞口。如图 5.4-24 所示,其端墙也可做成斜坡式或台阶式。

(3)跌水井

当天然河沟纵坡度大于 50% 或路基纵断面设计不能满足涵洞建筑高度要求、涵洞进口开挖大以及天然沟槽与洞口高差较大时,为使沟槽或路基边沟与涵洞进口连接,常采用跌水井洞口形式。其形式有边沟跌水井洞口和一字墙跌水井洞口两种,如图 5.4-25、图 5.4-26 所示。前者主要适用于内侧有挖方边沟涵洞的进水口,后者适用于一般陡坡沟槽跌水。

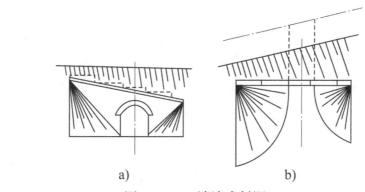

图 5.4-24 端墙式斜洞口

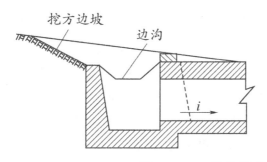

图 5.4-25 边沟跌水井洞口

(4) 平头式洞口

平头式洞口,又称领圈式洞口,常用于钢筋混凝土圆管涵,如图 5.4-27 所示。平头式洞口因需制作特殊的洞口管节,耗费模板较多,但比八字式洞口节省材料,适用于水流量不大、流速较小的情况。目前平头式洞口很少采用。

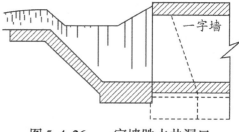

图 5.4-26 一字墙跌水井洞口

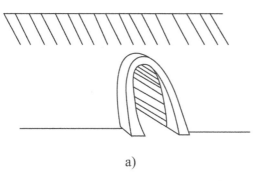

图 5.4-27 平头式洞口

(5) 走廊式洞口

走廊式洞口是由两道平行的翼墙在前端展开成八字形或流线型构成的,如图 5.4-28 所示。这种形式使涵前壅水水位在洞口建筑部分提前跌落而不必增高节段,可降低无压力式涵洞的计算高度和提高涵内计算水深,增大涵洞的宣泄能力,适用于高路堤,但这种形式的洞口施工较复杂,目前较少采用。

2. 斜交涵洞的洞口建筑

当涵洞与路线斜交时,洞口建筑采用的形式与正交时基本相同。根据洞身的构造不同,有以下两种处理方法。

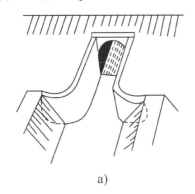

图 5.4-28　走廊式洞口

(1) 斜交斜做

涵洞洞身端部与路线中线平行,而与涵洞纵轴线相交,这种处理方法称为斜交斜做,如图 5.4-29a) 所示。这种洞口建筑外形美观且适应水流,但施工较为复杂,常采用于盖板涵和箱涵。

(2) 斜交正做

在圆管涵和拱涵中,为了避免两端圆管或拱的施工困难,可采用斜交正做的方法处理洞口。涵洞端部与涵洞纵轴线垂直,与正交时完全相同,而洞口端墙高度予以调整,设计成斜坡形或阶梯形,如图 5.4-29b) 所示。两个翼墙高度不同,伸出长短也不同,其尾端的连线应与路线中线平行。这种洞口建筑构造简单,施工方便,但外形不美观,实际中很少采用。

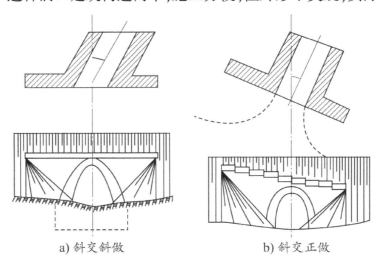

a) 斜交斜做　　　b) 斜交正做

图 5.4-29　斜交涵洞的洞口形式

(三) 基础

涵洞基础是把涵洞受到的所有荷载均匀地传递到地基上,并保证水流通过时路基不受到水流的直接冲刷。图 5.4-30 为已施工完的涵洞基础。

基础有分离式(涵台基础与河底铺砌分离)和整体式(涵台基础与河底连成整体)两种。分离式基础适用于地基较好的情况,整体式基础适用于地基较差的情况。当基础采用分离式且涵洞

图 5.4-30　涵洞基础

内水流流速较高时,涵底铺砌层下应垫10cm厚的砂垫,并在涵台(墩)基础与涵底间设置纵向沉降缝。为加强涵台的稳定,基础顶面间应设置数道支撑梁。

(四)沟床加固与防护

涵洞进出水口附近水流流速大,容易对沟床造成冲刷而引起涵洞毁坏,因此,对涵洞的进出水口沟床应进行必要的加固处理。

1. 进水口沟床的加固

涵洞进水口沟床的加固处理与涵洞的坡度、进水口处河沟的纵坡有关。通常把洞底坡度小于5%的涵洞称为缓坡涵洞,洞底坡度大于5%的涵洞称为陡坡涵洞。

当河沟纵坡小于10%且顺直时,涵洞常顺河沟纵向设置,进水口仅在翼墙间采用干砌片石铺砌加固,如图5.4-31所示。涵洞进水口的加固有整体铺砌和局部铺砌两种形式。

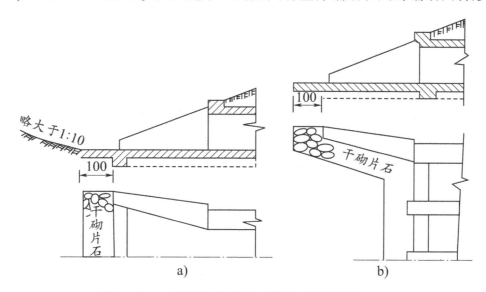

图5.4-31 平缓沟槽进水口铺砌(尺寸单位:cm)

当河沟纵坡为10%~40%时,进口处开挖沟槽的纵坡可取1:4~1:10。除岩石地质外,新开挖的沟底、河槽侧向边坡以及路基边沟均需要铺砌加固,为了防止在进口处产生水跃,缓坡涵应在进口前设置一段缓坡段,其长度为1~2倍涵洞孔径,如图5.4-32所示。

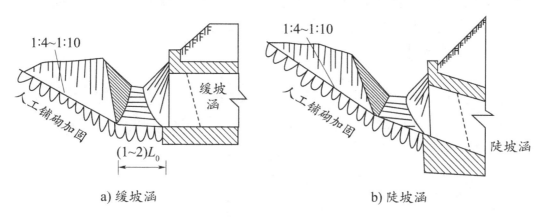

a) 缓坡涵 b) 陡坡涵

图5.4-32 进水口沟底及沟槽加固

当涵前河沟纵坡大于50%,且水流流速很大时,进口处需设置急流槽或跌水等消能设施,以消减水流,减缓流速,如图5.4-33所示。

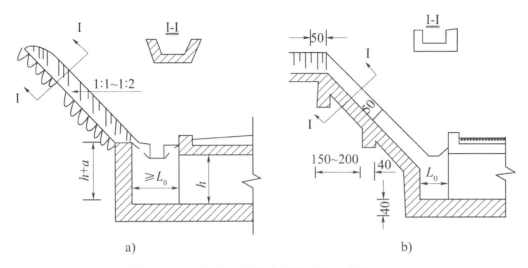

图 5.4-33 进水口的跌水措施(尺寸单位:cm)

2. 出水口沟床的加固

涵洞出水口处的流速一般都大于河沟的天然流速。根据地形、地质条件和水流特性的不同,应对出水口的沟床作适当处理。

(1)在纵坡小于15%的河沟上设置缓坡涵洞,当出水口流速不大时,下游洞口河床可采用一般铺砌形式,在铺砌末端设置截水墙。无压力式涵底下游,为了减小水流速度,可根据情况与涵底出水口铺砌相结合设置挑坎,如图5.4-34所示。

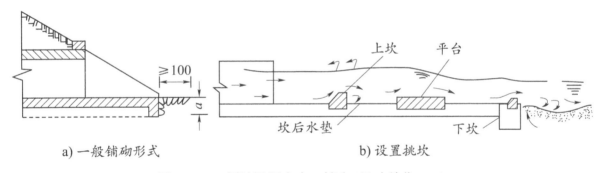

图 5.4-34 缓坡涵洞出水口铺砌(尺寸单位:cm)

(2)在纵坡大于15%的河沟上设置陡坡涵洞,出水口一般采用八字墙,根据地形、地质和水力计算,可采用急流槽、跌水、消力池、消力槛、人工加糙等消能措施。图5.4-35为出水口设置跌水、台阶式急流槽等措施。

图 5.4-35 陡坡涵洞出水口形式

测评模块

请结合本单元的学习,完成以下习题。

一、填空题

1. 涵洞是由_____及_____组成的排水构造物。
2. 涵洞根据洞顶填土情况分为_____和_____两种。
3. 根据构造形式划分,涵洞可以分为_____、_____、_____和_____四种。
4. 当涵洞与路线斜交时,洞口建筑采用_____和_____两种处理方法。
5. 八字翼墙墙身底面是_____。

二、判断题

1. 涵洞的进水口起散水防冲的作用,出水口起束水导流的作用。（　　）
2. 无压力式涵洞是指涵洞入口处水深大于洞口高度,在涵洞全长范围内都充满水流,无自由水面。（　　）
3. 倒虹吸管涵是公路工程中较为特殊的构造物,适用于路堑挖方高度不能满足设置渡槽的净空要求时的灌溉渠道。（　　）
4. 为了便于排水,涵洞的洞底应设置适当的纵坡,一般为0.4%～5%,特别是圆管涵的纵坡不宜过大,以免管壁受急流冲刷而产生断裂。（　　）
5. 八字式洞口、走廊式洞口、端墙式洞口、跌水井是涵洞常用的洞口形式。（　　）

单元5.4　测评答案

 技能训练

技能训练5.4"圆管涵构造分析"见本书配套训练册。

模块 6

隧道工程

素质目标

1. 具备良好的职业道德和敬业精神。
2. 具备良好的人际关系交流能力、公共关系处理能力和团队协作精神。
3. 具备集体意识和社会责任心。
4. 具备较强的安全意识。

知识目标

1. 能够复述隧道的定义。
2. 能够识别隧道的种类。
3. 能够阐述隧道的构造。
4. 掌握隧道的施工方法。

技能目标

1. 能够识读简单的隧道洞门图纸。
2. 能够根据指标给围岩进行分类。
3. 能够画出主要的隧道施工方法工序图。

课时建议

11 学时。

单元 6.1 隧道基本知识认知

学习引导

隧道是埋置于地层内的工程建筑物,是人类利用地下空间的一种形式。本单元的学习重点是隧道的分类,学习难点是隧道的功能。

知识模块

一、隧道基本概念及在交通事业中的地位与发展

隧道是指用以保持地下空间作为交通孔道的工程建筑物。隧道工程是一门综合性学科，需要具备的基础知识多，除一般土木工程知识之外，还涉及工程结构、岩土、地下水、空气动力学、声学、光学、消防、环保、自动化控制、工程机械、通风除尘、供电照明、交通工程、维修服务、测量与控制、报警与救急、运营与管理等学科知识。

随着我国经济建设的高速发展公路隧道（图6.1-1）建设需求随之加大，尤其西部开发进一步拉动了公路建设项目的加速实施，大批公路隧道建设项目被列入基础设施建设规划。因此，作为公路建设工程人员学习隧道设计及施工基本知识尤为必要。

图6.1-1　公路隧道

二、隧道的特点

优点：

(1) 缩短线路长度，减少能耗。隧道在山岭地区可用于克服地形或高程障碍，改善线形，提高车速，缩短里程，节约燃料，节省时间。

(2) 节约土地。随着人口的不断增长，土地越来越宝贵，尤其城市土地价格不断上涨，在城市修建隧道可减少用地，构成立体交叉，有利于缓解交叉路口的拥挤阻塞，疏导交通。这也是现在世界上很多城市的建筑向地底下发展的原因之一。目前世界上的科技发展正在开拓着两个新的领域：一是宇宙空间，二是地下空间。由此可见，隧道工程将会起着越来越重要的作用。

(3) 有利于环境保。修建隧道能减少对植被的破坏，保护生态环境，有利于国民经济的可持续发展。

(4) 应用广泛。隧道的种类繁多，在公路、铁路建设中均有应用；除了应用在山岭之外，还广泛应用于江河、海峡、港湾地区。

缺点：

(1) 造价较高。其造价一般是普通线路的8～10倍，水下隧道造价约为8亿元/km。

(2) 施工期限长。由于修建隧道时场地狭小，工作流程环节较多，施工工序多，工程量也比路基等大，耗时也较长。

(3) 施工作业环境和条件较差。隧道建筑是地下作业，工作面狭小，光线暗、空气潮湿、劳动条件差，而发展机械化施工是改善工人劳动条件、提高劳动生产率的唯一途径。

三、隧道的分类

1970年，国际经济合作与发展组织（Organization for Economic Co-operation and Development,OECD)召开的隧道会议综合了各种因素,对隧道所下的定义为:"以某种用途、在地面下用任何方法按规定形状和尺寸修筑的断面积大于 $2m^2$ 的洞室。"从这个定义出发,隧道包括的范围很大。从不同角度区分,可得出不同的隧道分类方法,具体如下。

(一)根据服务的交通类别划分

根据服务的交通类别划分,隧道可以分为公路隧道和铁路隧道两类,如图6.1-2所示。

a) 公路隧道

b) 铁路隧道

图6.1-2 按服务的交通类别分类

公路隧道是指专供汽车运输行驶的通道,铁路隧道是指专供火车运输行驶的通道。公路隧道与铁路隧道相比较,由于公路一般为多车道,隧道断面积较大,且呈扁平状,断面多为双孔(眼镜形),供双向行车,横向受限时形成连拱,对空气要求更高,需要充足的通风量,防水要求更高。另外,车辆在隧道中行驶时受边墙效应、白洞效应和黑洞效应的影响。

(二)根据所处的地理位置划分

根据所处的地理位置划分,隧道可分为山岭隧道、城市隧道和水底隧道三类,如图6.1-3所示。

a) 山岭隧道

b) 城市隧道

c) 水底隧道

图6.1-3 按所处地理位置分

(三)根据地层介质划分

根据地层介质划分,隧道可分为岩石隧道和软土隧道两大类,如图6.1-4所示。修建在岩层中的,称为岩石隧道;修建在土层中的,称为软土隧道。岩石隧道修建在山体中的较多,故又称山岭隧道;软土隧道常常修建在水底和城市立交,故称为水底隧道和城市道路隧道。

a) 岩石隧道　　　　　　　　　b) 软土隧道

图 6.1-4　按地层介质分类

（四）根据使用功能划分

根据使用功能划分,隧道可分为交通隧道、水工隧道、矿山巷道和国防地道四类。

按照《公路隧道设计规范　第一册　土建工程》(JTG 3370.1—2018)规定,根据隧道的长度分类,隧道可分为短隧道($L \leq 500\text{m}$)、中长隧道($500\text{m} < L \leq 1\,000\text{m}$)、长隧道($1\,000\text{m} < L \leq 3\,000\text{m}$)和特长隧道($L > 3\,000\text{m}$)。

四、隧道的功能

随着现代化高速公路的发展,隧道在公路工程中的作用和地位日益重要,特别是在山区道路的修建中更为显著。当道路在山岭地区因受地形限制,路线越岭或展线翻越不经济时则采用开凿隧道,修筑在地面以下作为通道的地下构造物。这里侧重于介绍山岭隧道的功能。

（一）克服高程障碍

在线路翻越山岭地段,通过修建隧道可减少展线长度,使线路平直。这是山岭隧道的最大功能。在设计上一般把这种隧道称为越岭隧道。

（二）裁弯取直（缩短线路）

在线路沿河谷绕行时,为避免不良地质地段（如滑坡等）,可以利用隧道来裁弯取直,以缩短线路长度。这种隧道一般称为傍山隧道或河谷隧道。

（三）避开不良地质地段

对于容易发生塌方、落石、泥石流、滑坡等病害地段,修建隧道可大大改善运营条件,保证行车安全,节省养护维修费用。例如,当一条线路有可能是从滑坡地段上通过时,可把线路往里挪动一些,采用隧道。

（四）避开其他重要建筑或工程

(1) 与公路、城市主干道的交叉处。

(2) 穿越城区重要建筑物。

(3) 穿越城区重要风景、园林区域。

(4) 绕避大型水利枢纽工程等。

人类很早就知道利用自然洞穴作为住处。当社会发展到能制造挖掘工具时,就出现了人工挖掘的隧道。我国隧道工程建设历史悠久。据现有资料记载,我国最早的交通隧道是位于今陕西汉中市的石门隧道,建于公元66年,是供马车和行人通行的。1949年前,我国隧道规模小,建设技术落后,但在中华人民共和国成立后,其发展非常迅速。近年来,我国公路隧道以每年1 000km速度增长,建设速度世界第一,世界上已建成10km以上隧道26座,我国占15座,在建和拟建的10km以上公路隧道18座,建设规模世界第一,已经成为世界上隧道和地下工程最多、最复杂、发展速度最快的国家。

测评模块

请结合本单元的学习,完成以下习题。

一、填空题

1. 隧道是指用以保持_____作为交通孔道的工程建筑物。
2. 隧道的优点包括:_____、_____、_____、_____。
3. 根据服务的交通类别划分,隧道可以分为_____和_____两类。
4. 根据所处的地理位置划分,把隧道分为_____、_____、和_____三类。
5. 根据地层介质划分,隧道可分为_____和_____两大类。
6. 在线路翻越山岭地段,通过修建隧道可减少展线长度,使线路_____。这是山岭隧道的最大功能。

二、判断题

1. 隧道的造价比公路低。（　　）
2. 隧道的施工期限长。（　　）
3. 按使用功能隧道可分为交通隧道、水工隧道、矿山巷道。（　　）
4. 避开不良地质地段是山岭隧道的最大功能。（　　）

单元6.1　测评答案

技能训练6.1"认识隧道"见本书配套训练册。

单元6.2　公路隧道的构造与隧道围岩分级

学习引导

隧道的构造较为复杂,往往需要结合周围的地质情况来进行设计。本单元的学习重点是隧道的主体构造物,学习难点是围岩分级。

知识模块

一、隧道的构造

公路隧道结构构造由主体构造物和附属构造物两大类组成。其中,主体构造物是指为了保持岩体的稳定和行车安全而修建的人工永久建筑物。主体构造物通常包括洞身衬砌和洞门构造物。洞身衬砌的平、纵、横断面的形状由道路隧道的几何设计确定,衬砌断面的轴线形状和厚度由衬砌计算决定。在山体坡面有发生崩塌和落石可能时,往往需要接长洞身或修筑明洞。洞门的构造形式由多方面的因素决定,如岩体的稳定性、通风方式、照明状况、地形地貌以及环境条件等。附属构造物是指除了主体构造物以外的其他建筑物,是为了运营管理、维修养护、给水排水、供蓄发电、通风、照明、通信、安全等而修建的构造物。

(一)隧道衬砌的形式及适用条件

1. 衬砌的概念

在隧道及地下工程中,支护结构通常分为初期支护(一次支护)和永久支护(二次支护、二次衬砌)。一次支护是指为了保证施工的安全、加固岩体和阻止围岩的变形、坍塌而设置的临时支护措施。常用支护形式有木支撑、型钢支撑、格栅支撑、锚喷支护等。其中,型钢支撑、格栅支撑、锚喷支护一般作为永久支护的一部分,与永久支护共同工作。二次支护是指为了保证隧道使用的净空和结构的安全而设置的永久性衬砌结构。常用的永久衬砌形式有整体衬砌、装配衬砌、锚喷衬砌及复合式衬砌等。

支护的方式包括:

(1)从外部支撑着坑道的围岩,如模筑混凝土整体式衬砌、砖石衬砌、装配式衬砌、喷射混凝土支护等。

(2)对围岩进行加固以提高其稳定性(如锚杆支护、压入浆液等)。

(3)内部与外部支护混合一起的衬砌(如喷锚支护)。

2. 衬砌的分类

从衬砌施工工艺方面将隧道衬砌的形式分为以下四类。

(1)整体式模筑混凝土衬砌

整体式衬砌是传统衬砌结构形式。在新奥法(NATM)问世前,整体式衬砌广泛地应用于隧道工程中,目前在山岭隧道中还有不少工程实例。该方法不考虑围岩的承载作用,主要通过衬砌的结构刚度抵御地层的变形,承受围岩的压力。整体式衬砌采用就地整体模筑混凝土衬砌,其方法是在隧道内竖立模板、拱架,然后浇灌混凝土而成。整体式衬砌作为一种支护结构,从外部支撑隧道围岩。整体式衬砌适用于不同的地质条件,易于按需成形,且适合多种施工方法。因此,整体式衬砌在我国隧道工程中广泛使用,如图6.2-1所示。

(2)装配式衬砌

装配式衬砌是将衬砌分成若干块构件,这些构件先在现场或工厂预制,然后运到坑道内使用机械将它们拼装成一环接着一环的衬砌,如图6.2-2所示。当地质条件较好,围岩稳定,地下水很少,有场地,施工单位又有制造、运输和拼装衬砌的设备,并且对控制开挖和拼装工艺有一定的经验时,可采用拼装衬砌。当采用盾构施工,又考虑二次衬砌时,也宜采用拼装式衬砌,快速形成一次衬砌的强度。在山岭隧道建设中,很少采用拼装式衬砌。

图 6.2-1　整体式衬砌

图 6.2-2　装配式衬砌

(3) 锚喷支护

当围岩呈块(石)碎(石)状镶嵌结构,稳定性较差时,将掺有速凝剂的混凝土拌合料与水混合成为浆状,喷射到坑道的岩壁上凝结而成的细石混凝土(喷射混凝土);当岩壁不够稳定时,可加设锚杆、金属网和钢架,这样构成的一种支护形式,简称"锚喷支护"如图 6.2-3 所示。依靠锚杆和钢筋网喷混凝土的支护力和锚杆的联结及本身的抗剪强度,提高围岩承载圈的抗压强度和抗剪强度,达到对围岩的整体加固作用,使围岩和锚喷支护共同成为一个承载结构。采用锚喷衬砌,其内表面不太平整顺直,美观性差,进而影响驾驶员在行车中的视觉感观。在高等级道路或城镇及附近的隧道,应根据需要考虑内装,以消除上述缺点外,也便于照明、通风的安装,提高洞内照明、防水、通风、视线诱导、减少噪声等的效果。在某些不良地质、大面积涌水地段和特殊地段,不宜采用锚喷衬砌作为永久衬砌。

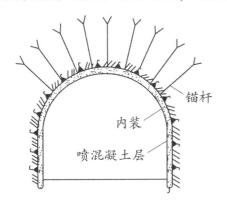

图 6.2-3　锚喷支护

(4) 复合式衬砌

复合式衬砌如图 6.2-4 所示。复合式衬砌是目前隧道工程常采用的衬砌形式,其设计、施工工艺过程与其相应的衬砌及围岩受力状态均较合理,其质量可靠,能够达到较高的防水要求,也便于采用锚喷、钢支撑等工艺。复合式衬砌既能够充分发挥锚喷支护的优点,又能够发挥二次衬砌永久支护的可靠作用。复合式衬砌由初期支护和二次支护组成。初期支护是限制围岩在施工期间的变形,达到围岩的暂时稳定。二次支护则是提供结构的安全储备或承受后期围岩压力。复合式衬砌不同于单层厚壁的模筑混凝土衬砌,它把衬砌分成两层或两层以上，可以是同一种形式、方法、时间和材料施作的，也可以采用不同形式、方法、时间和材料施作。

图 6.2-4　复合式衬砌

（二）明洞

当隧道埋深较浅，上覆岩（土）体较薄、难以采用暗挖法时，应采用明挖法来开挖隧道用明挖法修筑的隧道结构，通常称为明洞。

1. 明洞的适用范围

明洞具有地面、地下建筑物的双重特点。既可作为地面建筑物，用以抵御边坡、仰坡的塌方、落石、滑坡、泥石流等病害，又可作为地下建筑物，用于在深路堑、浅埋地段不适宜暗挖隧道时取代隧道的作用。另外，它还可以利用在与公路、灌溉渠立交处，以减少建筑物之间的干扰。明洞净空必须满足隧道建筑限界要求，洞门一般做成直立端墙式洞门，如图 6.2-5 所示。明洞的作用是在隧道洞口或线路上起防护作用。

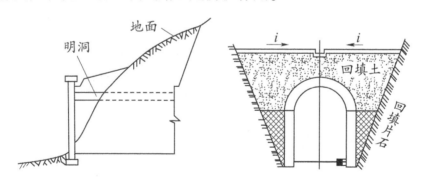

图 6.2-5　直立端墙式明洞示意图

明洞是在露天的路堑地面上，或在敞口的基坑内，先修筑结构物，然后回填覆盖土石。

2. 明洞的结构形式

明洞的结构形式应根据地形、地质、经济、运营安全及施工难易等条件进行选择，采用最多的是拱形明洞和棚式明洞。

（1）拱形明洞

隧道进出口两端的接长明洞或在路堑边坡不稳定地段修建的独立明洞等，多采用拱形明洞的形式。拱形明洞的特点是整体性好，能承受较大的垂直压力和侧压力。其形式有以下四种：

①路堑对称型明洞。这种形式适用于洞顶地面平缓,路堑两侧地质条件基本相同,原山坡有少量坍塌、落石及隧道洞口岩层破碎,洞顶覆盖较薄,难以采用暗挖法修建隧道的地段,如图6.2-6所示。

②路堑偏压型明洞。这种形式适用于两侧山坡高差较大的路堑,高侧边坡有坍塌、落石或泥石流,低侧边坡明洞墙顶以下部分为挖方,且能满足外侧边墙嵌入基岩要求的地段,如图6.2-7所示。

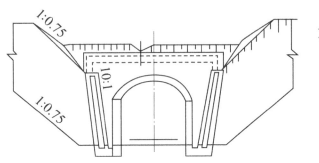
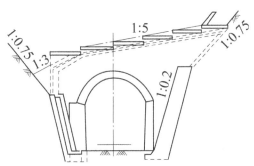

图6.2-6 路堑对称型明洞示意图　　图6.2-7 路堑偏压型明洞示意图

③半路堑偏压型明洞。这种形式适用于半路堑靠山侧边坡较高,有坍塌、落石或泥石流等不良地质现象,而外侧地面较为宽敞和稳定,上部填土坡面线能与地面相交以平衡山侧压力的地段,如图6.2-8所示。

④半路堑单压型明洞。这种形式适用于靠山侧边坡或原山坡有坍塌、落石等情况,外侧地形陡峻无法填土地段,如图6.2-9所示。

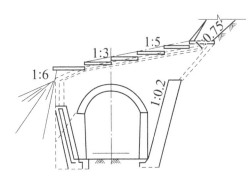
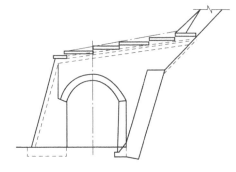

图6.2-8 半路堑偏压型明洞示意图　图6.2-9 半路堑单压型明洞示意图

(2)棚式明洞

当山坡塌方落石数量较少,山体侧压力不大,或因受地质、地形条件的限制,难以修建拱形明洞时,可采用棚式明洞。棚式明洞顶板为梁式结构,内侧边墙一般采用重力式挡土墙。当岩层完整、山体坡面较陡采用重力式挡土墙开挖量较大时,也可采用钢筋混凝土锚杆挡土墙,但在地下水发育地段不宜采用。

棚式明洞的类型主要取决于外侧边墙的结构形式,通常有墙式棚洞、刚架式棚洞、柱式棚洞和悬臂式棚洞(不修建外墙时)等。

①墙式棚洞。墙式棚洞适用于边坡存在坍塌、落石的地段,其横向断面类似桥跨结构。内墙除起挡土墙作用外,还承受顶板下传垂直荷载,外墙只承受顶板下传垂直荷载。墙式棚洞如图6.2-10所示。

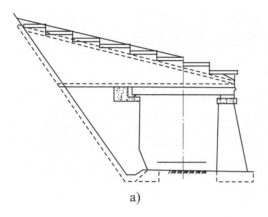

图 6.2-10　墙式棚洞

②刚架式棚洞。刚架式棚洞适用于边坡少量落石，或在连接两座隧道间需建明洞时，为改善隧道通风条件下采用。其特点是外墙结构为连续框架，对地基承载力要求较高。刚架式棚洞如图 6.2-11 所示。

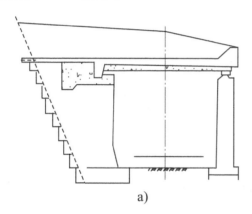

图 6.2-11　刚架式棚洞

③柱式棚洞。柱式棚洞适用于少量落石，地基承载力高或基岩埋藏浅的地段。其特点是外墙采用独立柱和纵梁方式，结构简单，预制吊装方便，但整体稳定性较差。柱式棚洞如图 6.2-12 所示。

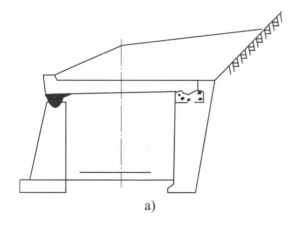

图 6.2-12　柱式棚洞

④悬臂式棚洞。当山坡较陡，坡面有少量落石，且外侧地基不良或不宜设基础时，可采用悬臂式棚洞。根据山侧岩层的具体条件，内侧可选用重力式边墙或锚杆挡墙等形式，悬臂

图 6.2-13 悬臂式棚洞

式棚洞由于结构不对称,抗震性能差,施工要求较高,选用时应慎重。悬臂式棚洞如图 6.2-13 所示。

(三) 隧道洞门

洞门(隧道洞门的简称,通常也泛指隧道门及明洞门)是隧道洞口用圬工砌筑以保护洞口、排放流水并加以建筑装饰的支挡结构物。洞门是联系洞内衬砌与洞外路堑的支护结构,是整个隧道结构的主要组成部分,也是隧道进出口的标志。

1. 洞门的作用

(1)减少洞口土石方开挖量,起到挡土墙的作用。

(2)稳定边仰坡,减小引线路堑的边坡高度,缩小正面仰坡的坡面长度,从而使边仰坡得以稳定。

(3)当岩(土)体有滚落碎石可能时,一般应接长明洞,减少对边坡的扰动,使洞门墙离开仰坡底部一段距离,确保落石不会滚落在行车道上。

(4)引离地面流水至侧沟排走,保证了洞口的正常干燥状态。

(5)装饰洞口。修建洞门也可以算是一种装饰,特别是在城市附近、风景区及旅游区内的隧道,更应配合当地的环保,给予艺术处理进行美化。

对于公路隧道,隧道的长度就是其进出口洞门墙外表面与路面的交线同路线中线交点间的距离。

2. 洞门结构类型

根据洞口地形、地质及衬砌类型等不同的情况和要求划分,洞门结构主要有以下两大类。

(1)隧道门。隧道门指修建在不设明洞的隧道洞口的支挡结构物,如图 6.2-14 所示。隧道门包括环框式洞门、端墙式洞门、翼墙式洞门、柱式洞门、台阶式洞门、斜洞门和耳墙式洞门等。

(2)明洞门。明洞门主要配合明洞结构类型设计。明洞有拱形明洞和棚洞之分,相应的,明洞门也分拱形明洞门和棚式明洞门两大类。棚式明洞门并不单独设置,通常在棚洞洞口端横向顶梁上,加设端墙,以拦截落石,避免其坠入线路影响行车安全。所以一般阐述的明洞门形式多指拱形明洞门。明洞门如图 6.2-15 所示。

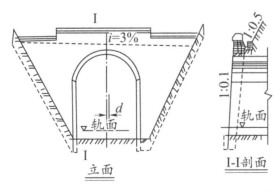

a) 端墙式洞门

图 6.2-14

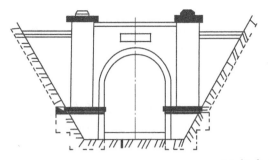

b) 柱式洞门

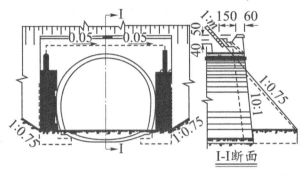

c) 环框式洞门

图 6.2-14 隧道门(尺寸单位:cm)

a) 拱形明洞门

b) 半路堑式明洞门

图 6.2-15 明洞门

(四)隧道附属建筑物

为使隧道能够正常使用,保证车辆通过的安全,除了洞门、明洞和洞身衬砌等主体建筑物以外,还需要设置一些附属建筑物,主要包括如下。

1. 隧道通风建筑物

通风的作用是将有害气体、热量、潮湿空气等排出洞外,把洞外的新鲜空气引进洞来使洞内空气达到无害的程度,使驾驶员、乘客和洞内维修人员能舒适而高效地工作。通风可以分为借助自然条件的自然通风和依靠人为条件的机械通风两种方式。其中,自然通风是指利用洞内的天然风流和行驶车辆运行所引起的活塞风来达到通风目的;机械通风是指在自然通风不能满足要求时,设置一系列通风机械,送入或吸出空气来达到通风目的。隧道通风建筑物具体布置形式如图 6.2-16 所示。

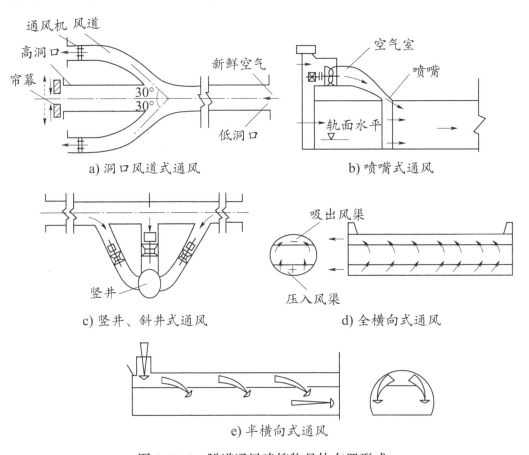

图 6.2-16 隧道通风建筑物具体布置形式

2. 避车洞

在隧道两侧边墙上交错均匀地修建可供人员躲避及放置车辆料具的洞室称为避车洞。避车洞据其断面尺寸的大小可分为大避车洞及小避车洞。

(1)大避车洞

大避车洞如图 6.2-17 所示。在碎石道床的隧道内,每 300m 设 1 个(每侧)大避车洞;在混凝土宽枕道床或整体道床的隧道内,每 420m 设 1 个(每侧)大避车洞。

(2)小避车洞

小避车洞如图 6.2-18 所示。在碎石道床或整体道床的隧道内,单线每 60m 设 1 个(每侧);双线每 30m 设 1 个(每侧)。

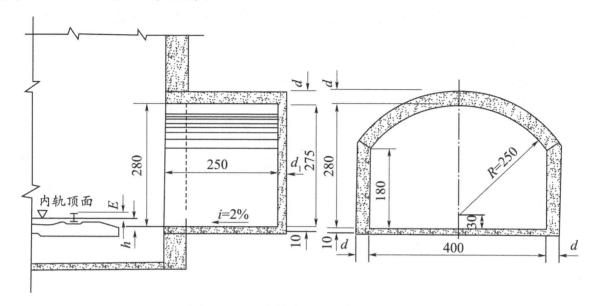

图 6.2-17 大避车洞(尺寸单位:cm)

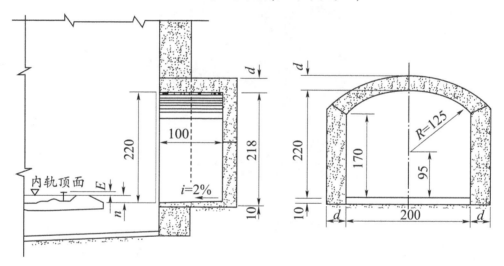

图 6.2-18 小避车洞(尺寸单位:cm)

(3)避车洞的建筑要求

①在修隧道衬砌时,同级同时修避车洞,保证连续结构,避开衬砌的伸缩缝、沉降缝、工作缝以及不同衬砌类型或不同加宽断面变化的衔接处,避车洞的底面应与道床或侧水沟的盖板面等高齐平,以使维修人员等及小车可以平顺进入。

②为使避车洞的位置明显便于人员在光线暗淡的隧道内易于寻找,得以迅速地找到最近的避车洞,并且不跨越线路,可在避车洞内以及周边上用石灰浆刷成白色,并在两侧距离为 10m 处的边墙上各绘一个白色的指向箭头,在运营期间应保证这些标志的鲜明醒目。避车洞内指向标志如图 6.2-19 所示。

3. 防排水建筑物

隧道内外设置的防排水建筑物如图 6.2-20 所示。施工时防排水设施布置有如下几种。

(1)排水沟

排水沟的断面大小按排水量而定,一般底宽不应小于 40cm,深度不小于 35cm。排水沟上面应有预制的钢筋混凝土盖板,平时成为人行,盖板顶面应与避车洞底面平齐。排水沟在一定长度上应设检查井,以便随时清理残渣。排水沟有两种方式,即侧式排水沟、中心式排水沟。侧式水沟又分为单侧水沟和双侧水沟。

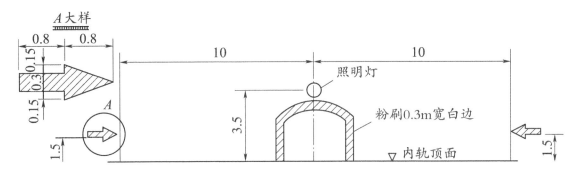

图 6.2-19　避车洞内指向标志(尺寸单位:m)

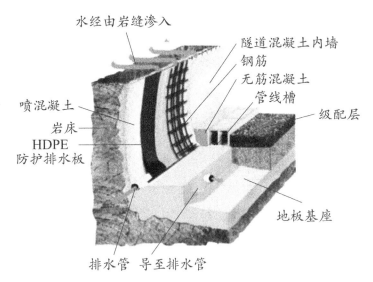

图 6.2-20　防排水建筑物

①侧式排水沟。

单侧排水沟:设在来水的一侧,设在曲线内侧,如图 6.2-21 所示。

图 6.2-21　单侧排水沟

双侧排水沟:隔一定距离应设一横向联络沟,以平衡不均匀的水流量。

②中心式排水沟。当隧道采用整体道床时,排水沟设在线路中线的下方;当采用双线隧

道时,排水沟设在两线之间。中心式排水沟是用混凝土砌筑的,维修工作量较小,但一旦需要清理或维修时,必须在行车间隔的时间内进行,不甚方便。

(2)盲沟

盲沟的作用是在衬砌与围岩之间提供过水通道,并使之汇入泄水孔。盲沟主要用于引导较为集中的局部渗流水,如图6.2-22所示。

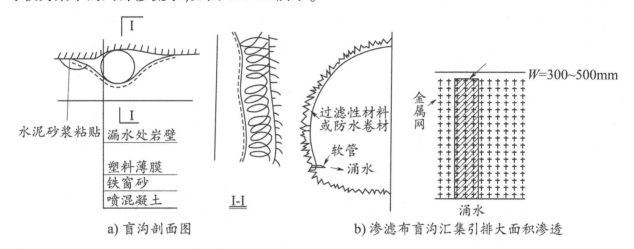

图 6.2-22 盲沟

目前,我国普遍采用的是柔性盲沟,它是由工厂加工制造。柔性盲沟具有现场安装方便,布置灵活,连接容易,接头不易被混凝土阻塞,过水效果良好,成本较低等优点。柔性盲沟的构造形式有弹簧软管盲沟和化学纤维渗滤布盲沟两种。

①弹簧软管盲沟(图6.2-23)一般采用10号铁丝缠成 $\phi 5 \sim 8cm$ 的圆柱形弹簧,也可以采用硬质且具有弹性的塑料丝缠成半圆形弹簧或带孔塑料管,将此作为过水通道的骨架。安装时,外覆塑料薄膜和铁窗纱从渗流水处开始沿环向铺设并接入泄水孔。

②化学纤维渗滤布盲沟是用结构疏松的化学纤维布作为水的渗流通道。其单面有塑料敷膜,安装时使敷膜朝向混凝土一面,可以阻止水泥浆渗入滤布。化学纤维渗滤布式盲沟的质量轻,便于安装和连续加垫焊接,宽度和厚度也可以根据渗排水量的大小进行调整,是一种较理想的渗水盲沟。

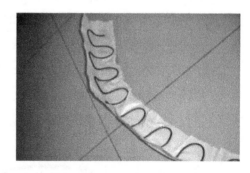

图 6.2-23 弹簧软管盲沟

(3)渡槽

在隧道衬砌的内表面,每隔一定的距离,开凿一道竖向的环形凹槽,槽的大小依水量而定。槽内填以卵石,槽的外表面仍以混凝土封盖。环形凹槽下端连接预留的水管,通到侧排水沟。地下水从外方流到隧道衬砌的周边,便进入渡槽,自顶上沿两侧流到槽底,然后经水管排到边沟。这种排水方式多用于已成隧道漏水较大已无法用其他防水措施解决时,作为整治漏水病害处理。虽然它可以取得较好效果,但是它削弱了衬砌边墙的强度。

(4)防水层

为保证隧道衬砌、通信信号、供电线路和轨道等设备正常使用,隧道衬砌应根据要求采取防水措施。设置防水措施一般有以下几种途径：

①注浆。注浆，即压注水泥浆及化学浆液，是指将一定组合成分配制而成的浆液压入衬砌背后围岩或衬砌与围岩间的空隙中，经凝结，硬化后起到防水和加固的作用。

②防水混凝土衬砌。衬砌采用防水混凝土灌注。防水混凝土是指以调整配合比或掺用外加剂的方法增加混凝土的密实性，以提高混凝土自身抗渗性能的一种混凝土。

③衬砌各类缝隙防水。在地下水较丰富的地区，衬砌接缝处常用止水带防水。其类型很多，包括金属（铜片）止水带、聚氯乙烯止水带以及橡胶止水带等。橡胶止水带可用于变形幅度较大的场合。钢边止水带是在两侧镶有0.6~0.7mm厚的钢片翼缘的一种橡胶止水带，刚度较高，便于安装。它在水底隧道中被广泛地使用。

④外贴式防水层。外贴式防水层是指在衬砌的外侧粘贴沥青、油毡，或涂刷焦油聚氨酯等涂料，形成隔水层。外贴式防水层的防水效果比较好，但是施作困难，工作人员易中毒。因此，外贴式防水层一般用于明洞的防水。

⑤内贴式防水层。内贴式防水层是在衬砌的内侧施作防水层。一般采用喷水泥砂浆、防水砂浆抹面或喷涂阳离子乳化沥青胶乳等涂料施作内贴式防水层。

⑥复合式衬砌中间防水层。在复合式衬砌的内外层衬砌之间设防水层，是一种效果良好的防水形式。复合式衬砌中间防水层可以用软聚氯乙烯薄膜、聚异丁烯片、聚乙烯片等防水卷材，或用喷涂乳化沥青等做防水剂。

(5) 洞顶防排水

当隧道围岩内的水主要由洞顶地表水补给时，可根据实际情况对地表进行处理，以隔断水源。另外，为防止地表水冲刷仰坡，流入隧道，一般应在洞口边仰坡上方设置天沟，以便引流地表水。如果隧道设有明洞，那么一定要做好明洞顶的防排水。

(6) 洞门排水

洞门的端墙、翼墙和边仰坡上均应设有相应的排水设施，以便引流地表水。另外在洞口处还应设有洞内外水沟的衔接过渡设施，如图6.2-24所示。

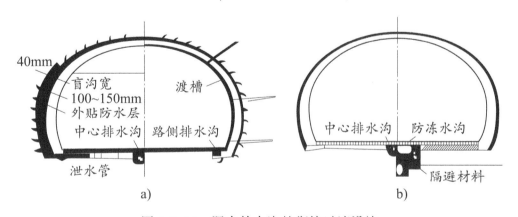

图6.2-24 洞内外水沟的衔接过渡设施

4. 电缆槽及高低压供电

(1) 电缆槽

穿过隧道的各种电缆，必须采取一定的保护措施来防止潮湿、腐烂以及人为的创伤。例如，沿着衬砌边墙下方，设置全长的电缆槽，如图6.2-25所示。电缆槽是用混凝土浇筑围成的,附设在侧水沟的同侧(内侧)或异侧而不侵入隧道净空限界的位置上。其槽顶有盖板用作防护。通信和信号的电缆可以放在同一个电缆槽内,但缆间距离不应小于100mm。电力线必须单独放在另外的电缆槽内。

电力牵引区段隧道内接触网,对于单线隧道可悬吊在拱顶处,对于双线隧道可悬吊在线路中心上方的拱腰处(图6.2-26)。隧道内养护维修或其他电气设备的供电一般是采用三相四线式供电,控制开关应集中设在隧道口便于操作处。隧道照明主要为便于工作人员对隧道及其设备进行检查、养护维修以及洞内人员行走与躲避车辆而设置的。电力照明采用固定式灯具,养护作业用的照明插座,一般设在避车洞内。

图6.2-25 电缆槽

图6.2-26 电力牵引区段隧道内接触网

(2)信号继电器箱和无人增音站洞

若隧道内需要设置信号继电器时,则应在电缆槽同侧设置信号继电器箱洞。根据电信传输损耗和通信设计要求,在隧道内设置无人增音站洞时,其位置可根据通信要求确定。此外,隧道内还有一些专门的构造设备,如洞门的检查梯、洞内变压器洞库、双孔隧道之间的行人横洞和行车横洞、存放消防器材及救援设施的洞室、报警及其他应急设施等。这些设备可以按照具体需要予以布置。

5.伸缩缝、沉降缝

伸缩缝和沉降缝统称为变形缝。伸缩缝是为了防止结构因热胀冷缩,或湿胀干缩产生裂缝而设置的,以保证结构有伸缩的余地。沉降缝是为了防止结构因局部不均匀下沉引起变形断裂而设置的,以保证结构有上下左右变形的余地。也就是说,伸缩缝是满足结构在轴线方向上的变形要求设置的,沉降缝是满足结构在垂直与水平方向上的变形要求设置的。

二、公路隧道围岩分级

隧道围岩分级是公路设计、施工的基础。施工方法的选择、衬砌结构类型及尺寸的确定、隧道施工劳动定额、材料消耗标准的制定都要以隧道围岩分级为主要依据。围岩分级的重要发展趋势是加强施工阶段围岩级别的判定。因为,只有施工阶段的判定是最直接、最可靠的判定,由于施工后的隧道地质状态已充分暴露,这给围岩级别的判定创造了极好的条件。施工阶段围岩级别的判定是一个重要而现实的问题。公路隧道围岩分级见表6.2-1。

公路隧道围岩分级　　　　　　　　　表 6.2-1

围岩级别	围岩或土体主要定性特征	围岩基本质量指标(BQ)或修正的围岩基本质量指标[BQ]
Ⅰ	坚硬岩,岩体完整	>550
Ⅱ	坚硬岩,岩体较完整; 较坚硬岩,岩体完整	550~451
Ⅲ	坚硬岩,岩体较破碎; 较坚硬岩,岩体较完整; 较软层,岩体完整,整体或巨厚层结构	450~351
Ⅳ	坚硬岩,岩体破碎; 较坚硬岩,岩体较破碎—破碎; 较软岩,岩体较完整—较破碎; 软岩,岩体完整—较完整	350~251
Ⅳ	土体: (1)压密或成岩作用的黏性土及砂性土; (2)黄土(Q_1、Q_2); (3)一般钙质、铁质胶结的碎石土、卵石土、大块石土	—
Ⅴ	较软岩,岩体破碎; 软岩,岩体较破碎—破碎; 全部极软岩和全部极破碎岩	≤250
Ⅴ	一般第四系的半干硬至硬塑的黏性土及稍湿至潮湿的碎石土,卵石土、圆砾、角砾土及黄土(Q_3、Q_4)。非黏性土呈松散结构、黏性土及黄土呈松软结构	
Ⅵ	软塑状黏性土及潮湿、饱和粉细砂层、软土等	

注:本表不适用于特殊条件的围岩分级、如膨胀性围岩、多年冻土等。

测评模块

请结合本单元的学习,完成以下习题。

一、填空题

1. _____是为了保证隧道使用的净空和结构的安全而设置的永久性衬砌结构。
2. 从衬砌施工工艺方面将隧道衬砌的形式分为以下四类:_____、_____、_____和_____。
3. 明洞具有_____、_____建筑物的双重特点。

4. 拱形明洞主要有四种类型：_____、_____、_____、和_____。

5. 隧道附属建筑物包括：_____、_____、_____、_____。

二、问答题

1. 简述门洞的作用。
2. 简述棚式明洞的适用条件。
3. 简述避车洞的建筑要求。
4. 简述设置防水设施的途径。

单元6.2 测评答案

技能训练6.2"认识隧道的构造"见本书配套训练册。

单元6.3 隧道施工技术

学习引导

隧道施工过程通常包括：①在地层中挖出土石，形成符合设计轮廓尺寸的坑道；②进行必要的初期支护和砌筑最后的永久衬砌，以控制坑道围岩变形，保证隧道长期安全使用。因此，合理地选用施工方法是十分重要的。本单元的学习重点是隧道施工方法的分类，学习难点是选择合适的施工方法。

知识模块

一、隧道工程施工的特点

概括地说，隧道工程施工具有以下特点：①隐蔽性大；②作业的循环性强；③作业空间有限；④作业的综合性；⑤施工是动态的；⑥作业环境恶劣；⑦作业的风险性大；⑧气候影响小。各种施工技术必须考虑以上特性，才能够充分发挥其作用。

二、隧道施工方法分类及其选择

根据隧道穿越地层的不同情况和目前隧道施工方法的发展，隧道施工方法可按图6.3-1示方式分类。下面我们简单介绍矿山法、掘进机法、明挖法和沉管法。

矿山法因最早应用于矿石开采而得名。它包括上面已经提到的传统矿山法和新奥法。由于矿山法在多数情况下都需要采用钻眼爆破技术进行开挖，又称为钻爆法，其施工图如图6.3-2所示。

$$\text{隧道施工方法}\begin{cases}\text{山岭隧道施工方法}\begin{cases}\text{矿山法(钻爆法)}\begin{cases}\text{传统矿山法}\\\text{新奥法}\end{cases}\\\text{掘进机法}\begin{cases}\text{隧道掘进机法}\\\text{盾构掘进机法}\end{cases}\end{cases}\\\text{浅埋及软土隧道施工方法}\begin{cases}\text{明挖法}\\\text{地下连续墙法}\\\text{盖挖法}\\\text{浅埋暗挖法}\\\text{盾构法}\end{cases}\\\text{水底隧道施工方法}\begin{cases}\text{沉管法}\\\text{盾构法}\end{cases}\end{cases}$$

图 6.3-1　隧道施工方法分类

图 6.3-2　钻爆法施工图

掘进机法包括隧道掘进机(Tunnel Boring Machine,TBM)法(图 6.3-3)和盾构掘进机法(图 6.3-4)。前者适用于岩石地层;后者则主要适用于土质围岩,尤其适用于软土、流砂、淤泥等特殊地层。

图 6.3-3　隧道掘进机法施工图

图 6.3-4　盾构掘进机法施工图

明挖法、沉管法等则是用来修建水底隧道、地下铁道、城市市政隧道等，以及埋深很浅的山岭隧道。明挖法施工图如图 6.3-5 所示，沉管法施工图如图 6.3-6 所示。

图 6.3-5　明挖法施工图

图 6.3-6 沉管法施工图

在隧道施工中最重要的是合理地选择施工方法。选择施工方法时需要考虑的基本因素主要包括：①施工条件；②围岩条件；③隧道断面积；④埋深；⑤工期；⑥环境条件。

从目前的工程实际出发，在今后很长一段时期内，矿山法仍然是修建山岭隧道的主流方法，是其他施工方法无法代替的。在当前的施工实践中，最常用的施工方法是台阶法，其次是全断面法。由于施工机械的开发和辅助工法的采用，隧道施工方法有向更多地采用全断面法，特别是全断面法与超短台阶法结合的发展趋势。因此，目前选择施工方法，并不完全取决于地质条件。地质条件仅仅是选择施工方法的一个因素，而更应强调的是，施工方法必须符合快速、安全、质量及环境的要求。其中，环境因素有时成为选择施工方法的决定性因素。

三、公路隧道主要施工方法

(一) 新奥法

1963年，由奥地利学者 L·腊布兹维奇教授命名的"新奥地利隧道施工法(New Austria Tunnelling Method)"，[简称新奥法(NATM)]正式出台。它以控制爆破或机械开挖为主要掘进手段。喷射混凝土是利用高压空气将掺有速凝剂的混凝土混合料通过混凝土喷射机与高压水混合喷射到岩面上迅速凝结而成的。锚喷支护结构是喷射混凝土、锚杆、钢筋网喷射混凝土等结构组合起来的支护形式。锚喷支护结构能及时地支护和有效地控制围岩的变形，防止岩块坠落和坍塌的产生，充分发挥了围岩的自承能力。所以，锚喷支护结构比模注混凝土衬砌的受力更为合理。锚喷支护结构不再将围岩仅仅视作荷载(松散压力)，更将它视为承载结构的组成部分。此外，锚喷支护结构的使用是有一定条件的，即在围岩的自承能力差、有涌水及大面积淋水处、地层松软处很难成型。

1. 隧道施工应遵循的基本原则

新奥法隧道施工的基本原则可简单地概括为"少扰动、早喷锚、勤测量、紧封闭"。

在实际施工过程中,这些原则不是一成不变的,而是应该结合实际情况进行完善和提高。拱部块状围岩的锚杆支护如图6.3-7所示。

图6.3-7 拱部块状围岩的锚杆支护

2. 新奥法的分类及施工工序

根据其开挖断面的大小及位置划分,新奥法施工可分为以下几种:

(1)全断面开挖法。

(2)台阶法。台阶法又分为长台阶法、短台阶法和超短台阶法。

(3)分部开挖法。分部开挖法又分为台阶分部开挖法(环形开挖留核心土法)、中隔壁法(单侧壁导坑法、CD法)和双侧壁导坑法(眼镜法)等。

新奥法的施工程序如图6.3-8所示。

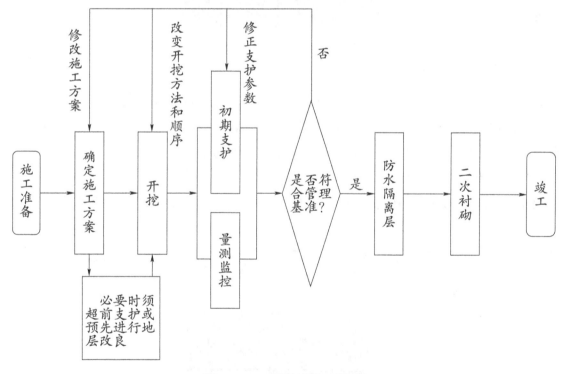

图6.3-8 新奥法施工程序

3. 开挖方法

根据开挖隧道的横断面分布情形划分,开挖方法可分为全断面开挖法、台阶开挖法和分部开挖法。

(1)全断面开挖法

全断面开挖法如图6.3-9所示。

适用条件:

①全断面开挖法适用于岩层覆盖条件简单、岩质较均匀的硬岩中。

②必须具备大型施工机械。

③隧道长度或施工区段长度不宜过短,否则采用大型机械化施工的经济性差。根据经验,这个长度不应小于1km。

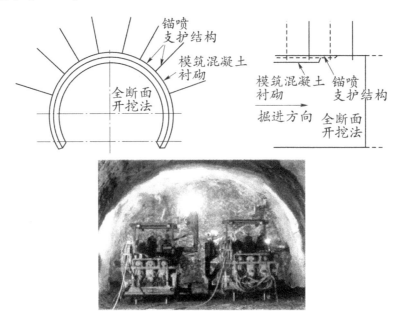

图 6.3-9　全断面开挖法

(2)台阶开挖法

台阶开挖法一般是将设计断面分上半断面和下半断面两次开挖成型。根据台阶长度划分,台阶开挖法包括长台阶开挖法、短台阶开挖法和超短台阶开挖法等三种,如图 6.3-10 所示。在施工中,要根据以下两个条件来决定采用何种台阶法:

①初次支护形成闭合断面的时间要求,围岩越差,闭合时间要求越短。

②上半断面施工所用的开挖、支护、出渣等机械设备施工场地大小的要求。

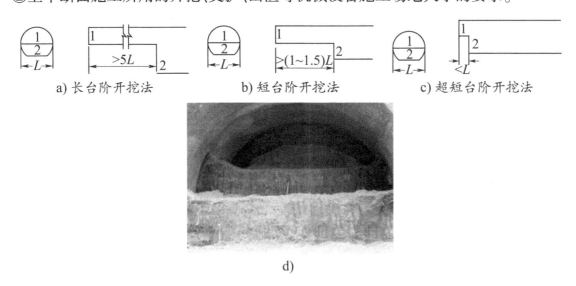

图 6.3-10　台阶开挖法施工形式

(3)分部开挖法

分部开挖法是将隧道断面分部开挖逐步成型,且一般将某部超前开挖,也称为导坑超前开挖法。分部开挖法有三种变化方案,即台阶分部开挖法、单侧壁导坑法和双侧壁导坑法,如图 6.3-11 所示。此处不再详细介绍。

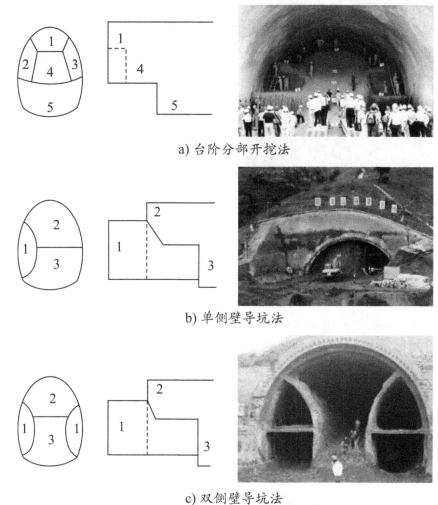

图 6.3-11　分部开挖法

(二) 松散地层隧道施工方法

松散地层结构松散,胶结性弱,稳定性差,在隧道施工中极易发生坍塌。例如,极度风化破碎已失去岩性的松散体、漂卵石地层、砂夹砾石和含有少量黏土的土壤以及无胶结松散的干沙等。隧道穿过这类地层,应减少对围岩的扰动。隧道开挖前,先向围岩内打入钎、管、板等构件,用以预先支护围岩,防止坑道掘进时岩体发生坍塌。以改造地质条件为前提,以格栅(或其他钢结构)和锚喷为初期支护手段,遵循新奥法隧道施工的基本原则和"管超前、严注浆、短开挖、强支护、快封闭、勤测量"的原则进行隧道的设计和施工。松散地层设计时没有充分考虑利用围岩的自承能力,这是和"新奥法"主要区别。下面简述几种主要施工方法。

1. 超前锚杆或超前小钢管

采用这种施工方法时,在爆破前,将超前锚杆或超前小钢管打入掘进前方稳定的岩层内,末端支撑在拱部围岩内的悬吊锚杆或格栅拱支撑上,使其起到支护掘进进尺范围内拱部上方,有效地约束围岩在爆破后的一定时间内不发生松弛坍塌。超前锚杆宜采用早强型砂浆锚杆,以尽早发挥超前支护作用,如图 6.3-12 所示。

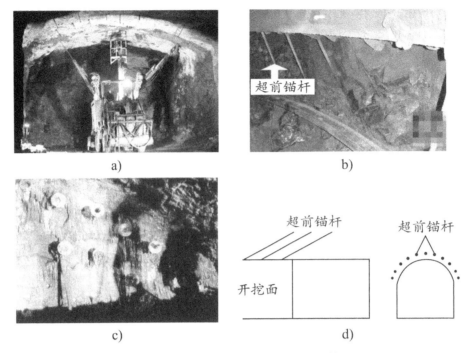

图 6.3-12 超前锚杆或超前小钢管

2. 超前管棚法,如图 6.3-13 所示

超前管棚法适用于围岩为砂黏土、黏砂土、亚黏土、粉砂、细砂、砂夹卵石夹黏土等非常松软、破碎的土壤,钻孔后极易塌孔的地层。在采用超前管棚法时,管棚长度应按地质情况选用,但应保证开挖后管棚有足够的超前长度。为增加管棚刚度,可在钢管内灌入混凝土或设置钢筋笼,注入水泥砂浆,在地层中建立起一个临时承载棚,在其防护下施工。超前管棚法如图 6.3-13 所示。

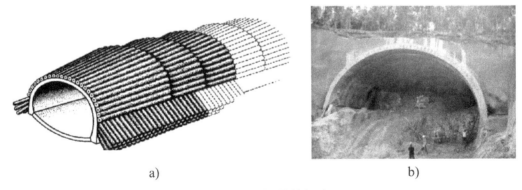

图 6.3-13 超前管棚法

3. 超前小导管预注浆

超前小导管预注浆(图 6.3-14)是沿开挖外轮廓线,以一定角度打入管壁带孔的小导管,并以一定压力向管内压注水泥或化学浆液的措施。它既能将洞周围岩体预加固,又能起超前预支护作用。此法适用于自稳时间很短的砂层、砂卵(砾)石层等松散地层施工。

4. 降水、堵漏

在松散地层中含水,对隧道施工的危害极大。排除施工部位的地下水,有利于施工。隧道降水、隧道堵漏的方法较多。如图 6.3-15、图 6.3-16 所示。降水可在洞内或辅助坑道内井点降水。在埋深较浅的隧道中,可用深井泵降水,在洞外地面隧道两侧布点进行。

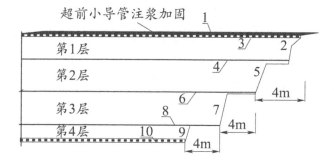

图 6.3-14 超前小导管预注浆
1~10-小导管的编号

如图 6.3-17 所示,在地下水丰富,而且排水条件或排水费用高,经过技术、经济比选,可采用注浆堵漏措施。注浆堵漏又分地面预注浆和洞内开挖工作面预注浆。具体采用哪种方法,应根据隧道埋深、工程地质和水文地质情况,钻孔和压浆设备能力,以及技术、经济、工期等方面进行综合分析后采用。

5. 地下连续墙法

在地面上,利用一些种挖槽机械,借助于泥浆的护

图 6.3-15 隧道降水

壁作用,在地下挖出窄而深的基槽;清槽后,在槽内吊放钢筋笼,然后用导管法灌筑水下混凝土筑成一个单元槽段;如此逐段进行,在地下筑成一道连续的钢筋混凝土墙壁,作为截水、防渗、承重、挡土结构。

图 6.3-16 隧道堵漏

图 6.3-17 注浆堵漏

地下连续墙法的特点是,施工振动小,墙体刚度大,整体性好,施工速度快,可省土石方,可用于密集建筑群中建造深基坑支护及进行逆作法施工,可用于各种地质条件下,包括砂性土层、粒径 50mm 以下的砂砾层中施工等。地下连续墙法适用于建造建筑物的地下室、地下商场、地铁停车场、地下油库、挡土墙、高层建筑的深基础、逆作法施工围护结构,工业建筑的深池、深坑、竖井等。地下连续墙法如图 6.3-18 所示。

图 6.3-18 地下连续墙施工

测评模块

请结合本单元的学习,完成以下习题。

问答题

1. 简述隧道施工的特点。
2. 简述隧道施工方法分类。
3. 简述盾构掘进机法的适用条件。
4. 简述松散地层隧道施工方法种类。

单元6.3 测评答案

 技能训练

技能训练6.3"隧道工程施工——新奥法"见本书配套训练册。

模块 7

路线交叉

素质目标

1. 培养学生的分析能力和整合能力。
2. 培养学生严谨、认真、实事求是的工匠精神。
3. 培养学生强烈的社会责任感。

知识目标

1. 掌握平面交叉的设计原则。
2. 掌握平面交叉的类型。
3. 掌握平面交叉口交通管理方式。
4. 掌握互通式立体交叉的组成。
5. 掌握立体交叉的形式和分类。
6. 掌握立体交叉的适用条件。
7. 掌握互通式立体交叉的组成。
8. 掌握公路与其他线路交叉的规定和基本要求。
9. 掌握道路与铁路的交叉口类型。

技能目标

1. 能根据实际工程确定平面交叉的设置类型,并说出适用场景。
2. 能根据实例提出正确的平面交叉口交通管理方式。
3. 能根据实例绘制正确的平面交叉口平面图。
4. 能根据实际工程确定立体交叉的设置类型,并说出适用场景。
5. 能根据互通式立体交叉平面图正确判断路线进出口及匝道流向。
6. 能根据平面图说出互通式立体交叉各部分组成在实际工程中的具体位置及作用。
7. 能根据公路与其他线路交叉形式确定交叉类型,并说出适用场景。
8. 能根据实例说出铁路道口的设置位置。

课时建议

6 学时。

单元 7.1　平　面　交　叉

学习引导

交叉口是公路的重要组成部分,相交公路在同一平面上交叉时应设置平面交叉口。本单元的学习重点是平面交叉的类型和设计原则,学习难点是平面交叉交通管理方式。

知识模块

交叉口是公路的重要组成部分,公路与公路以及公路与铁路、乡村道路、管线等相交部位称为交叉口。相交公路在同一平面上的交叉称为平面交叉。相交的公路分别在不同平面的交叉称为立体交叉。

路线交叉(图 7.1-1)包括的种类有公路与公路交叉、公路与铁路交叉、公路与乡村道路交叉以及公路与其他管线交叉等。

图 7.1-1　路线交叉

一、平面交叉设计原则

按照《公路路线设计规范》(JTG D20—2017)规定,平面交叉设计应遵循以下原则:

(1)平面交叉位置的选择应综合考虑公路网现状和规划、地形、地物和地质条件、经济与环境因素等。

(2)平面交叉形式应根据相交公路的功能、等级、交通量、交通管理方式、用地条件和工程造价等因素而确定。

(3)平面交叉选型应选用主要公路或主要交通流畅通、冲突点少、冲突区小且冲突区分散的形式。

(4)平面交叉几何设计应结合交通管理方式并考虑相关设施的布置。

(5)平面交叉范围内相交公路线形的技术指标应能满足视距的要求。

(6)相交公路在平面交叉范围内的路段宜采用直线;当采用曲线时,其半径宜大于不设超高的圆曲线半径,纵面应力求平缓,并符合视觉所需的最小竖曲线半径值。

(7)平面交叉设计应以预测的交通量为基本依据,设计所采用的交通量应为设计小时交通量。

(8)平面交叉处行人穿越岔路口的设施应根据行人流量、公路等级和交通管理方式等设置人行横道、人行天桥或人行通道(图7.1-2、图7.1-3)。

图7.1-2 人行横道

图7.1-3 人行天桥

(9)平面交叉的几何设计应与标志、标线和信号设施一并考虑,统筹布设。视距不良的小型平面交叉,可根据具体情况设置反光镜(图7.1-4)。

图7.1-4 反光镜

(10)平面交叉改建时,除应收集交通量以外,还应调查交通延误以及交通事故的数量、程度、原因等现有交叉的使用状况。

二、平面交叉的分类

(一)根据形状分类

根据形状分类,平面交叉可分为十字形、T形、Y形、X形、错位及环形交叉口等(图7.1-5)。

(1)十字形交叉是一种常见的交叉口形式,它适用于相同或不同等级公路的交叉。其特点是构形简单、交通组织方便、城镇街角建筑容易处理。

(2)T形交叉适用于次干路连接主干路或尽头式干线连接主线的交叉口(图7.1-6)。

(3)Y形交叉是路线分叉的结果。

(4)X形交叉为两路斜交一对角为锐角,另一对角为钝角,转弯交通不便,锐角太小时此形式不宜采用。

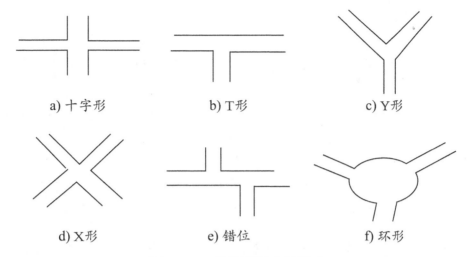

图 7.1-5　常见平面交叉形式

（5）错位交叉是两个相距不远的 T 形交叉相对拼接，由斜交（X 形交叉）改造而成。

（6）环形交叉是用中心岛组织车辆按逆行方向绕中心岛单向行驶的一种形式。

（二）根据组成分类

根据组成的不同分类，平面交叉可分为渠化平面交叉和非渠化平面交叉两种。

（1）渠化平面交叉：相交公路等级较高或交通量较大的平面交叉，应采用交通岛来分隔同向和对向车流（图 7.1-7）。

图 7.1-6　主次道路

（2）非渠化平面交叉：设计速度较低，交通量较小的双车道公路相交，可采用非渠化平面交叉（图 7.1-8）。

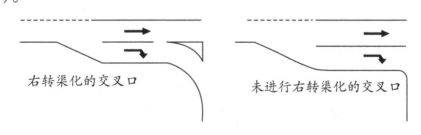

图 7.1-7　渠化平面交叉　　图 7.1-8　非渠化平面交叉

三、平面交叉口类型

（一）平 A 类：信号控制交叉口

平 A1 类（交通信号控制）：进出口道展宽交叉口。

平 A2 类（交通信号控制）：进出口道不展宽交叉口。

（二）平 B 类：无信号控制交叉口

平 B1 类：支路只准右转通行的交叉口。

平 B2 类：减速让行或停车让行标志管制交叉口（图 7.1-9）。

平 B3 类:全无管制交叉口。

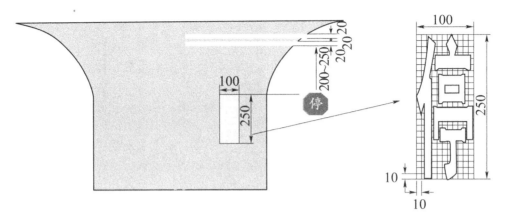

图 7.1-9　平 B2 类:减速让行或停车让行标志管制交叉口(尺寸单位:cm)

(三)平 C 类:环形交叉口

平 C 类:环形交叉口如图 7.1-10 所示。

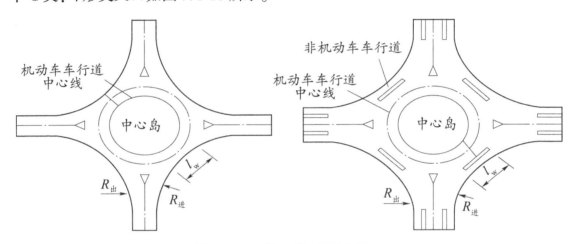

图 7.1-10　平 C 类:环形交叉口

四、平面交叉交通管理方式

平面交叉应根据公路的功能等级交通量等确定交通管理方式。交通管理方式可分为主路优先交叉、无优先交叉和信号交叉三种。

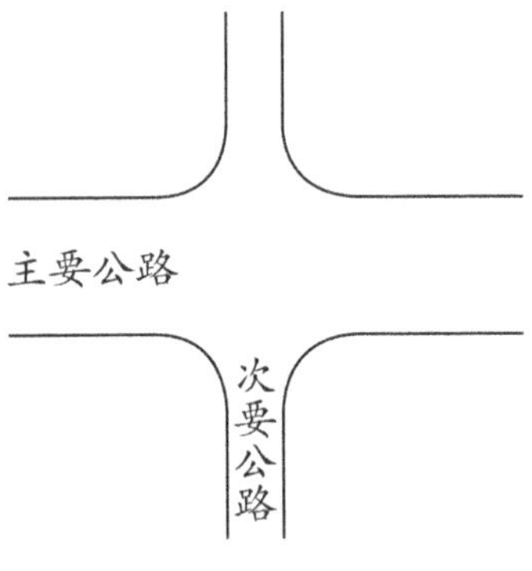

(一)主路优先交叉

公路等级和交通量有明显差别的两条公路相交,或交通量较大的 T 形交叉,应采用主路优先交叉,次要公路上采用让行管理(图 7.1-11)。

(二)无优先交叉

当相交公路的等级均较低且交通量较小时,应采用无优先交叉。

图 7.1-11　主、次道路

(三)信号交叉

满足下列条件时,采用信号交叉(图 7.1-12):

（1）两条交通量均大，且功能、等级相同的公路相交，难以采用"主路优先交叉"的规则管理时。

（2）两相交公路虽有主次之别，但交通量均较大（主要公路双向交通量大于或等于60辆/h，次要公路单项交通量大于或等于200辆/h），采用"主路优先交叉"交通管理方式会出现较频繁的交通事故和过分的交通延误时。

（3）主要公路交通量相当大（主要公路双向交通量大于或等于900辆/h），而次要公路尽管交通量不大，但采用"主路优先交叉"交通管理方式，次要公路上车辆由于难以遇到可供驶入的主流间隙而引起不可接受的交通延误，或出现冒险驶入长度不足的主流间隙而危及安全时。

（4）两相交公路的交通量虽未能达到上述程度，但由于有相当数量的行人和非机动车穿越交叉而引起交通延误，甚至造成阻塞或交通事故时。

（5）环形交叉的入口因交通量大而出现过多的交通延误时，则入口应采用信号管理。

图7.1-12　信号交叉

测评模块

请结合本单元的学习，完成以下习题。

一、填空题

1. 平面交叉形式应根据相交公路的_____、_____、_____、_____、用地条件和工程造价等因素而确定。

2. 相交公路在平面交叉范围内的路段宜采用_____；当采用曲线时，其半径宜_____不设超高的圆曲线半径，纵面应力求平缓，并符合视觉所需的_____竖曲线半径值。

3. 平面交叉设计所采用的交通量应为_____。

4. 平面交叉口类型可分为_____、_____和_____三类。

5. 平面交叉应根据公路的功能等级交通量等确定交通管理方式，交通管理方式可分为_____、_____和_____三种。

6. 平面交叉按形状分类可分为_____、_____、_____、_____、_____及_____交叉口。

二、判断题

1. 相交公路等级较高或交通量较大的平面交叉应采用交通岛来分隔同向和对向车流,这种平面交叉形式称为非渠化交叉。（　　）

2. 环形交叉是用中心岛组织车辆按逆行方向绕中心岛单向行驶的一种形式。（　　）

单元7.1　测评答案

 技能训练

技能训练7.1"平面交叉口的设置"见本书配套训练册。

单元7.2　立体交叉

 学习引导

立体交叉是公路的重要组成部分,是从空间上把相交公路的交通流加以分离的构筑物。本单元的学习重点是立体交叉的基本要求和组成部分,学习难点是立体交叉的形式及分类。

知识模块

通过在交叉处建立立交桥(地道)和匝道把相交公路的交通流从空间上加以分离,可使交叉公路的直行车辆畅通无阻,消除和减少它们在平面交叉时出现的冲突点和交织点,提高交叉口处的通行能力、行车速度。为高等级公路的快速、安全、经济、舒适提供了保证。但立体交叉技术复杂,占地面积大、造价高。因此,立体交叉一般在下列情况下设置:

(1)当高速公路与各级公路交叉时,必须采用立体交叉。

(2)当一级公路与交通量大的公路交叉时,应采用立体交叉。

(3)二、三级公路间的交叉,直行交通量很大,在不考虑交通转换或地形条件适宜时,宜采用分离式立体交叉(图7.2-1)。

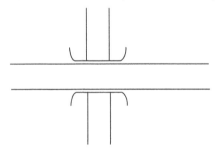

图7.2-1　分离式立体交叉

一、立体交叉的形式

立体交叉的基本形式主要分为喇叭形、菱形、苜蓿叶形、环形等,如图7.2-2所示。

二、立体交叉的分类

公路与公路、城市道路立体交叉可分为互通式立体交叉和分离式立体交叉两种,如图7.2-3所示。

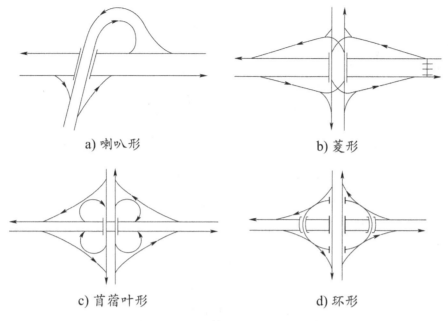

a) 喇叭形　　　　　　　　　　b) 菱形

c) 苜蓿叶形　　　　　　　　　d) 环形

图 7.2-2　立体交叉的基本形式

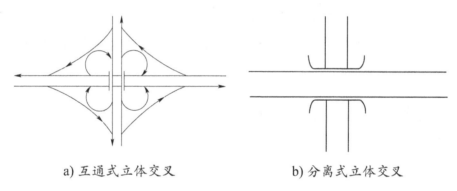

a) 互通式立体交叉　　　　　　b) 分离式立体交叉

图 7.2-3　立体交叉的分类

互通式立体交叉是在交叉口处设有匝道且各车流经主线和匝道完全相互沟通、四通八达、无平面交叉的立交方式，它是互通式功能齐全、安全最高的立交。

分离式立体交叉又称为非互通式立体交叉，一般设一座跨线桥或地道，彼此间无匝道连接，位于不同高程上的道路不能互通往来的立体交叉方式。

三、互通式立体交叉的组成

互通式立体交叉根据功能划分，分为枢纽互通式立体交叉和一般互通式立体交叉；根据组成划分，分为主体部分和附属部分，如图 7.2-4 所示。

（一）主体部分

主体部分包括跨线构造物、主线和匝道。

1. 跨线构造物

跨线构造物主要有跨线桥和地道两种。跨线构造物是实现相交道路空间分离的设施，是形成立交的基础。

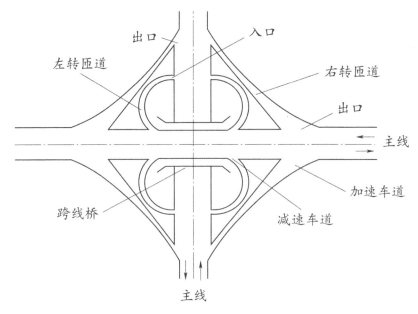

图 7.2-4 互通式立体交叉组成

2. 主线

主线是指相交道路的直行车道。主线有上线和下线之分。主线上跨或下穿应根据相交公路的功能、等级、地形和地质条件、跨线桥对主线线形及相关工程的影响程度、工程造价等确定。

3. 匝道

匝道是指供相交道路转弯车辆转向使用的连接通道，如图 7.2-5 所示。匝道可以使不同高程的两条主线互相连接形成互通式结构。

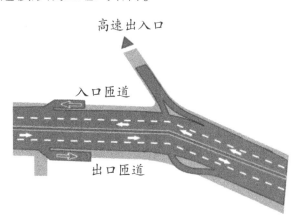

图 7.2-5 匝道

匝道车道数应根据匝道交通量和匝道长度确定。匝道设计速度的确定应根据互通式立体交叉的类型和匝道形式取值；在实际使用中还应结合主线设计速度予以确定。有匝道连接的立交称为互通式立交。无匝道连接的立接称为分离式立交。

匝道由以下 3 个部分组成：

①驶出道口，即由主线进入匝道的路口。

②行经路段，即匝道的中间路段。

③驶入道口，即有匝道进入主线的路口。

(二)附属部分

附属部分包括出口与入口、变速车道、斜带或三角形地带、集散道路、立交范围及其他附属设施。

1. 出口与入口

由主线驶出,进入匝道的路口称为出口。由匝道驶出,进入主线的路口称为入口(图7.2-6)。

2. 变速车道

由于匝道上的车速低于主线上的车速,由主线驶入匝道的车辆要减速,反之由匝道驶入主线时车辆要加速。因此,在主线进出口附近,主线右侧要增设一条改变车速的附加车道,称为变速车道。变速车道的入口端称为加速车道,变速车道的出口端称为减速车道,如图7.2-7所示。

图7.2-6 出口与入口

a) 加速车道

b) 减速车道

图7.2-7 变速车道

3. 斜带或三角形地带

变速车道与主线衔接处的三角形渐变段称为斜带。匝道与主线间或匝道间所围成的地区统称为三角形地带。三角形地带可用作交叉口的绿化、美化和照明设施的布置用地(图7.2-8)。

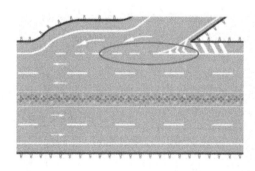

图7.2-8 斜带及三角形地带

4. 集散道路

在高速公路两侧设置的与主线并行而又隔开供车辆出入的专用道路,称为集散道路。集散道路位于城市附近交通繁忙的高速公路立交内。其作用是使车流进出紧贴主线的交织路段和出入口处不致干扰主线交通。

5. 立交范围

立交范围一般指交叉口的交点到各方向相交公路出入口变速车道斜带的顶点间所包围

的主线和匝道的全部区域,它是划分路段与立交的界线。

6. 其他附属设施

车辆从加速车道终点开始对下游主线直行交通的影响长度约为500m,车辆从减速车道起点开始对上游主线直行交通的影响长度约为600m。其上一互通式立体交叉加速车道终点至下一互通式立体交叉减速车道起点间距离不得小于1 000m,且应设置完善、醒目的标志、标线和视线诱导标等交通安全设施。

四、立体交叉的适用条件

(一)互通式立体交叉

互通式立体交叉(图7.2-9)的位置应根据路网分布、相交公路条件、通行能力、地形和地质条件、社会与环境因素等确定。互通式立体交叉的形式应根据相交公路的功能等级、交通量、收费制式及其是否合并设置收费设施等,并综合考虑现场条件、交通量分布及安全、环境和经济等因素确定。

图7.2-9 互通式立体交叉

(1)高速公路与各级公路交叉必须采用立体交叉,符合下列条件时应设置互通式立体交叉:

①高速公路与通往市县级及其以上城市或其他重要政治经济中心的主要公路相交时。

②高速公路与通往重要的工矿区、港口、机场、车站和旅游胜地等的主要公路相交时。

③高速公路与连接其他重要交通源的公路相交而使该公路成为其支线时。

(2)一级公路与交通量大的公路交叉应采用立体交叉,符合下列条件时应设置互通式立体交叉:

①一级公路与通往市县级及其以上城市或其他重要政治经济中心的主要公路相交时。

②一级公路与通往重要的工矿区、港口、机场、车站和游览胜地等的主要公路相交时。

③采用平面交叉冲突交通量较大通过渠化或信号控制仍不能满足通行能力要求时。

④经对投资成本运营费用和安全性分析,设置互通式立体交叉的效益投资比和社会效益等大于设置平面交叉时。

(二)分离式立体交叉

分离式立体交叉(图7.2-10)的设置应根据公路网规划、相交公路的功能、等级、交通量、地形和地质条件、经济与环境因素等确定。

(1)高速公路与其他公路交叉时,除已设置互通式立体交叉外,其余均必须设置分离式立体交叉。

图 7.2-10 分离式立体交叉

（2）一级公路与直行交通量较大的公路相交叉，在不考虑交通转换或地形条件适宜时，宜采用分离式立体交叉。

（3）二、三、四级公路间的交叉直行交通量很大，在不考虑交通转换或地形条件适宜时，宜采用分离式立体交叉。

测评模块

请结合本单元的学习，完成以下习题。

一、填空题

1. 立体交叉是两条或多条路线在_____平面上相互交叉的连接人工构造物。分离式立体交叉是在交叉口处设一座跨线桥，彼此间_____匝道连接，车辆不能互通往来的立体交叉方式。

2. 互通式立体交叉是在交叉口处_____匝道且各车流经主线和匝道完全相互沟通、四通八达、无平面交叉的立交方式。

3. 高速公路与其他公路相交时，_____采用立体交叉；一级公路同交通量大的其他公路交叉时，_____采用立体交叉；二、三级公路间的交叉，在交通条件需要或有条件的地点_____采用立体交叉。

4. 立体交叉口类型可分为_____、_____、_____、_____等。

5. 互通式立体交叉主体部分包括_____、_____、_____，附属部分包括_____、_____、_____斜带或三角地带、立交范围及其他附属设施。

二、判断题

1. 互通式立体交叉的位置应根据公路网规划、相交公路状况、地形和地质条件、社会与环境因素等确定。（ ）

2. 高速公路与其他公路交叉除已设置互通式立体交叉外，其余均必须设置分离式立体交叉。（ ）

技能训练

技能训练 7.2"立体交叉口的设置"见本书配套训练册。

单元 7.2　测评答案

单元 7.3　公(道)路与其他线路交叉

学习引导

由于我国公(道)路、铁路建设规模的不断扩大,在某些地区铁路和公路出现了交叉。在铁路和公路出现交叉的位置需要进行专门的节点设计。本单元的学习重点是公路与其他线路交叉的基本要求,学习难点是公路与其他线路交叉的交叉口类型。

知识模块

近年来,我国基础设施建设取得了巨大的进步,特别是交通运输方面的建设,在繁荣我国各地区经济文化交流方面起到了重要的作用。但是由于我国公(道)路、铁路建设规模的不断扩大,致使在某些地区铁路和公路出现了交叉。这就需要我们对其进行专门的节点设计,针对公(道)路与铁路设计时应注意以下三点:

(1)铁路与公(道)路交叉,应优先考虑设置立体交叉,减少平交道口。

(2)立体交叉的形式应根据路段设计速度、铁路与公(道)路的性质、等级、交通量、地形条件、安全要求以及经济和社会效益等因素确定。

(3)铁路与公(道)路交叉,宜采用铁路上跨公(道)路的通过方式。

一、公(道)路与铁路交叉分类

公路与铁路交叉有平面交叉和立体交叉两类,如图 7.3-1 所示。

a)道路与铁路平面交叉

b)上跨铁路立体交叉

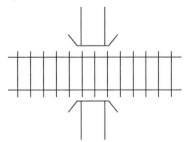
c)下穿铁路立体交叉

图 7.3-1　公路与铁路交叉的分类

二、公(道)路与铁路交叉的类型选择

1. 我国路线设计规范规定

(1) 当公(道)路与铁路交叉时,新建项目应首选立体交叉。

(2) 当高速公路、一级公路与铁路交叉时,必须设置立体交叉。

2. 我国铁路线路设计规范规定

(1) 设计速度 120km/h 以上的铁路路段旅客列车与公(道)路的交叉应设置立体交叉。

(2) 特殊困难条件下可设置平面交叉,但应采取安全可靠的保障措施,如图 7.3-2 所示。

图 7.3-2　公(道)路与铁路平面交叉

3. 我国城市道路设计规定

(1) 对于主干路、次干路、支路与路段旅客列车设计速度大于或等于 120km/h 的铁路,应设置立体交叉。

(2) 当主干路、次干路、支路与道口交通量大或铁路调车作业繁忙的铁路相交时,应设置立体交叉。

(3) 当受地形等条件限制,采用平面交叉将危及行车安全的道口,应设置立体交叉。

三、公(道)路与铁路平面交叉

公(道)路与铁路的平面交叉主要包括道口位置、相交公(道)路的平面线形、相交公(道)路的纵断面线形以及道口宽度和路面铺装等。

(一) 道口位置

(1) 道口应选在通视良好的地点,不宜设置在站场、道岔、桥头、隧道洞口及有调车作业的地段附近,如图 7.3-3 所示。

(2) 道路与铁路平面交叉宜设计为正交,斜交时其交叉角应大于 45°。

(3) 道口应设置在汽车瞭望视距不小于表 7.3-1 中所列规定值的地点,机动车驾驶员侧向最小瞭望视距为机动车在距道口相当于该级道路

图 7.3-3　铁路道口

停车视距并不小于50m处应能看到两侧铁路上火车的范围。

火车司机最小瞭望视距和机动车驾驶员侧向最小瞭望视距　　表7.3-1

路段设计速度(km/h)	火车司机最小瞭望视距(m)	机动车驾驶员侧向最小瞭望视距(m)
100	850	340
80	850	270

（二）相交道路的平面线形

通过道口的道路平面线形应为直线。从最外侧钢轨外缘算起的道路直线段最小长度不应小于50m（图7.3-4），困难条件下不应小于表7.3-2规定的数值。

道口每侧道路的最小直线长度（km/h）　　表7.3-2

道路种类	道路计算行车速度		
	80	60	≤50
公路、城市道路	40	40	30
乡村道路	20		

（三）相交道路的纵断面线形

道口两侧道路水平路段长（不包括竖曲线）从铁路最外侧钢轨外侧算起，不应小于16m，乡村道路不应小于10m，如图7.3-5所示。

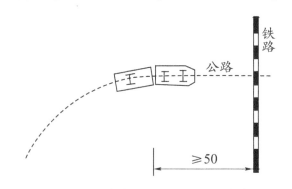

图7.3-4　道口直线段最小长度（尺寸单位：m）

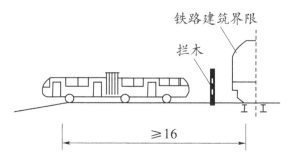

图7.3-5　两侧道口水平路段长度（尺寸单位：m）

图7.3-6　道口和路面铺装

（四）道口和路面铺装

（1）道口应设置坚固、平整、稳定且易于翻修的铺砌层，其长度应延伸至钢轨以外2.0m。

（2）道口两侧公（道）路在距铁路钢轨外侧20m范围内，宜铺筑沥青或水泥混凝土路面。

（3）道口铺砌宽度和公路引道宽度均不应小于相交公路的路基宽度。道口和路面铺装如图7.3-6所示。

四、公(道)路与铁路立体交叉

(一)公(道)路与铁路立交的选择

公(道)路与铁路交叉,符合下列情况之一时应设置立体交叉:

(1)Ⅰ级铁路与公(道)路交叉时。
(2)铁路路段旅客列车设计速度大于或大于120km/h的地段与公(道)路交叉时。
(3)铁路与二级公(道)路交叉时。
(4)由于铁路调车作业对公(道)路上行驶的车辆会造成较严重延误时。
(5)受地形等条件限制,采用平面交叉会危及公(道)路行车安全时。
(6)结合地形或桥涵构筑物情况,具备设置立体交叉条件。

Ⅰ级铁路是指铁路网中起骨干作用的铁路,或近期年客货运量大于或大于20Mt者。

(二)平纵线形要求

(1)平面线形及桥头直线距离应分别符合道路与铁路路线设计要求,以直线为宜。
(2)紧接水平路段的公路纵坡,不应大于3%;当受地形条件及其他特殊情况限制时,纵坡不得大于5%。对于重车驶向道口一侧的公路下坡路段,紧邻道口水平路段的纵坡不应大于3%。

(三)横断面要求

相对于相交公路的路基宽度,道口铺砌宽度和公路行道宽度不得缩减。这主要是考虑到缩减断面宽度,对汽车与其他机动车、非机动车和行人通过道口的安全不利,即在对向同时有汽车或道口上有性能差的机动车、非机动车占道时,应保证双向交通正常安全运行。对于公路交通量大的设置看守道口,道口处的公路断面应适当增宽。

(四)净空要求

铁路与铁路、公(道)路立交桥的净高和净宽应满足相关铁路、公(道)路建筑限界的要求,并应符合下列规定:

(1)跨越铁路的立交桥下净高,应根据铁路限界标准计算确定,如图7.3-7所示。

图7.3-7 铁路净空要求

(2)铁路立交桥下的乡村道路净高、净宽,应根据通道种类和交叉条件与有关单位协商确定,但不宜小于表7.3-3规定的数值。

立交桥下乡村道路净空(m)　　　　表7.3-3

通道种类	汽车及大型农机通道	机耕和畜力车通道	人力车和人行通道
净宽	6.0	4.0	3.0
净高	4.5	3.5	2.5

注:1.通行汽车及大型农机的乡村道路,特殊困难条件下净宽可减至5.0m,净高可减至4.0m。
　　2.特殊困难条件下机耕通道净高可减至3.0m。
　　3.特殊困难条件下仅供人行的道路,净高可按不小于2.2m设计。

(3)铁路上跨公(道)路时,铁路桥跨设置应满足相应道路对净空和停车视距的要求,当立交净空不足5m时,应设置限高标志及限高防护架,如图7.3-8所示。

图7.3-8　限高标志及限高防护架

五、公(道)路与其他管线交叉

(一)管线类型

根据性质和用途划分,管线可分为管道和电缆(图7.3-9)。

a) 管道　　　　　　　　　b) 电缆

图7.3-9　公(道)路与其他管线交叉

(1)管道包括给水管、污水管、雨水管、煤气管、暖气管和天然气等。
(2)电缆包括电信线、电力线、无轨电车及地下铁道等电力交通电缆。
根据布设位置不同划分,管线可分为地下埋设、空中架设和桥上铺设等。

(1) 地下埋设的称为地下管道。地下管道包括给水管、雨水管、污水管、煤气管、暖气管和天然气管等。对用管道保护埋设在地面下的称为埋设电缆。

(2) 空中架设的有地上杆线（电力、电信线）、地上管道（如石油管道、天然气管道等）。

(3) 沿跨线桥有时也有铺设公用管线（如电缆、给水管、暖气管等），但不容许铺设污水管。

（二）公（道）路与地上杆线交叉

(1) 公路与架空输电线路相交，以垂直交叉为宜；若必须斜交时，其交叉的锐角应大于 45°。道路与架空输电线路相交如图 7.3-10 所示。

(2) 公路从架空输电线路下穿过时，应从导线最大弧垂点与杆塔间通过，并使架空送电线路导线距路面垂直距离不小于（表 7.3-4）的规定值。

架空送电线路导线距路面的最小垂直距离　　　　表 7.3-4

架空送电线路标称电压(kV)	35~110	154~220	330	500
距路面最小垂直距离(m)	7	8	9	14

（三）公（道）路与管线交叉

(1) 无论地上管道或地下管道，均宜采用正交，斜交时交角应不小于 30°。道路与管道交叉示意图如图 7.3-11 所示。

图 7.3-10　道路与架空输电线路相交照片

图 7.3-11　道路与管道交叉示意图

(2) 架设在地面上的管道与道路交叉时，天然气管道底距路面不小于 5.5m。

(3) 埋设在地下的地下管道，穿越公路的保护套管其顶面距路面底基层的底面应不小于 1m。

(4) 严禁有毒有害、易燃易爆、高温高压等管线设施通过公路隧道。

（四）公（道）路与渠道交叉

(1) 无论地上渡槽或渠道，与道路都宜正交，必须斜交时不小于 45°。公（道）路与渠道交叉如图 7.3-12 所示。

(2) 上跨道路的渡槽底面距路面高度不小于 5m，渡槽墩台应与车行道部分保持足够的安全距离。

(3) 下穿的渠道按涵洞要求设计。

（五）沿跨线桥铺设管线

利用跨线桥通过交叉口的管线是铺设在桥跨结构的空洞或多余空间位置，支承在结构的承重构件上,不应损害桥跨结构物的艺术外形,同时要便于对管线的平时维修和检查,如图 7.3-13 所示。

图 7.3-12　公(道)路与渠道交叉

图 7.3-13　沿跨线桥铺设管线

 测评模块

请结合本单元的学习,完成以下习题。

一、填空题

1. 公路与铁路交叉有_____和_____两类。
2. 公(道)路与铁路的平面交叉主要包括_____、_____、_____以及道口宽度和路面铺装等。
3. 道路与铁路平面交叉宜设计为_____,斜交时其交叉角应大于_____。

二、判断题

1. 铁路与公(道)路交叉,应优先考虑设置立体交叉,减少平交道口。　　　　　　　(　　)
2. 高速公路、一级公路与铁路交叉宜设置立体交叉。　　　　　　　　　　　　　　(　　)
3. 设计速度 120km/h 以上的客货共线铁路与公(道)路的交叉宜设置立体交叉。

(　　)

4. 道口应选在通视良好的地点,宜设置在站场、道岔、桥头、隧道洞口及有调车作业的地段附近。　　　　　　　　　　　　　　　　　　　　　　　　　　　　　　　　(　　)

单元 7.3　测评答案

 技能训练

技能训练 7.3"道路与铁路交叉口的设置"见本书配套训练册。

模块 8
公路沿线设施

素质目标

1. 培养学生的归纳能力和整理能力。
2. 树立以人为本、人民利益至上的观念。
3. 树立安全意识。

知识目标

1. 掌握护栏、隔离设施、视线诱导设施、防眩设施、交通标志与标线等交通安全设施的功能作用、主要分类及特点。
2. 了解服务设施的组成、作用、常见的形式。
3. 掌握主要公路管理设施(如监控设施、通信设施、收费设施等)的分类及主要特点。

技能目标

1. 能辨认出交通安全设施中常用的护栏、隔离设施、视线诱导设施、防眩设施的类型和名称。
2. 能简单阐述常用公路管理设施的设置原则。
3. 能根据工程实际条件,判断交通安全设施、公路管理设施的合理性和完整情况。

课时建议

9 学时。

单元 8.1 交通安全设施

学习引导

交通安全设施属于道路的基础设施,是为保障车辆高速、安全行驶而设置的专用设施,也是公路交通工程的重要组成部分。本单元的学习重点是交通安全设施中的护栏、隔离设施、视线诱导设施、防眩设施、交通标志与标线等的分类及其各自主要特点,学习难点是交通安全设施中不同类型设施之间的辨析和各自的适用范围。

知识模块

交通安全设施是指为道路使用者提供警告、禁令、指路、指示信息和视线诱导,减少或排除干扰,提供路侧防护,减轻事故严重程度,减少眩光伤害等作用而设置的保证公路交通安全,提高公路服务水平的安全设施。交通安全设施主要包括护栏、隔离设施、视线诱导设施、防眩设施、交通标志与标线等。

一、护栏

护栏是指为驾驶员提供视线诱导、防止车辆运行中驶出路外或驶入对向车道或人行道,增加驾驶员、乘客和行人的安全感,减轻车辆、构造物的损坏程度及乘客、行人的伤害程度,控制行人横穿公路,保障行人安全的设施。通常设置护栏的地点包括:高速公路、一级公路的中央分隔带、路基边缘及其他各级公路的高路堤、纵坡较陡路段,大中桥及特大桥上、桥头,曲线半径小于一般最小半径路段,临水或悬崖、结冰或积雪严重等路段的路基边缘。

(一) 护栏的分类

1. 根据横向设置位置分类

根据横向设置位置分类,护栏可分为路侧护栏和中央分隔带护栏两种,如图 8.1-1 所示。

(1)路侧护栏是指设置于公路的路肩上的护栏。作用:防止车辆驶出路外,避免碰撞其他设施、物体或行人,如图 8.1-2a)所示。

(2)中央分隔带护栏是指设置于公路中央分隔带内的护栏。作用:防止车辆驶入对向车道,并保护中央分隔带内的构造物,如图 8.1-2b)所示。

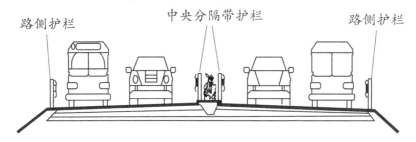

图 8.1-1 护栏示意图

a) 路侧护栏　　　　　　　b)中央分隔带护栏

图 8.1-2 按横向设置位置分类

2.根据力学性能分类

根据力学性能分类,护栏可分为刚性护栏、柔性护栏和半刚性护栏三种,如图8.1-3所示。

a) 刚性护栏　　　　　　　b) 柔性护栏　　　　　　　c) 半刚性护栏

图8.1-3　按力学性能分类

(1)刚性护栏

常用的刚性护栏是钢筋混凝土护栏,它是由钢筋混凝土制成的墙式结构,如图8.1-3a)所示。刚性护栏的特点是不易变形,维修费用很低,防止车辆驶出路外效果较好,但对乘客安全性和视觉的舒适性有一定影响,有较强的行驶压迫感,当车辆与护栏发生较大角度碰撞时,对车辆和乘员伤害较大。

(2)柔性护栏

常用的柔性护栏是缆索护栏。它是用数根缆索固定在立柱上而形成的一种柔性结构。柔性护栏的特点是具有一定的弹性,既能拦挡车辆,又能对车辆冲撞起缓冲作用,端部立柱损坏修理困难,不适合在小半径曲线路段使用,视线诱导效果较差,架设长度短时使用不经济。

(3)半刚性护栏

常用的半刚性护栏是波形梁护栏。半刚性护栏的特点是具有一定的刚性和柔性,具有较强的吸收碰撞能量的能力,有较好的视线诱导功能,与线形协调,外形美观,可在小半径曲线上使用,损坏后容易更换。

(二)护栏形式的选择

护栏形式的选择,应针对每条公路的具体情况,充分比较各种护栏的性能,结合安全、美感及对驾驶员心理影响、气候条件和经济性等综合考虑。具体包括以下几方面因素:

(1)安全因素。选择合适的护栏可减少交通事故,减轻交通事故的严重程度。

(2)美感及对驾驶员心理影响因素:护栏形式应与环境及线形协调,视线诱导良好,使驾驶员在行车中具有舒适感和安全感。

(3)气候条件因素:护栏应利于排水、除雪,雾中醒目。

(4)经济性因素:护栏还应符合经济实用的要求。

二、隔离设施

隔离设施是指为防止行人、牲畜、非机动车等进入或横穿汽车专用公路,从而避免行车遭受各方面的横向干扰,并且能够防止非法侵占公路用地的设施。隔离设施一般分为金属网型隔离设施、刺铁丝型隔离设施和常青绿篱三种形式。

(一)金属网型隔离设施

金属网型隔离设施(图8.1-4)美观大方,但造价较高,主要适用于:

(1)人口稠密路段两侧。

(2)风景名胜等美观性要求较高路段两侧。

(3)互通立交、服务区等重要设施两侧。

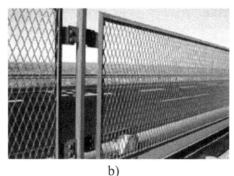

图8.1-4 金属网型隔离设施

(二)刺铁丝型隔离设施

刺铁丝型隔离设施(图8.1-5)美观性较差,但经济实用,主要适用于:

(1)人烟稀少路段、山岭地区路段。

(2)郊外的公路保留用地。

(3)郊外高架构造物下方。

(4)路线跨越沟渠而需要封闭路段。

图8.1-5 刺铁丝型隔离设施

(三)常青绿篱隔离设施

在互通立交、服务区、收费站等区域,常青绿篱隔离设施应选择合适的小乔木或灌木,可有效增强该区域的景观,如图8.1-6所示。

三、视线诱导设施

视线诱导设施,即视线诱导标,是指沿车道两侧设置的,用来表明道路线形、方向、车行道边界及危险路段位置,诱导驾驶员视线的设施。

按设置方式视线诱导标可分为直埋式和附着式两种。

图 8.1-6 常青绿篱隔离设施

根据功能分为轮廓标,视线诱导标分、合流诱导标,线形诱导标。

（一）轮廓标

路边线轮廓标的作用是指示道路线形轮廓。轮廓标应在公路前进方向左、右侧对称设置,设置于道路边缘。高速公路、一级公路按行车方向,配置白色反射体的轮廓标应安装于公路右侧,配置黄色反射体的轮廓标应安装于中央分隔带。二级及二级以下公路,按行车方向左右两侧的轮廓标均为白色。避险车道轮廓标颜色为红色。

1. 柱式轮廓标

柱式轮廓标由柱体、反射器和基础等组成。柱体横截面为三角形,顶面斜向行车道,主体部分为白色,在距路面 55cm 以上部分有 25cm 高的黑色标记,在黑色标记中间有一块 18cm×4cm 的反射器。

柱式轮廓标直接埋置于土中,一般是路侧无构造物时使用,如图 8.1-7 所示。

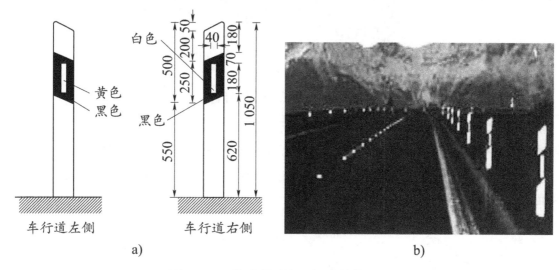

图 8.1-7 柱式轮廓标(尺寸单位:mm)

2. 附着式轮廓标

附着式轮廓标由反射器、支架和连接件组成。根据建筑物的种类及设置部位可采用不同形状的轮廓标和不同的连接方式。附着式轮廓标反射器的形状通常采用矩形、圆形和梯形。附着式轮廓标可附着于波形护栏的槽中或上缘、隧道壁、桥墩、台侧墙、混凝土护栏的侧墙、缆索护栏的缆索、护栏立柱上,如图 8.1-8 所示。

图 8.1-8　附着式轮廓标

(二) 分、合流诱导标

分、合流诱导标的颜色：高速公路诱导标的底为绿色，其他等级公路为蓝色；诱导标的符号均为白色。分、合流诱导标如图 8.1-9 所示。

图 8.1-9　分、合流诱导标

1. 埋置于土中的分、合流诱导标

埋置于土中的分、合流诱导标由反射器、底板、立柱、连接件和基础等组成，如图 8.1-10 所示。反射器与底板可以采用粘接，也可以采用螺栓连接。底板与立柱用抱箍、滑动槽钢通过螺栓连接。

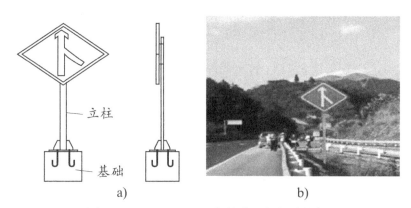

图 8.1-10　埋置于土中的分、合流诱导标

2. 附着于护栏上的分、合流诱导标

附着于护栏上的分、合流诱导标由反射器、底板、立柱和连接件组成,如图 8.1-11 所示。诱导标的立柱通过抱箍与护栏连接固定。

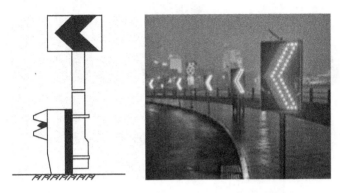

图 8.1-11 附着于护栏上的分、合流诱导标

(三) 线形诱导标

线形诱导标是用于对驾驶员引导或警告前方公路平面线形的变化,使其能根据线形适当改变行车方向,促使安全运行的交通标志。当平曲线半径较小时,在缓和曲线路段上也需设置线形诱导标(图 8.1-12)。

图 8.1-12 线形诱导标

四、防眩设施

驾驶员在夜间行车时,视野比白天窄,加上对向行车眩光影响,驾驶员看不清路线前方路线、物体和行人,为保证安全,需要减速行驶,所以,要保证车辆快速、安全行驶,有必要设置防眩设施。防眩设施是指设置于道路中央以防止夜晚行车受对向车辆前照灯灯光炫目的构造物。

防眩设施可分为植物防眩和板网防眩两大类。

(一) 植物防眩

植物防眩设施分为间隔植物防眩和密集植物防眩两种(图 8.1-13)。

图 8.1-13　植物防眩设施

(二) 板网防眩

板网防眩按防眩板结构不同分为连续封闭型、连续网状结构型和间隔板状结构型三种；板网防眩按设置方式不同可分为与波形护栏相连型、埋置土中型、埋置混凝土中型、设于混凝土护栏型四种(图 8.1-14)。

a)　　　　　　　　　　　　　b)

图 8.1-14　板网防眩设施

五、交通标志与标线

道路交通标志和标线是指设置在道路上用规定的图形、符号、文字、线条、立面标记、突起路标等来表示特定管理内容和行为规则的交通安全设施。

(一) 交通标志

道路交通标志是用图案、符号和文字对过往的行人和驾乘员(连同车辆)等交通参与者，进行指示、导向、警告、控制和限制的一种交通管理设施。其目的是使交通参与者能获得确切的交通信息，从而保证交通的安全、迅速、畅通、有序运行。

1. 交通标志的主要分类

(1) 根据道路类别划分，交通标志可分为一般道路标志和高速公路标志两类。

(2) 根据尺寸大小划分，交通标志可分为小型、大型和巨型三类。

(3) 根据功能划分，交通标志可分为主标志和辅助标志两类。

①主标志。

主标志是指设立于道路上向驾驶员或行人直接传递确切的交通信息，以引导和管理交通为主要功能的标志。主标志主要包括以下几种。

a. 禁令标志。

禁令标志是指禁止或限制车辆、行人交通行为的标志。禁令标志的颜色一般采用为白底、黑色图案字符(个别除外,如停车让行、禁止驶入标志采用红底、白色图案字符等),形状通常用圆形(但停车让行标志采用正八边形,减速让行标志采用倒等边三角形)。禁令标志包括禁止驶入标志、停车让行标志、减速让行标志等,如图8.1-15所示。

a)禁止驶入标志　　b)停车让行标志　　c)减速让行标志

图8.1-15　禁令标志

b. 指示标志。

指示标志是指指示车辆、行人行进的标志。指示标志一般采用蓝底、白色图案字符(个别除外,如会车先行标志采用蓝底、白色或红色图案字符等),形状为圆形、长方形或正方形。指示标志包括向左(右)转弯标志、机动车行驶标志、公交车专用车道标志、行人标志等,如图8.1-16所示。

a)向右转弯标志　　b)机动车行驶标志　　c)公交车专用车道标志　　d)行人标志

图8.1-16　指示标志

c. 警告标志。

警告标志是指警告驾驶员和行人注意前方有急弯、陡坡、交叉口及其他道路状态的标志。警告标志的颜色一般采用黄(荧光黄)底、黑色图案字符(个别除外,如交通事故管理标志采用粉红色底,施工标志采用橙色或荧光橙底等),形状为三角形,顶角朝上(个别采用矩形)。警告标志包括连续弯路标志、T形交叉标志、向左急转弯标志等,如图8.1-17所示。

a)连续弯路标志　　b)T形交叉标志　　c)向左急转弯标志

图8.1-17　警告标志

d. 指路标志。

指路标志是指传递公路方向、地点、距离信息的标志。指路标志一般采用蓝底白字(一般公路),绿底白字(高速公路),形状为矩形,如图8.1-18所示。

图 8.1-18　指路标志

e. 旅游区标志。

旅游区标志是指提供旅游景点方向、距离的标志。旅游区标志采用棕色底白字,形状为正方形或长方形。旅游区标志包括索道标志、游戏场标志等,如图 8.1-19 所示。

图 8.1-19　旅游区标志

f. 告示标志。

告示标志用以解释道路设施、指引路外设施或告示有关道路交通安全法规及交通管理安全行车的提醒等。告示标志的设置有助于道路设施、路外设施的使用和指引以及安全行车。告示标志采用白底黑色字符、黑色或彩色图案,形状为长方形。告示标志包括道路设施解释标志、路外设施指引标志、行车安全提醒标志等,如图 8.1-20 所示。

a)道路设施解释标志　　　b)路外设施指引标志

c)行车安全提醒标志

图 8.1-20　告示标志

②辅助标志。

辅助标志是指附设于主标志下,对主标志进行辅助说明的标志,辅助标志不能单独设立于道路上。辅助标志采用白底、黑字、黑边框,形状为长方形。辅助标志包括时间范围标志等,如图 8.1-21 所示。

(4)根据设置方式划分,交通标志分为单柱式标志、双柱式标志、悬挂式标志、悬臂式标志、门架式标志等(图 8.1-22)。

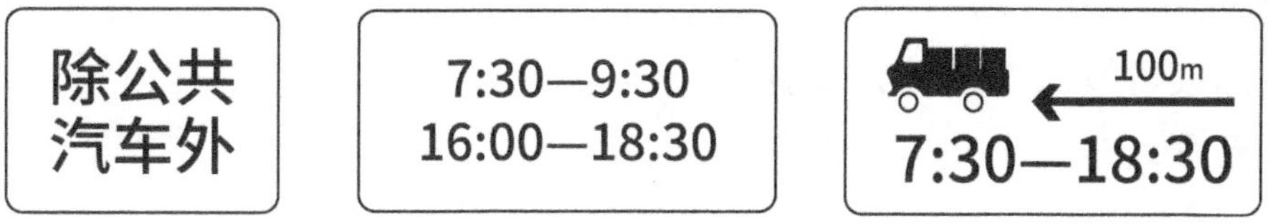

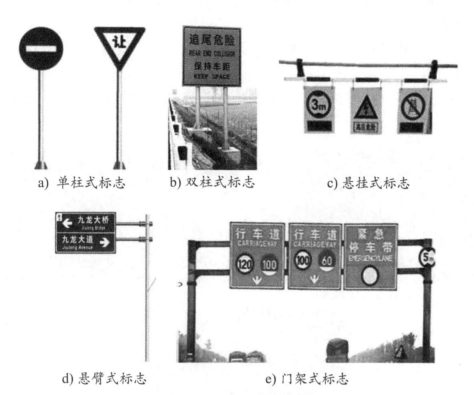

图 8.1-21 辅助标志

a) 单柱式标志　　b) 双柱式标志　　c) 悬挂式标志

d) 悬臂式标志　　e) 门架式标志

图 8.1-22 按设置方式分类

2. 交通标志的主要特征

交通标志的主要特征,见表 8.1-1。

交通标志的主要特征　　　　　　　　　　表 8.1-1

交通标志类别		主要特征		
		形状	底板	图案
主标志	禁令标志	圆形	白色	黑色
	指示标志	圆形	蓝色	白色
	警告标志	三角形	黄色	黑色
	指路标志	矩形	蓝色、绿色	白色
	旅游区标志	矩形	棕色	白色
	告示标志	矩形	黄色	黑色
辅助标志		矩形	白色	黑色

(二) 交通标线

公路交通标线是指由标画于路面上的各种线条、箭头、文字、立面标记、突起路标和轮廓标等所构成的交通管理设施。其作用包括:引导与管制交通,实行交通分离;渠化交叉路口交通;提示前方路况,保障交通安全;改善行车秩序的重要措施,守法和执法的依据。它具有强制性、诱导性和服务性等特征,可以与交通标志配合使用,也可以单独使用。

路面交通标线可按以下几种方式分类。

1. 根据设置方式分类

(1) 纵向标线

纵向标线是指沿道路行车方向设置的标线,如行车道边缘线等,如图8.1-23a)所示。

(2) 横向标线

横向标线是指与道路行车方向成角度设置的标线,如停止线等,如图8.1-23b)所示。

(3) 其他标线

除了纵向标线和横向标线,还有字符标记或其他形式标线,如导流线、导向箭头等,如图8.1-23c)所示。

a) 行车道边缘线

b) 停止线

c) 导流线、导向箭头

图8.1-23 路面标线

2. 根据功能分类

(1) 禁止标线

禁止标线是指告示道路交通的通行、禁止、限制特殊规定,车辆驾驶员及行人必须严格遵守的标线。禁止标线包括禁止超车线、停止线、导流线等,如图8.1-24所示。

(2) 警告标线

警告标线是指促使车辆驾驶及行人了解道路上的特殊情况,提高警觉,准备防范应变措施的标线。警告标线包括路面障碍物标线、减速标线等,如图8.1-24所示。

(3) 指示标线

指示标线是指示车行道、行车方向、路面边缘、人行道等设施的标线。指示标线包括行车道分界线、人行横道线等,如图8.1-25所示。

3. 根据形态分类

(1) 线条

线条是指标画于路面、路缘石或其他构造物立面(如隧道口)上的实线或虚线。

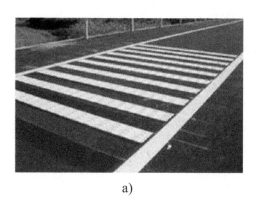
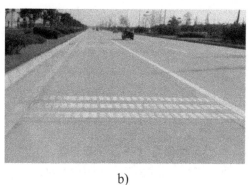

a)   b)

图 8.1-24 减速标线

a) 行车道分界线   b) 人行横道线

图 8.1-25 指示标线

(2) 字符标记

字符标记是指标画于路面上的文字、数字和各种符号或图形，如图 8.1-26 所示。

(3) 突起路标

突起路标是指安装于道路路面上用来标示车道分界、车道边缘、分流、合流、弯道、危险路段、路宽变化、路面障碍物位置的反光体，如图 8.1-27 所示。

图 8.1-26 标于路面上的文字、数字

图 8.1-27 突起路标

(4) 路线轮廓标

路线轮廓标是指安装于路线两侧，用于指示道路的走向、车道边界轮廓的反光柱或反光

片。(可参考本单元视线诱导设施相关内容)

测评模块

请结合本单元的学习,完成以下习题。

一、选择题

1. 护栏按其力学性能的不同可分为(　　)。
   A. 刚性护栏、柔性护栏两种
   B. 普通护栏、加强护栏两种
   C. 刚性护栏、柔性护栏、半刚性护栏三种
   D. 刚性护栏、柔性护栏、组合护栏三种

2. 隔离设施一般有(　　)几种形式。
   A. 金属网型、加强塑料型　　　　　B. 金属网型、刺铁丝型
   C. 金属网型、常青绿篱　　　　　　D. 金属网型、刺铁丝型、常青绿篱

3. 视线诱导标按照设置方式有(　　)。
   A. 轮廓标、分流标、线性诱导标　　B. 直埋式、附着式
   C. 轮廓标、分(合)流标、线性诱导标　D. 警告标志、施工标志

4. 护栏按结构可分为缆索护栏、波形梁护栏、混凝土护栏,其中,波形梁护栏又属于(　　)。
   A. 刚性护栏　　　　　　　　　　　B. 柔性护栏
   C. 半刚性护栏　　　　　　　　　　D. 以上都不是

5. 下列设施中,不属于交通标志的是(　　)。
   A. 里程标　　　　　　　　　　　　B. 隔离栅
   C. 公路界碑　　　　　　　　　　　D. 作业区指示牌

6. 下列设施中,属于交通标志的是(　　)。
   A. 禁令标志　　　　　　　　　　　B. 旅游区标志
   C. 里程标　　　　　　　　　　　　D. 线形诱导标
   E. 道路施工安全标志

7. 下列交通安全设施中主要作用为管制和引导交通的是(　　)。
   A. 交通标志　　B. 交通标线　　C. 隔离栅　　　D. 防眩设施

8. 下列属于交通标线的是(　　)。
   A. 禁令标志　　　　　　　　　　　B. 线形诱导标
   C. 分、合流标志　　　　　　　　　D. 突起路标

9. 属于视线诱导设施的是(　　)。
   A. 分、合流标志　　　　　　　　　B. 旅游区标志
   C. 道路施工安全标志　　　　　　　D. 指路标志

二、填空题

1. 护栏按照横向设置位置,可分为_____和_____两种。

2.隔离设施主要包括_____、_____和_____三种形式。
3.视线诱导设施中的轮廓标主要包括_____和_____两种。
4.交通标志按照道路类别可分为_____和_____两种。
5.交通标线按设置方式可分为_____、_____和_____三种。

三、判断题

1.钢筋混凝土墙式护栏属于刚性护栏。（ ）
2.波形护栏属于柔性护栏。（ ）
3.隔离设施主要是针对高速公路以及一级公路进行隔离和防止非法侵占的专用设施。
（ ）
4.视线诱导设施只是沿车道的一侧进行设置。（ ）
5.交通标志按照尺寸大小分为小型和大型两类。（ ）
6.道路指示标志采用蓝底、白图案。（ ）
7.指示标线和指示标志都属于交通标志。（ ）

单元8.1 测评答案

 **技能训练**

技能训练8.1"交通安全设施的认识与辨析"见本书配套训练册。

单元8.2 公路服务及管理设施

 学习引导

公路服务及管理设施是为使用者提供服务、功能性需求,是公路沿线设施的重要组成部分。本单元的学习重点是服务设施和管理设施的组成部分,学习难点是服务区类型的区分。

知识模块

一、服务设施

(一)服务设施组成

1.服务区

(1)服务区的设置规定

高速公路应设置服务区,作为干线的一、二级公路宜设置服务区。服务区平均间距宜为

50km;当沿线城镇分布稀疏,水、电等供给困难时,可增大服务区间距。

高速公路服务区应设置停车场、加油站、车辆维修站、公共厕所、室内外休息区、餐饮、商品零售点等设施。根据公路环境和需求可设置人员住宿、车辆加水等设施。

作为干线的一、二级公路服务区宜设置停车场、加油站、公共厕所、室外休息点等设施,有条件时可设置餐饮、商品零售点、车辆加水等设施。

图8.2-1所示为国内某高速公路服务区。

图8.2-1 国内某高速公路服务区

(2)服务区常见的形式

①分离式外向型服务区。

分离式外向型是最常见的一种形式,如图8.2-2所示。例如,沈大、京沈、石安等高速公路全部服务区均采用这种形式。图8.2-2中,P为停车场,G为加油站,W为公共厕所,R为餐厅,其后相同。

②分离式平行型服务区。

沪宁高速公路梅村服务区采用这种形式,如图8.2-3所示。

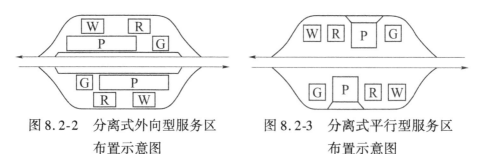

图8.2-2 分离式外向型服务区布置示意图　　图8.2-3 分离式平行型服务区布置示意图

(3)分离式餐厅单侧集中型服务区

这种形式适合于高速公路一侧场地比较狭窄的情况,如图8.2-4所示。餐厅可以建在另一侧,旅客通过地下通道进入另一侧餐厅用餐。为了节省投资和场地也可以在路两边建设小卖部和简易食堂(快餐厅)。旅馆和餐厅等集中建在一侧,例如京石高速公路涿州服务区就是这样规划的。

2. 停车区

高速公路应设置停车区,作为干线的一、二级公路宜设置停车区。停车区可在服务区之间布设一处或多处,停车区与服务区或停车区之间的间距宜为15~25km。停车区应设置停车场、公共厕所、室外休息室等设施。

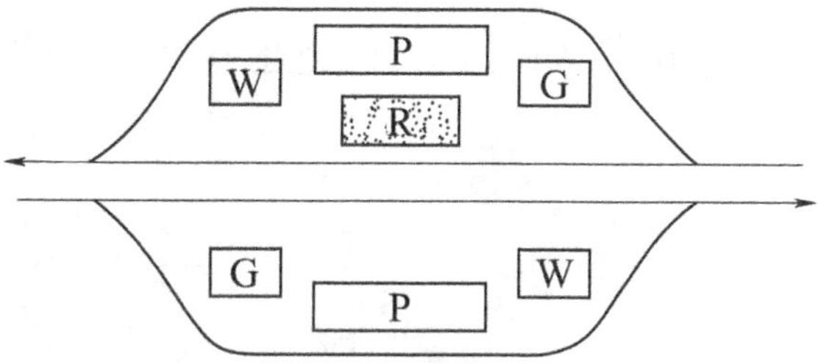

3. 客运汽车停靠站

客运汽车停靠站应设置车辆停靠和乘客候车设施,可与服务区结合设置。

图8.2-4 分离式餐厅单侧集中型服务区布置示意图

4. 其他规定

作为集散的一、二级公路和三、四级公路可根据需要设置加油站、公共厕所及客运汽车停靠站等设施。

(二)服务设施分类

服务区内各种设施按其使用功能可分为以下几种:

(1)为旅客服务的设施。为旅客服务的设施主要包括休息室、旅馆、商店、餐厅、公共厕所,园林与绿化带,广场、通道,医务室、急救站,通信设施、紧急电话、公用电话、问讯处等。

(2)为车辆服务的设施。为车辆服务的设施主要包括停车场,加油站、修理所,贯穿通道,标志、标线等。

(3)为职工服务的设施。

(4)其他设施。为职工服务的设施主要包括职工宿舍、职工食堂等。

二、公路管理设施

公路管理设施应为道路使用者提供清晰、完整、明了、准确的公路信息;为公路管理者提供科学、先进的技术手段,保障公路运行安全、舒适与高效。公路管理设施主要包括监控系统、通信系统、收费系统等。

(一)监控系统

公路作为一种现代化的交通设施,应具有快速、安全的功能。但是公路在投入使用后,交通状况和道路环境状况会发生变化,这种变化的出现呈现随机性,因此,必须及时地掌握不同路段随时出现的各种情况,以便采取相应的处理措施。公路监控系统应具备信息采集、信息分析处理、信息提供这三项功能。

按信息流程划分,监控系统分为信息采集子系统、信息处理子系统(监控中心)和信息发布子系统(信息提供子系统)三种。

1. 信息采集子系统

信息采集子系统的功能是获取交通信息及沿线路况信息,如图8.2-5所示。

信息采集子系统采集的信息主要包括:

(1)交通流信息,如交通量、车辆速度等。

(2)气象信息,如降雨、降雪、雾区等信息。

(3)道路环境信息,如路面状况、隧道内的有害气体浓度等。
(4)异常事件信息,如交通事故、道路设施损坏、道路施工等。

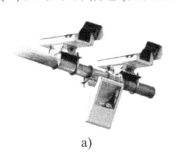 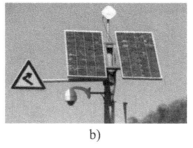 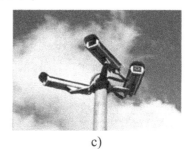

图 8.2-5　信息采集子系统

2. 信息处理子系统(监控中心)

信息处理子系统(监控中心)的功能包括信息的接收、分析、判断、预测、确认、交通异常事件的处理决策、指令发布、设备运行状态的监视和控制,如图 8.2-6 所示。

 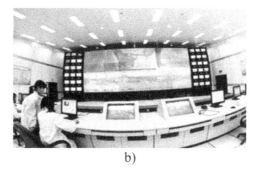

图 8.2-6　信息处理子系统(监控中心)

信息处理子系统(监控中心)所用的硬件设备主要包括中心计算机、计算机系统设备、地图显示板、图像监视系统、紧急电话控制。

3. 信息发布子系统(信息提供子系统)

信息发布子系统(信息提供子系统)的功能是向道路使用者提供道路交通信息和诱导控制指令,以及向管理、救助部门和社会提供求助指令或道路交通信息,如图 8.2-7 所示。

图 8.2-7　信息发布子系统(信息提供子系统)

信息发布子系统(信息提供子系统)包括:
(1)可变信息标志,用于告示当时所在地及前方道路、交通、气象状况及限速等内容。
(2)匝道信号机。
(3)路旁无线电广播。
(4)电子引导信息系统。

(5)车载诱导信息系统。

(二)通信系统

通信系统的功能包括支持公路管理、监控和收费等业务的传送。

通信系统包括业务电话设施、指令电话设施、应急电话设施、数据传输设施、图像传输设施,如图8.2-8所示。

a)

b)

图8.2-8 通信设施

(三)收费系统

收费系统包括高速公路收费站(图8.2-9)、车道控制设备、车道外场设备、计算机终端及收费站的计算机系统。

图8.2-9 高速公路收费站

电子不停车收费(Electronic Toll Collection,ETC)是指通行车辆以不停车、电子缴费的方式通过收费站道,通过安装在车辆挡风玻璃上的车载电子标签与在收费站 ETC 车道上的微波天线之间进行的专用短程通信(图 8.2-10),利用计算机联网技术与银行进行后台结算处理,从而达到车辆通过高速公路或桥梁收费站无须停车就能交纳高速公路或桥梁费用的目的,可大大提高公路的通行能力、节省时间。

图 8.2-10　车载电子标签和车道微波天线

 测评模块

请结合本单元的学习,完成以下习题。

一、选择题

公路服务及管理设施主要是指为(　　)公路、(　　)公路和(　　)公路安全畅通、管理公路以及为公路使用者提供服务所设置的服务、管理、交通安全、监控、通信、收费等专用设施等。

  A. 建设、服务、保障
  B. 服务、保护、保障
  C. 监控、建设、保障
  D. 保护、养护、保障

二、填空题

1. 服务区内各种设施按其使用功能可分为＿＿＿＿、＿＿＿＿和＿＿＿＿及其他设施。
2. 我国服务区常见的形式有＿＿＿＿、＿＿＿＿和＿＿＿＿三种。

3. 公路监控系统应具备_____、_____和_____三项功能。

三、判断题

ETC 指通行车辆以不停车、电子缴费的方式通过收费站道。　　　　　　（　　）

单元 8.2　测评答案

技能训练 8.2 "公路服务及管理设施的认识与辨析"见本书配套训练册。

参考文献

[1] 中华人民共和国交通运输部.公路工程技术标准:JTG B01—2014[S].北京:人民交通出版社股份有限公司,2015.

[2] 中华人民共和国交通运输部.公路路线设计规范:JTG D20—2017[S].北京:人民交通出版社股份有限公司,2018.

[3] 中华人民共和国交通运输部.公路路基设计规范:JTG D30—2015[S].北京:人民交通出版社股份有限公司,2015.

[4] 中华人民共和国交通运输部.公路工程质量检验评定标准 第一册 土建工程:JTG F80/1—2017[S].北京:人民交通出版社股份有限公司,2018.

[5] 中华人民共和国交通运输部.公路沥青路面施工技术规范:JTG F40—2004[S].北京:人民交通出版社,2005.

[6] 中华人民共和国交通运输部.公路水泥混凝土路面设计规范:JTG D40—2011[S].北京:人民交通出版社,2011.

[7] 中华人民共和国交通运输部.公路桥涵设计通用规范:JTG D60—2015[S].北京:人民交通出版社股份有限公司,2015.

[8] 中华人民共和国交通运输部.公路桥涵施工技术规范:JTG/T 3650—2020[S].北京:人民交通出版社股份有限公司,2020.

[9] 中华人民共和国交通运输部.公路涵洞设计规范:JTG/T 3365-02—2020[S].北京:人民交通出版社股份有限公司,2021.

[10] 中华人民共和国交通运输部.公路钢筋混凝土及预应力混凝土桥涵设计规范:JTG 3362—2018[S].北京:人民交通出版社股份有限公司,2018.

[11] 中华人民共和国交通运输部.公路圬工桥涵设计规范:JTG D61—2005[S].北京:人民交通出版社,2005.

[12] 国家铁路局.铁路线路设计规范:TB 10098—2017[S].北京:中国铁道出版社有限公司,2017.

[13] 中华人民共和国住房和城乡建设部.城市道路路线设计规范:CJJ 193—2012[S].北京:中国建筑工业出版社,2012.

[14] 中华人民共和国交通运输部.城镇化地区公路工程技术标准:JTG 2112—2021[M].北京:人民交通出版社股份有限公司,2021.

[15] 中华人民共和国交通运输部.公路交叉分类与编码规则:JT/T 301—2019[M].北京:人民交通出版社股份有限公司,2020.

[16] 中华人民共和国交通运输部.公路隧道设计规范 第一册 土建工程:JTG 3370.1—2018[S].

北京:人民交通出版社股份有限公司,2019.
[17] 王文辉.公路概论[M].北京:人民交通出版社,2006.
[18] 高红宾,舒国明.公路概论[M].3版.北京:人民交通出版社股份有限公司,2018.
[19] 刘治新.公路工程基础[M].北京:人民交通出版社,2008.
[20] 王景峰.路基路面施工与养护技术[M].2版.北京:人民交通出版社股份有限公司,2019.
[21] 栗振锋,李素梅,文德云.路基路面工程[M].3版.北京:人民交通出版社股份有限公司,2019.
[22] 陈方晔,李绪梅.公路勘测设计[M].4版.北京:人民交通出版社股份有限公司,2018.
[23] 王景峰.公路勘测设计[M].北京:人民交通出版社,2005.
[24] 覃仁辉.隧道工程[M].2版.重庆:重庆大学出版社,2005.
[25] 刘治新,张风亭.公路工程施工技术[M].人民交通出版社,2014.